패션 디자이너를 위한

ADOBE PHOTOSHOP CC

강숙형 지음

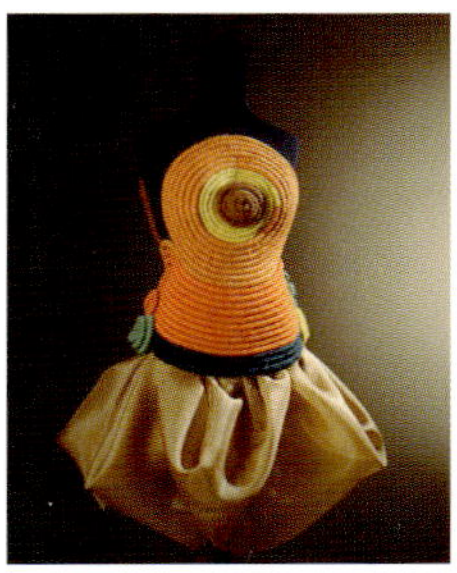

도서출판 파란마음

서문

저자는 대학에서 20년 이상 패션 디자인 강의를 하면서 수업에서 실무 현장까지 가장 잘 활용되어질 수 있는 최적의 그래픽 도구인 어도비 일러스트레이터와 포토샵을 사용해 왔습니다. 이 과정에서 2008년「어도비 일러스트레이터를 이용한 디지털 패션 디자인」을, 2016년에는 일러스트레이터 버전이 CC로 업그레이드된 것을 반영하여「어도비 일러스트레이터 CC를 이용한 디지털 패션 디자인」으로 개정판을 출간했습니다. 그런데 패션 디자인을 디지털화하기 위해서는 일러스트레이터와 더불어 포토샵 기능이 필수적입니다. 다양한 포토샵 교재가 시중에 소개되어 있지만, 패션 디자인 분야에서 실용적으로 활용하기에는 부족한 부분이 많다고 느껴「패션 디자이너를 위한 어도비 포토샵 CC」를 출간하게 되었습니다. 본 서는 포토샵의 기본 원리와 이를 활용하여 패션 디자인의 도구로 이용하기 위해 필요한 정보와 지식을 어도비 포토샵 CC 버전으로 소개하고 있습니다.

「패션 디자이너를 위한 어도비 포토샵 CC」는 그래픽 디자인의 기본인 포토샵의 기본 도구를 사용하는 방법부터 작품에 바로 활용할 수 있는 고급 실무 실습까지 상세히 학습할 수 있도록 구성했습니다. 포토샵의 기초와 중요 기능을 자세하게 설명하여 기초부터 탄탄하게 학습할 수 있도록 했고, 다양한 실무 예제 실습을 구성하여 디자인 실무 효과뿐만 아니라 패션 디자이너의 작품에 적용 가능한 예제들을 수록하였으며, 가장 최신 버전인 CC 버전으로 정리하여 포토샵을 좀 더 효과적으로 학습할 수 있도록 하였습니다.

패션 디자이너는 변화하는 시대성을 반영해야 하고 새로운 기술 혁신에 빠르게 대응할 수 있어야 합니다. 4차 산업 혁명이 일상화되어 사물 인터넷, 웨어러블 패션, 3D 프린팅 등의 기술이 빠른 속도로 패션 분야에 접목되면서 미래의 패션은 아날로그 방식의 수작업은 역사 속으로 사라지고, 디지털 방식으로 빠르게 전환되고 있습니다. 그런데 이러한 디지털화에 활용될 다양한 도구들이 소개되겠지만, 가장 기본이 되는 기능은 포토샵과 일러스트레이터를 기반으로 하고 있습니다. 본 서는 미래 패션의 기반이 될 디지털로 전환된 디자인의 기초를 다지기 위한 도구로 어도비 포토샵 프로그램을 활용하는 방법을 체계적으로 제공하고자 합니다.

Chapter 1~2는 포토샵 프로그램을 이해하기 위한 기초 지식을 담고 있습니다. 컴퓨터 그래픽의 기본 상식과 포토샵 프로그램을 사용하는 기본 원리를 소개하고 있습니다.

Chapter 3~19는 포토샵 도구 상자에 대한 내용입니다. 포토샵 프로그램은 편집 기능에 편리한 다양한 도구들이 있습니다. 여기서는 패션 디자인 작업을 포함한 모든 종류의 디자인 작업에 필수적인 도구 상자들을 사용하는 방법을 예제와 함께 상세히 다루었습니다. 컴퓨터 작업의 기초는 매뉴얼에 익숙해지는 것입니다. 자신이 표현하고자 하는 디자인 아이디어를 보다 효율적으로 표현하기 위해서는

Chapter 3~19에서 제공하고 있는 도구 상자들의 사용방법을 숙지하는 것이 무엇보다도 중요합니다. 익숙하면 익숙한 만큼 시간이 절약되는 것이 컴퓨터 프로그램을 사용하는 기본 원리이듯이, 포토샵의 숙련도는 도구 상자의 활용 역량에 달려 있습니다.

Chapter 20~29는 기본적인 도구 상자 기능들을 익힌 다음 사용하게 되는 고급 기능들을 다루고 있습니다. 여기서 소개되는 이미지 합성하기, 블렌딩 모드, 채널 활용하기, 색상 보정, 필터 적용하기, 3D Tool 활용하기, 액션 패널 이해하기, 움직이는 이미지 만들기는 패션 디자인 작업 중에 특수 효과를 나타내기 위해 필요한 고급 기능들입니다. 이는 보다 작품성 있는 디자인들을 표현하는 데 필요한 기능들로 포토샵이 익숙해진 고급 사용자들에게는 매우 유용한 작업도구들입니다.

Chapter 30은 디자인 컨셉에 의한 패션 디자인 프로세스의 다양한 활용 사례를 제시하고 있습니다. 특히 포토샵의 장점인 다양한 편집 기능으로 제작한 포스터 및 엽서 제작은 Chapter 3~29에서 학습한 여러 가지 기능들을 종합적으로 응용하여 표현하는 사례들을 제시하고 있습니다.

디지털 기술의 혁신은 패션 디자인을 예술의 영역에서 과학의 영역으로 확장하고 있습니다. 수작업으로 표현되었던 디자인을 포토샵, 일러스트레이터 등으로 작업하게 되면 새로운 창조를 보다 신속하고 다양하게 할 수 있게 도와줍니다. 본 서는 패션 디자인이라는 예술의 영역에 포토샵 프로그램이라는 과학의 영역을 접목하고 활용하기 위한 도구를 소개하고 있습니다. 현직 패션 디자이너를 포함해서 패션 디자이너를 지망하는 모든 사람들이 본 서를 활용해서 보다 창의적이고 다양한 자신만의 디자인을 창출하는 데 도움이 되기를 기대합니다.

이 책을 출간하면서 편집에 최선을 다해주신 도서출판 파란마음의 황호철 대표님과 직원 여러분들, 집필에 도움을 준 동서울대학교 졸업생 김민진 디자이너에게 진심으로 감사의 마음을 전합니다. 그리고 사랑하는 남편과 가족들에게도 감사의 마음을 전합니다. 2017년 본 서의 출간을 기획하던 시기에 하늘로 가신 시아버님과 2021년 본 서를 탈고하는 시기에 영면하신 아버님께 이 책을 바칩니다.

저자 강죽형

차례

Chapter 12 스탬프 도구(Stamp Tool)

Chapter 13 히스토리 브러시 도구(History Brush Tool)

Chapter 14 지우개 도구(Eraser Tool)

Chapter 15 그레디언트 도구(Gradient Tool)

Chapter 16 블러 도구(Blur Tool)

Chapter 17 닷지 도구(Dodge Tool)

Chapter 18 펜 도구(Pen Tool)

Chapter 25 색상 보정(Color Adjustments)

Chapter 26 필터(Filter)

Chapter 27 3D Tool

Chapter 28 액션 패널(Action Panels)

Chapter 29 움직이는 이미지 만들기

Chapter 30 디자인 컨셉에 의한 패션 디자인 프로세스

Chapter **01**

포토샵(Photoshop)의 이해

포토샵(Photoshop)의 이해

Chapter 01

1.1 어도비 포토샵(Adobe Photoshop)

포토샵은 미국의 Adobe사에서 이미지를 제작, 편집하기 위해 만든 프로그램이다. 세계에서 가장 많이 사용하고 있는 이미지 프로세싱 프로그램으로 다양한 편집과 수정이 가능하며, 이미지의 색상 보정과 오래된 사진을 복원할 수 있으며 문자 디자인, 광고 디자인, 웹 디자인, 인쇄물 디자인 등 다양한 분야에서 활용되고 있다. 포토샵은 CS 버전에서 CC 버전으로 계속 업그레이드되고 있으며, 이전 버전보다는 첨단 편집, 3D 기능 및 드로잉 기능이 향상되고 있다.

1.2 포토샵(Photoshop)의 이미지 개념

포토샵은 대표적인 비트맵(bitmap) 그래픽 프로그램이다. 비트맵과 상반되는 그래픽으로는 벡터(vector) 그래픽이 있으며, 이를 대표하는 프로그램으로는 어도비 일러스트레이터(Adobe Illustrator)가 있다.

비트맵 그래픽(Bitmap Graphics)

비트맵 그래픽은 이미지의 최소 단위가 픽셀(점, pixel)로 이루어져 있고, 이들 점은 각각의 색상 정보를 가지고 있으며, 이 점들이 모여 이미지를 구현하는 그래픽이다. 비트맵 이미지의 장점은 이미지를 제작하는 방법이 쉽다는 것이고, 단점은 이미지를 확대하거나 축소하면 이미지가 손상되어 좋은 품질을 유지할 수 없다는 것이다.

픽셀(Pixel)

비트맵 그래픽에서 이미지는 확대하지 않으면 보이지 않을 만큼 무수히 작은 정사각형의 점들로 이루어져 있는데 이 작은 점들을 픽셀(pixel)이라 한다. 픽셀 하나하나가 색상 정보 값을 가지고 있어 미묘한 색의 표현이 가능한 장점을 가지고 있으나 크기를 확대 · 축소 · 왜곡하면 이미지가 많이 손상된다. 특히 확대를 하면 픽셀 자체의 크기가 변하는 것이 아니라 픽셀 수가 변화되므로 원래 정보 값이 손상되어 모자이크 현상이 일어나는데, 이를 픽셀이 깨어졌다고 표현한다.

벡터 그래픽(Vector Graphics)

벡터 그래픽은 이미지의 기본 구조선인 선, 면, 도형이 수학적인 데이터로 처리되어 이미지를 표현하는 그래픽이다. 장점은 이미지를 확대하거나 축소해도 이미지가 깨지지 않고 항상 고품질로 유지할 수 있다는 점이며, 단점은 선이 많아지면 파일의 용량이 커진다는 점이다. 대표적인 프로그램으로는 어도비 일러스트레이터(Adobe Illustrator)가 있다.

1.3 포토샵(Photoshop)의 해상도와 색상 개념

해상도(Resolution)

픽셀들이 1인치 안에 얼마나 많이 밀집되어 있는가를 나타낸다. 구성하는 픽셀의 개수가 많을수록 이미지의 품질은 좋아지며 그만큼 많은 메모리가 필요하다. 해상도에는 모니터 해상도와 인쇄 해상도가 있다.

- **모니터 해상도(PPI):** 픽셀에 의해 구성되어 있기 때문에 모니터 해상도는 ppi(pixel per inch)로 표시
- **인쇄 해상도(DPI):** 종이나 인쇄물의 표현 및 스캐너에 의한 인쇄 해상도는 점으로 표현되므로 dpi(dot per inch)로 표시

색상(Color Mode)

색상 모드는 웹용(RGB)과 인쇄용(CMYK)이 있다.

- RGB(Red, Green, Blue)는 빛의 삼원색을, CMYK(Cyan, Magenta, Yellow, Black)는 색료의 삼원색을 이용하여 색을 표시한다.
- 작업한 내용을 영상장비와 같이 빛을 이용하는 시스템에서 사용한다면 RGB로 설정하고, 종이나 다른 인쇄물에 출력을 한다면 CMYK로 설정한다.

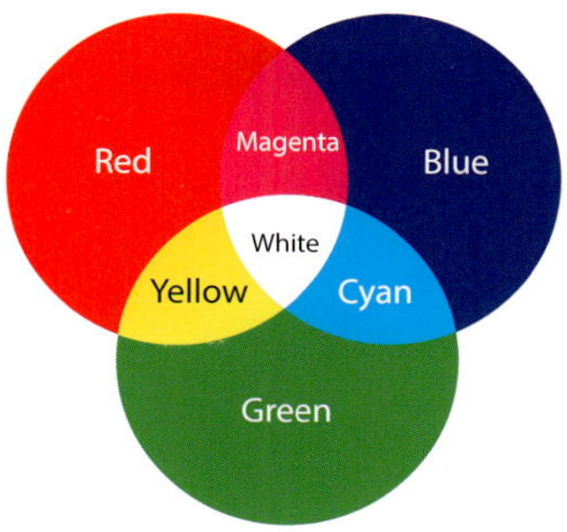

RGB 모드

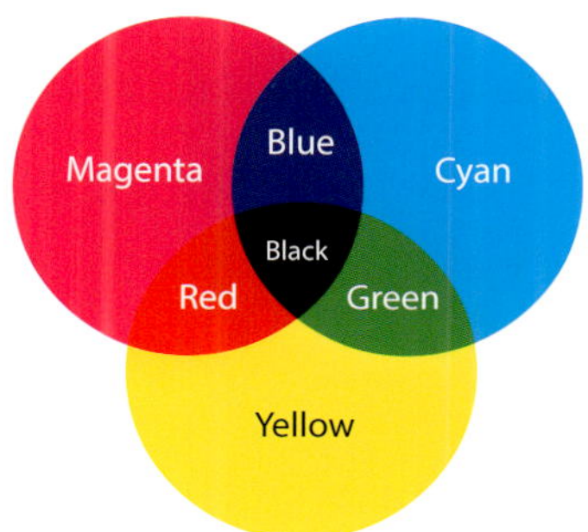

CMYK 모드

- **인쇄용 해상도의 설정:** 해상도(Resolution) 300 dpi, 색상(Color Mode) CMYK, 확장자(Format): EPS
- **웹(Web)용 해상도의 설정:** 해상도(Resolution) 72 ppi, 색상(Color Mode) RGB, 확장자(Format): JPG, GIF, PNG

※ 모니터 상에서는 300 ppi와 72 ppi가 큰 차이가 없기 때문에 용량이 가벼운 72 ppi를 사용한다.

1.4 포토샵(Photoshop)의 화면 구성

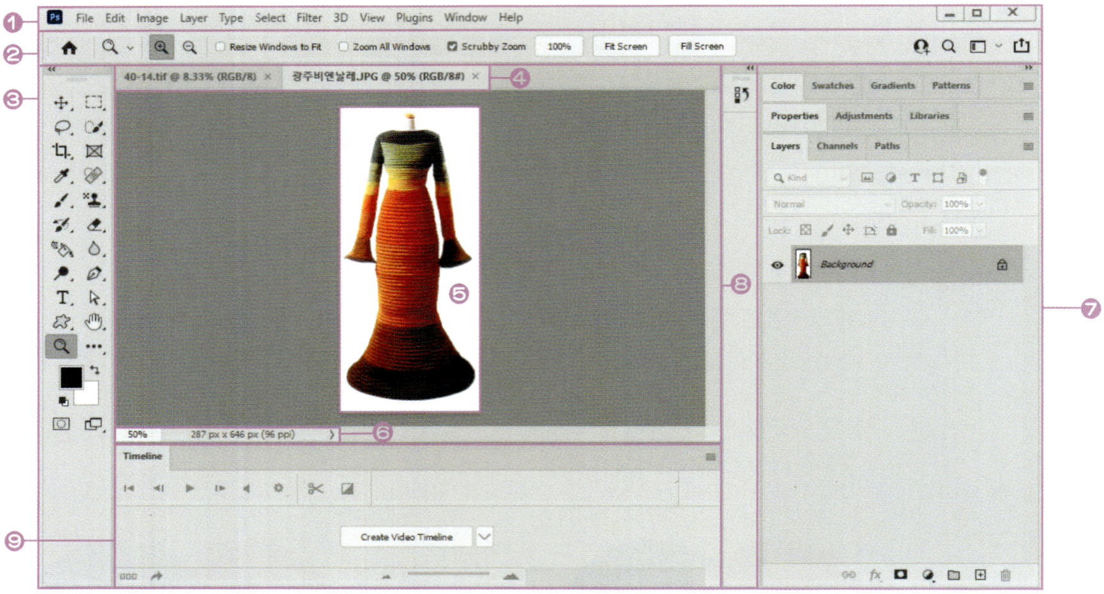

❶ 메뉴바: 포토샵에서 기능별로 구분된 메뉴들로 구성되어 있으며, 메뉴 선택 시 하위 메뉴가 나온다.

❷ 옵션바: 선택한 도구를 좀 더 세밀하게 조절할 수 있는 옵션이 표시된다.

❸ 도구 상자: 가장 많이 사용하는 도구들을 모아놓은 곳, 도구 박스라고도 한다. 각 도구의 삼각형 단추를 오른쪽 마우스로 클릭하면 숨겨진 도구들이 나타난다.

❹ 이미지 창 제목 표시줄: 작업 중인 이미지의 제목과 현재 이미지 배율 및 색상 정보를 표시한다.

❺ 캔버스: 이미지를 작업하는 공간이며, 이미지를 불러왔을 때 이미지 전체가 캔버스이다.

❻ 상태 표시줄: 작업 중인 이미지의 크기와 비율, 메모리 용량 등 이미지 상태를 보여준다.

❼ 패널: 포토샵 작업에 필요한 옵션을 창의 형태로 표시하여 더 향상된 작업을 할 수 있다. 사라진 패널은 [Window] 메뉴에서 추가할 수 있다.

❽ 확장 패널: 포토샵에서 자주 쓰는 패널을 추가해서 쓸 수 있다.

❾ Timeline 패널: 동영상 및 애니메이션 편집 작업을 할 때 사용한다(CS6부터 추가된 기능).

Chapter **02**

포토샵(Photoshop) 들어가기

포토샵(Photoshop) 들어가기

Chapter 02

2.1 포토샵 실행하기

① 시작 메뉴 혹은 바탕화면에 있는 포토샵 프로그램의 아이콘 그림 1  을 더블클릭한다.
② 아래 그림 2 와 같은 스플래시 이미지가 몇 초간 나타난 후, 프로그램의 인터페이스(그림 3)가 실행된다.

그림 1 포토샵 CC 아이콘

그림 2 포토샵 CC 스플래시 이미지

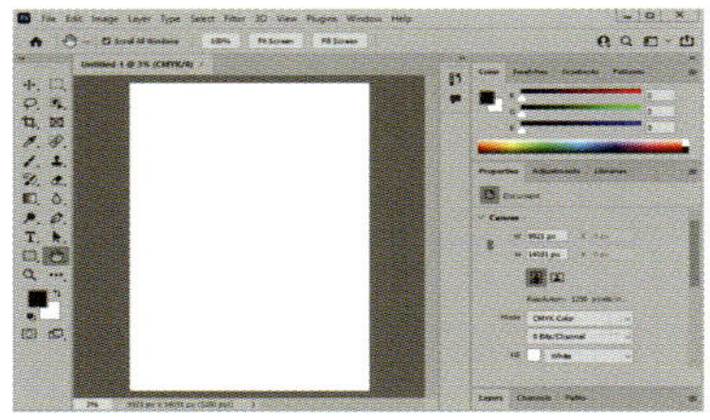
그림 3 포토샵 CC의 프로그램 인터페이스

새 창으로 실행하기 [Ctrl]+N

포토샵 프로그램을 처음 실행 후, 새 창을 열어 작업할 때는 [메뉴]의 [File]–[New]를 클릭하여 새 캔버스로 작업한다.

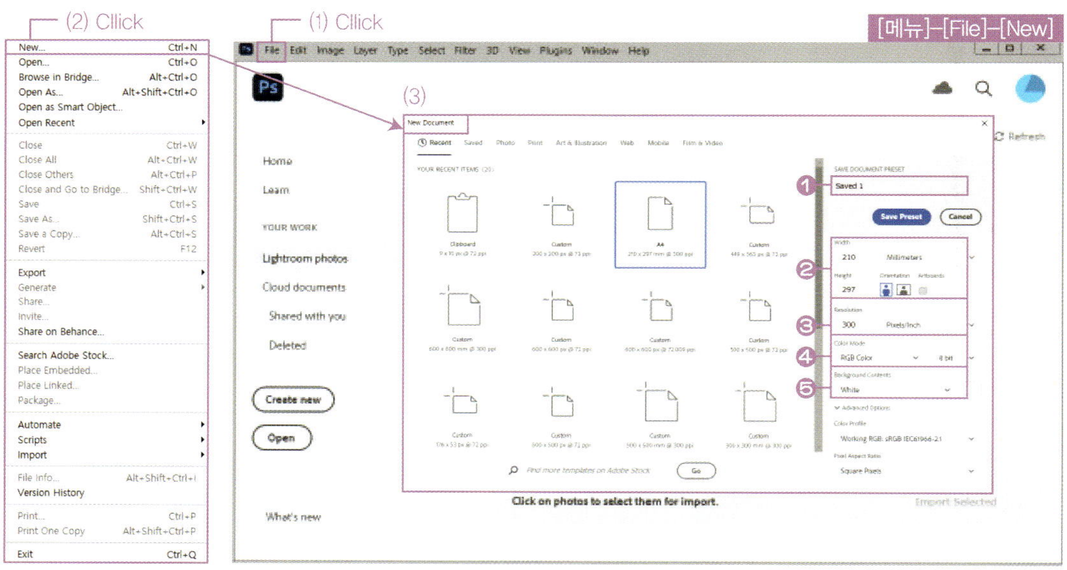

❶ Saved1: 파일의 제목을 설정할 수 있다.

❷ Width/Height: 작업 창의 가로, 세로 크기를 설정할 수 있으며 Pixels, Inches, Centimeters 등으로 단위를 설정할 수 있다.

❸ Resolution: 해상도를 말하며, 보통 72 ppi를 웹 기준으로 설정한다.

❹ Color Mode: 컬러 표현방식 설정으로, 보통 포토샵에서는 RGB 컬러를 주로 사용하며 8 bit 혹은 16 bit로 설정한다.

❺ Background Contents: 작업 창의 배경을 설정하며 배경색에 따라 흰색 배경(White), 배경색(Background Color), 투명(Transparent) 등으로 선택이 가능하다.

TIP

• Background Contents: Background Color(배경색)의 색 설정은 도구 상자의 컬러 피커에서 배경색을 지정한 후 작업 창을 열면 배경색이 적용된다.

작업 이미지 불러오기 [Ctrl]+O

컴퓨터에 저장된 포토샵으로 작업하던 파일이나 이미지를 불러올 때 [File]-[Open]을 클릭한다.

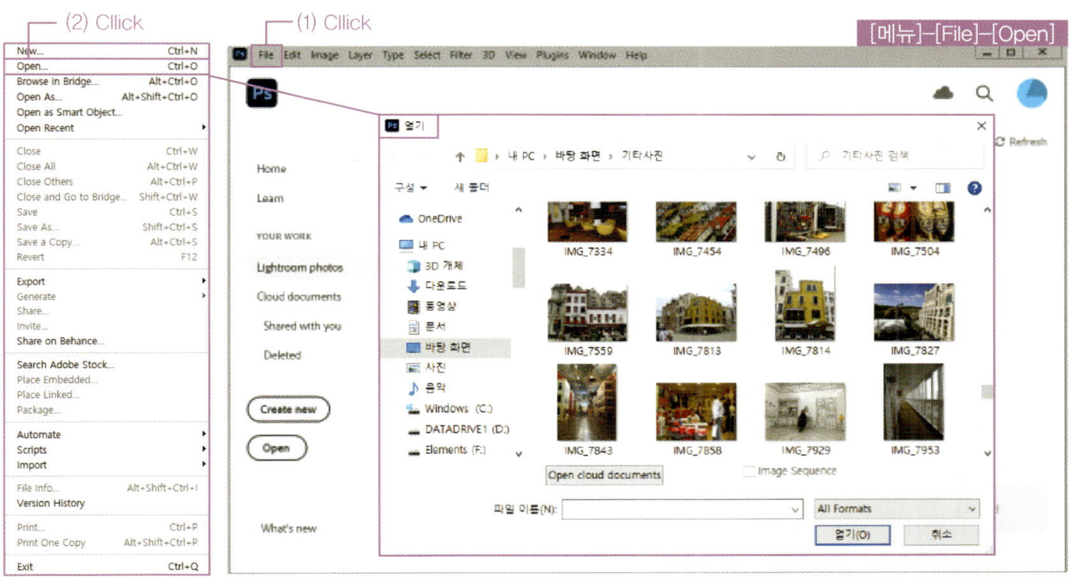

작업 이미지 저장하기 [Ctrl]+S, [Shift]+[Ctrl]+S

작업한 이미지를 저장할 때는 [File]–[Save](단축키: [Ctrl]+S)를 클릭한다. 다른 이름으로 저장하고자 할 때는 [File]–[Save As](단축키: [Shift]+[Ctrl]+S)를 클릭한다.

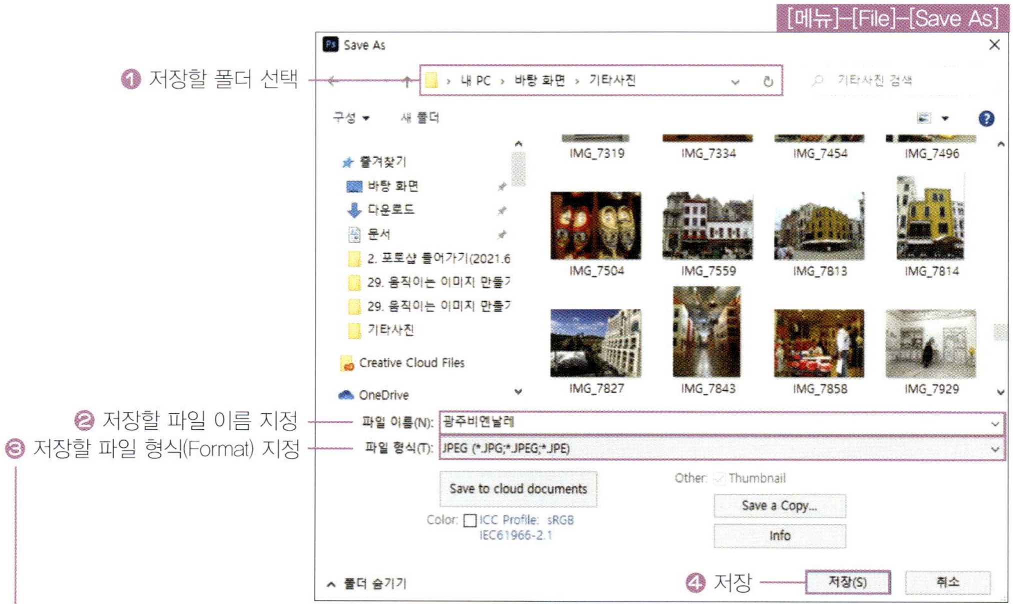

TIP

포토샵의 주요 저장 파일 형식(Format)

- PSD: 포토샵 전용 파일. 포토샵에서 다루는 모든 문자, 레이어, 채널 패스 등을 저장할 수 있다. 작업 중인 파일을 [psd]로 저장하면 편리하게 수정할 수 있다.
- JPG, JPEG: 압축 시 이미지 손실이 가장 적은 파일 형식. 24 bit 색상을 표현하므로 컬러 수가 많고 연속적인 색상으로 이루어진 작업에 적합하다. 이미지의 퀄리티는 최대 12/Maximum까지 저장이 가능하다.
- GIF: 파일 크기가 작아서 웹에서 빠르게 다운로드 되는 장점이 있으며, 움직이는 그림 즉 애니메이션 파일을 만들 때 유용하다. 레이어는 Index로 표기되며, 배경은 투명하다. 8 bit, 256 색상까지 지원되므로 단순한 로고와 캐릭터 저장에 적합하다.
- PNG: 웹에서 사용하기 위한 포맷으로 색상 정보와 알파 채널을 보존하고 투명한 이미지로 저장할 수 있으나 압축률은 JPEG에 비해 떨어진다.

작업 종료하기 [Ctrl]+Q

작업 중인 파일을 종료할 때에는 [File]–[Exit]를 클릭한다. 작업 중에 저장한 기록이 없을 때는 종료하기 전에 작업을 저장할지 묻는 대화 상자가 나타나며, 여기서 [Yes] 버튼을 클릭하면 [Save As] 대화 상자가 나타난다. 단축키는 [Ctrl]+Q를 사용한다.

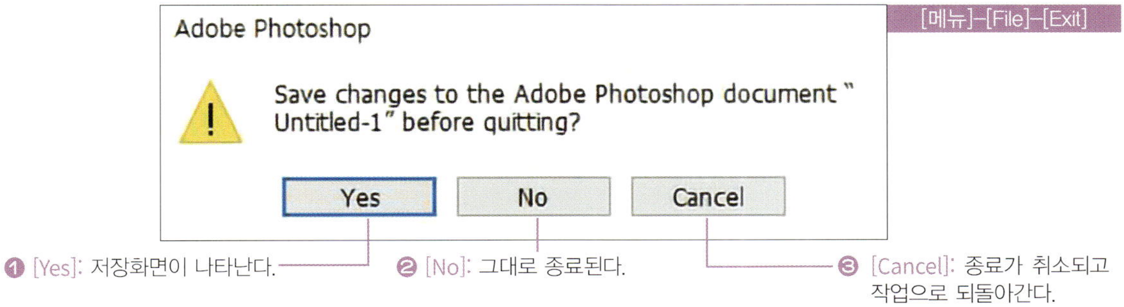

2.2 이미지 미리 보고 불러오기 Adobe Bridge

어도비 브리지는 이미지 파일을 쉽게 검색하고 관리하는 데 유용하다. 포토샵에서 브리지를 사용하면 탐색기로 파일을 미리 보고 열 수 있기 때문에 매우 편리한 기능이다.

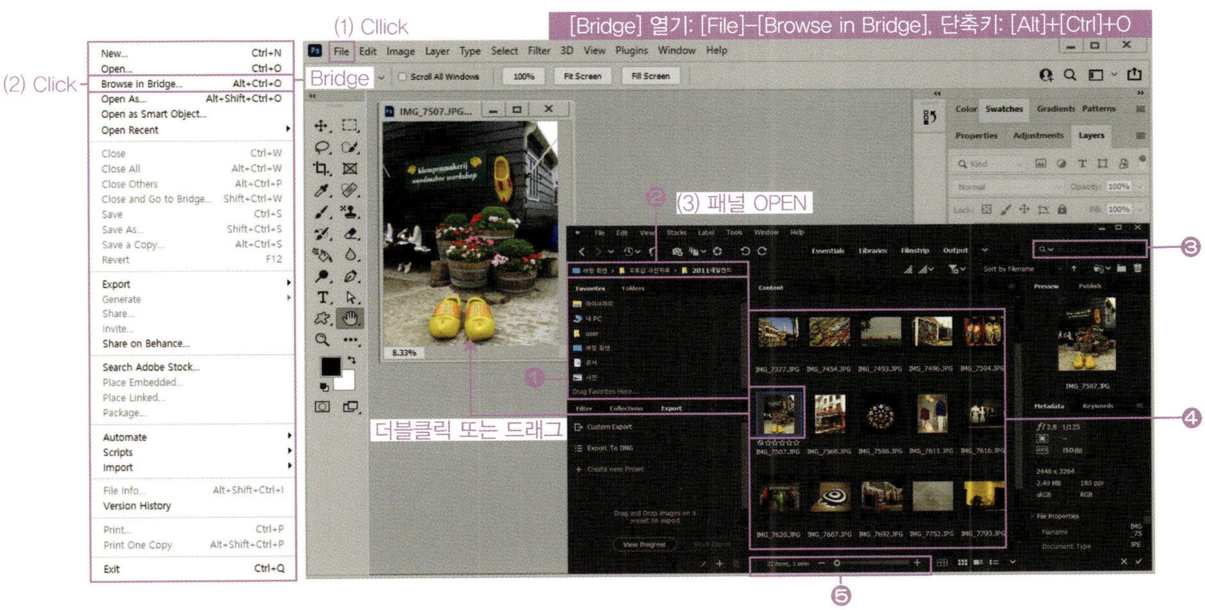

Bridge 패널 살펴보기

❶ 탐색 창(Navigation Pod): 이미지가 저장되어 있는 위치를 선택할 수 있다.

❷ 툴 바(Tool Bar): 파일이 저장된 경로를 표시하며, 검색하거나 필터를 이용하여 필요한 이미지를 찾을 수 있다.

❸ 검색 창(Search Bar): 원하는 파일의 이름을 입력하여 쉽게 찾을 수 있다.

❹ 콘텐츠 창(Content): 윈도우 탐색기와 동일한 구조로, 이미지 파일을 작은 조각 그림 형식으로 미리 보여준다.

❺ 섬네일 사이즈(Thumbnail Size): 섬네일의 사이즈를 조절할 수 있다.

TIP

Bridge에서 이미지 불러오기

브리지를 통해 이미지를 검색하고 검색된 이미지를 더블클릭하거나, 작업 창으로 드래그하면 이미지가 새 창에서 열린다.

여러 개의 이미지 창 정렬하기 **Arrange**

여러 장의 이미지를 열어놓고 한 번에 작업할 때 사용자가 편리하게 이미지들을 볼 수 있도록 정렬하는 기능은 [메뉴]–[Window]–[Arrange]에서 설정이 가능하다.

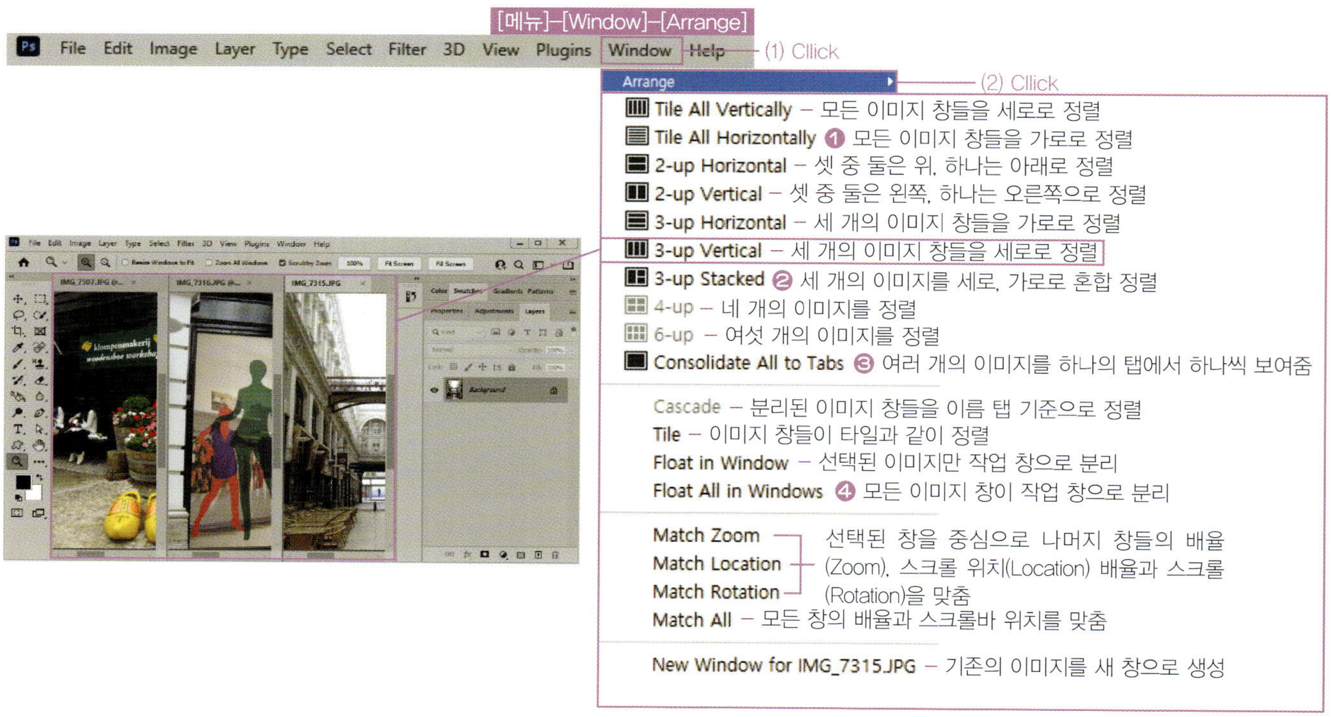

❶ Tile All Horizontally: 모든 이미지 창들을 가로로 정렬

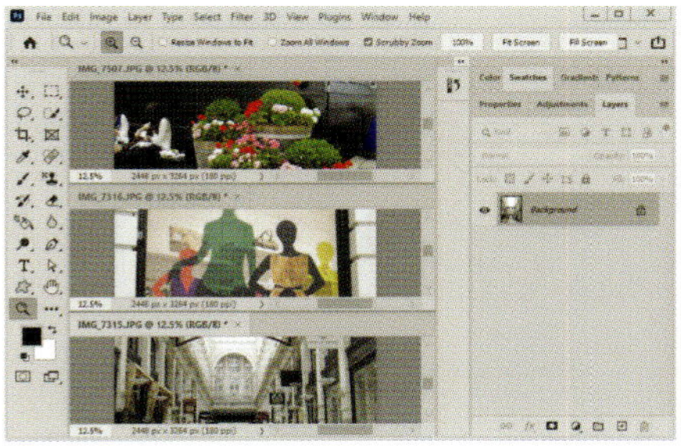

❷ 3-up Stacked: 세 개의 이미지를 세로, 가로로 혼합 정렬

❸ Consolidate All to Tabs: 여러 개의 이미지를 하나의 탭에서 하나씩 보여줌

❹ Float All in Windows: 모든 이미지 창이 작업 창으로 분리

TIP

여러 개의 이미지를 한 번에 열기

① 여러 개의 이미지를 열기 위해 [Open] 창이나 [Bridge]를 활성화시킨다.
② [Shift]+클릭: 이미지를 연속적으로 선택 가능
[Ctrl]+클릭: 이미지를 불연속적으로 선택 가능
마우스 드래그: 마우스로 드래그해서 선택 가능
③ 더블클릭 혹은 [Enter]를 눌러 한 번에 불러온다.

2.3 이미지 크기와 해상도 조절하기 [Alt]+[Ctrl]+I

이미지의 크기와 해상도를 변경하려면 [메뉴]–[Image]–[Image Size]를 실행하여 조절할 수 있다.

[메뉴]–[Image]–[Image Size]

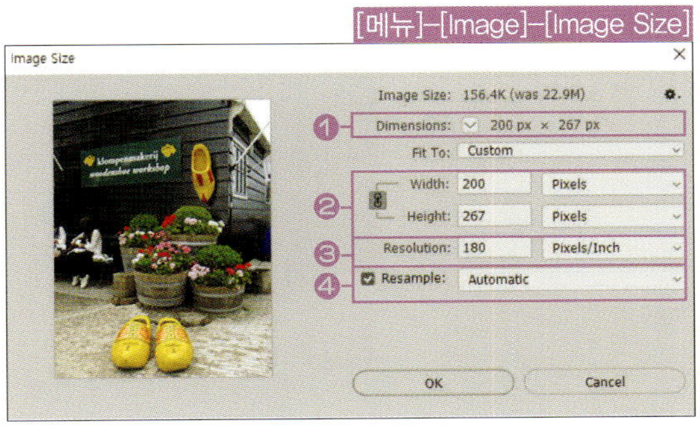

❶ Dimensions: 이미지 파일 용량이 표시되고 현재 이미지의 가로, 세로 사이즈를 조절

❷ Document Size: 실제 출력될 이미지의 가로, 세로 길이를 설정

❸ Resolution: 해상도를 설정

❹ Resample Image: 이미지 크기를 변경하면서 새로 만들어지는 영역에 픽셀을 채워줌

2.4 캔버스 사이즈 조절하기 [Alt]+[Ctrl]+C

캔버스의 사이즈를 변경하려면 [메뉴]–[Image]–[Canvas Size]를 실행하여 조절할 수 있다.

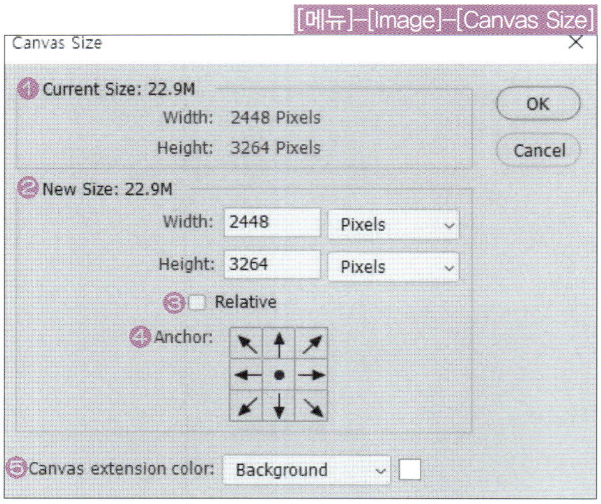

❶ Current Size: 현재 캔버스의 크기

❷ New Size: 새 캔버스 크기를 설정

❸ Relative: 캔버스의 크기가 아닌 상·하·좌·우 여백의 크기를 설정

❹ Anchor: 캔버스가 확장되는 방향을 지정

❺ Canvas extension color: 확장된 영역의 색상을 지정

변경 전

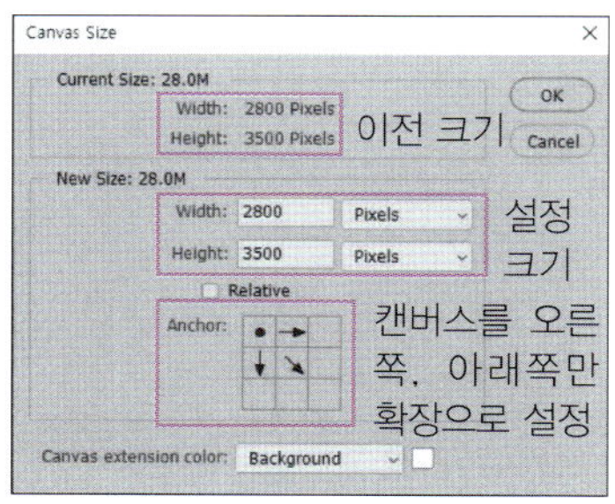

변경 후

2.5 포토샵 인터페이스의 색상 변경하기 [메뉴]–[Edit]–[Preferences]–[Interface]–클릭

포토샵에서는 작업 창의 인터페이스 색상을 사용자가 원하는 4가지 색상(검은색, 어두운 회색, 회색, 밝은 회색)으로 제공한다. 본 서에서는 메뉴의 색상을 회색으로 설정한다.

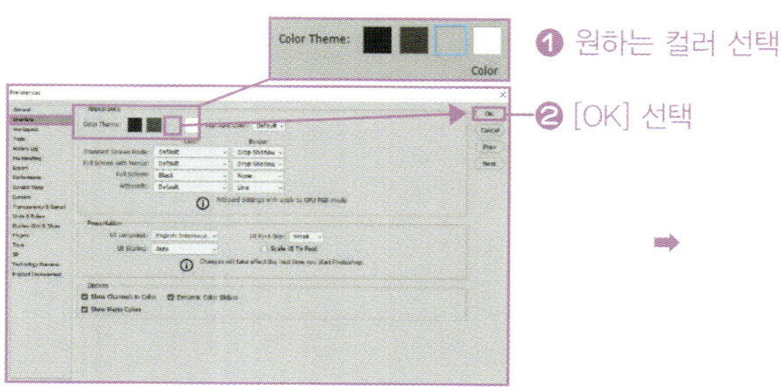

그림 1 포토샵 CC 인터페이스 설정 메뉴 실행 창

그림 2 선택한 색상이 적용된 포토샵 CC 인터페이스

2.6 포토샵 CC의 다양한 패널

- 패널은 그래픽 작업에 필요한 옵션을 팔레트 형태로 제공한다.
- 도구를 사용할 때나 명령할 때 패널을 이용하여 세밀하게 옵션을 조절할 수 있다.
- 작업화면에서 원하는 패널을 찾을 수 없다면 [메뉴]-[Window]를 실행하여 찾을 수 있다.

[메뉴]-[Window]

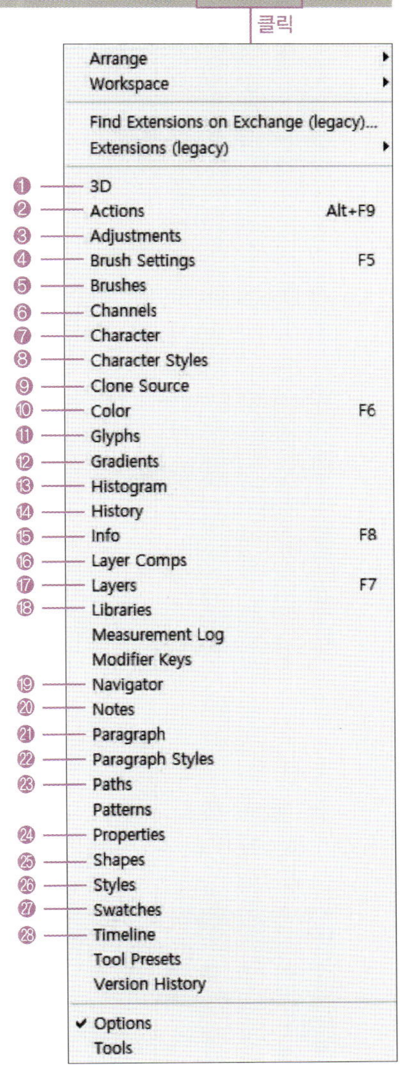

❶ 3D 패널 

개체를 3D로 변형한 다음 속성을 지정한다.

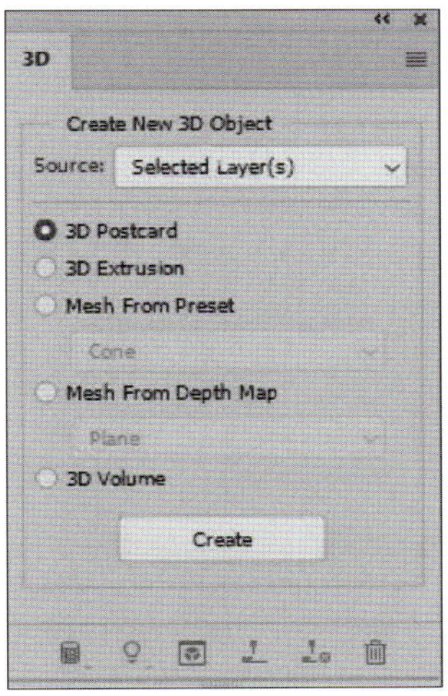

❷ Actions 패널(Alt+F9) 

작업을 기록하여 쉽게 반복 작업을 한다.

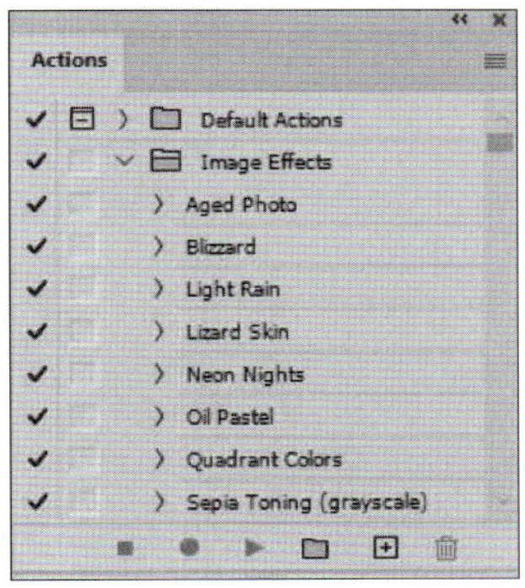

❸ Adjustments 패널 

조정 레이어를 추가하고 색상을 조정한다.

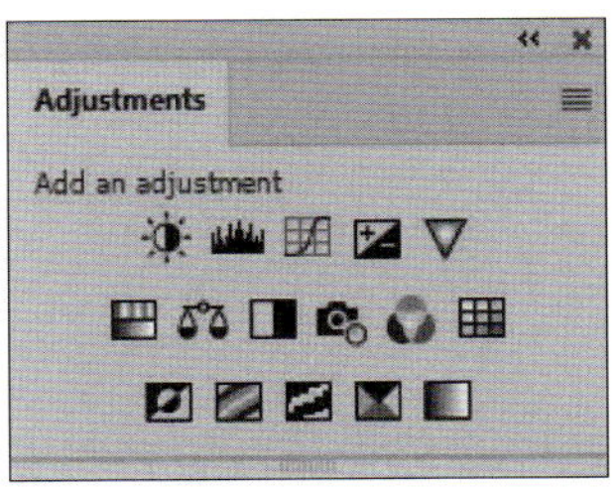

❹ Brush Settings 패널(F5) 

브러시의 크기와 종류를 설정한다.

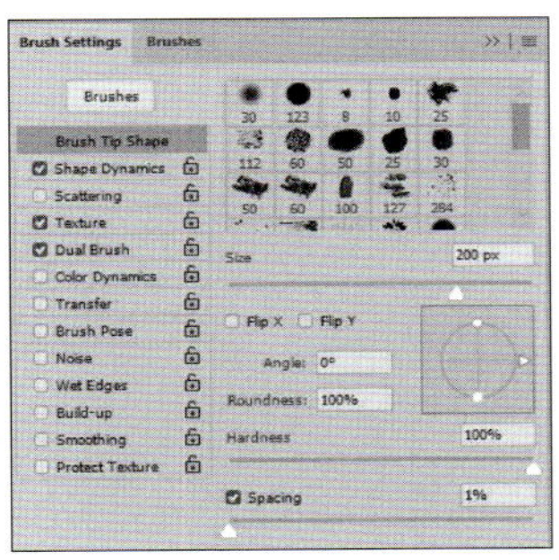

⑤ Brushes 패널

다양한 스타일의 브러시를 만들 수 있다.

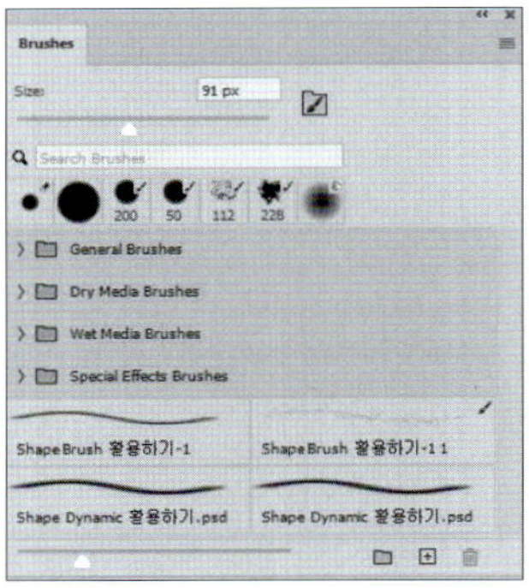

⑥ Channels 패널

색상 정보와 채널을 이용하여 선택 영역을 관리한다.

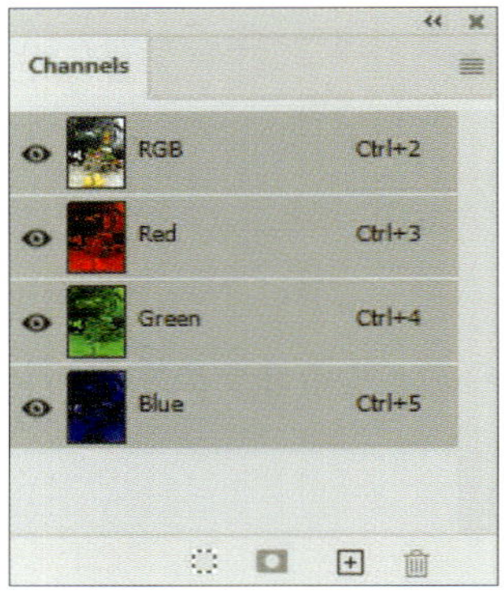

⑦ Character 패널

글꼴 크기, 색상 등 글꼴과 관련된 속성을 설정한다.

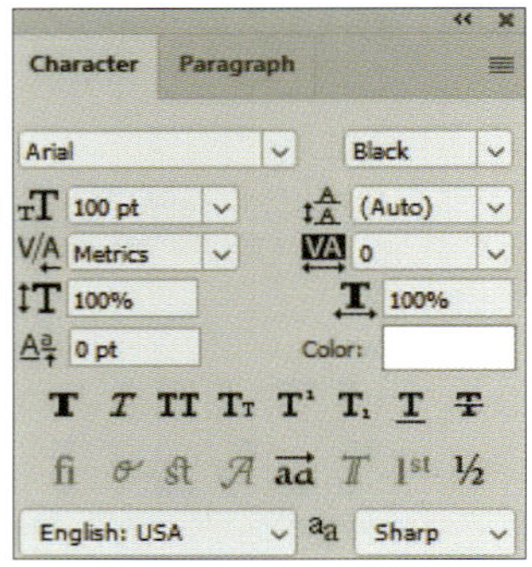

⑧ Character Styles 패널

문자 스타일을 만들고 관리한다.

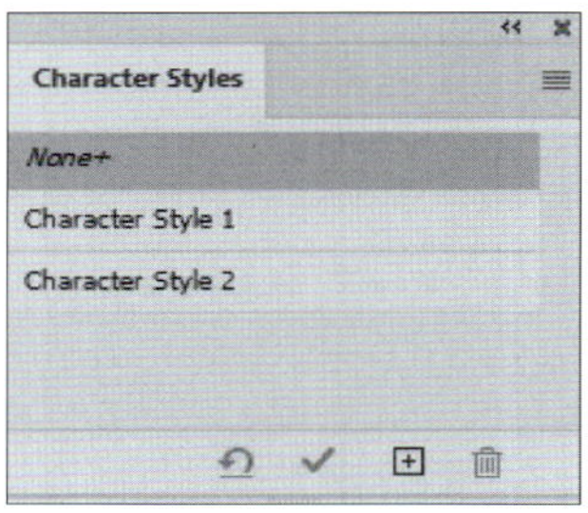

⑨ Clone Source 패널

복제 작업을 할 때 이미지 정보를 알려준다.

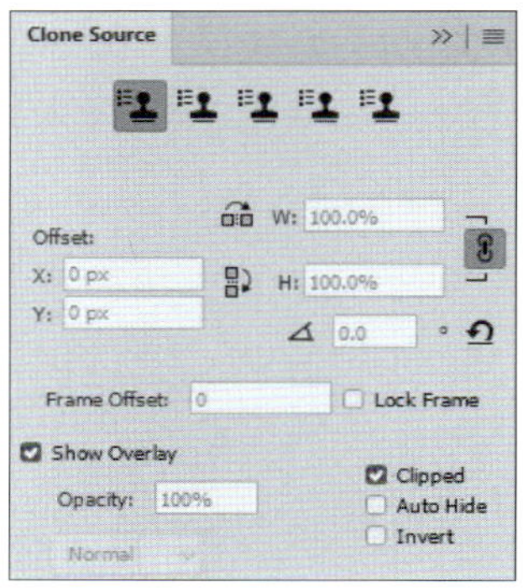

⑩ Color 패널(F6)

전경색과 배경색을 지정한다.

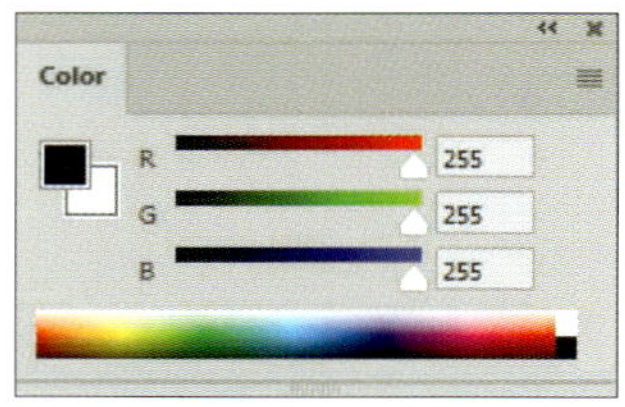

⑪ Glyphs 패널

특수문자 및 심벌을 설정할 수 있다.

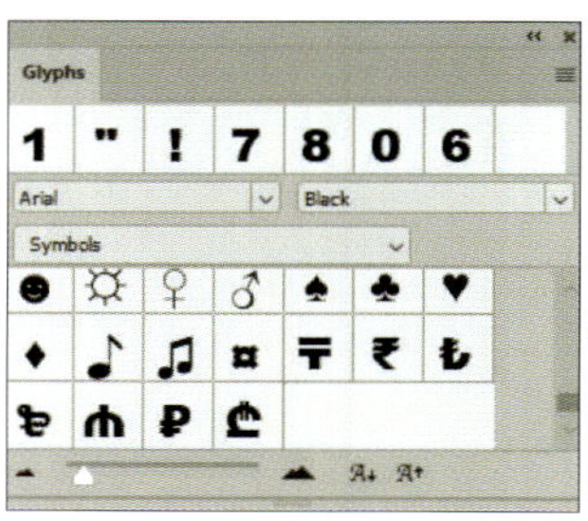

⑫ Gradients 패널

다양한 그레디언트 효과를 설정할 수 있다.

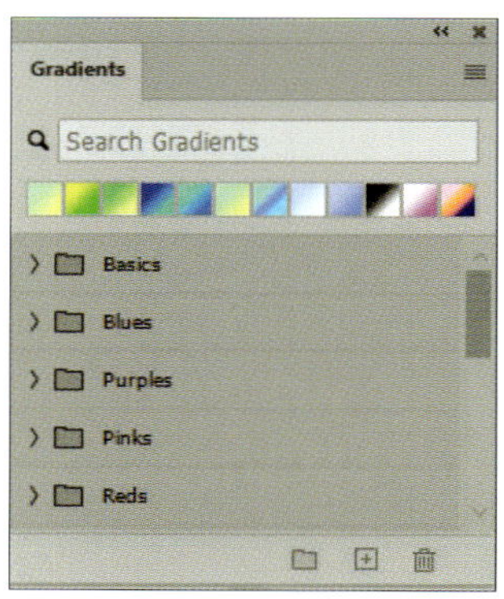

⑬ Histogram 패널

이미지의 전체적인 색상 톤 구성을 나타낸다.

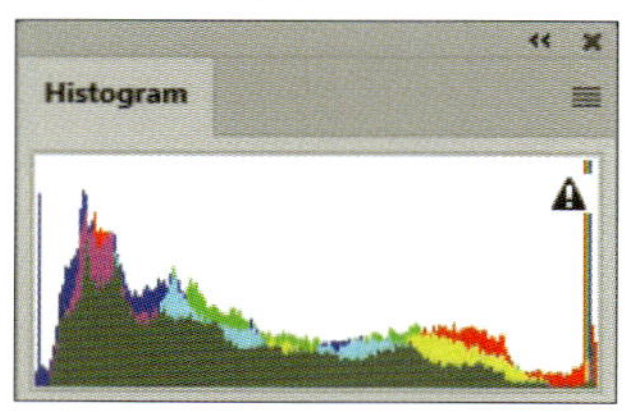

⑭ History 패널

작업 단계를 기록하며, 이전 작업으로 되돌릴 수 있다.

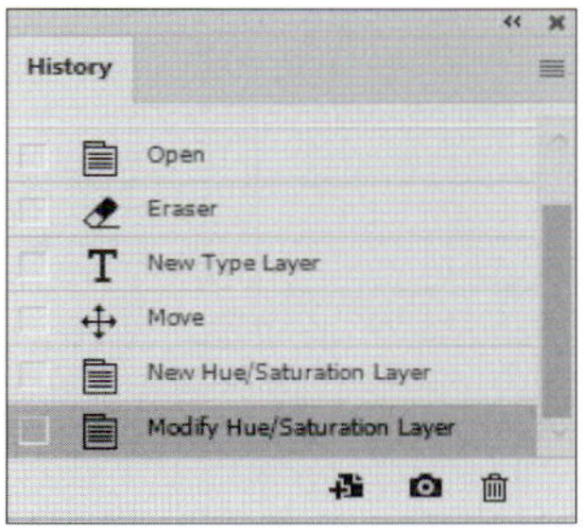

⑮ Info 패널(F8)

이미지의 정보를 나타내 준다.

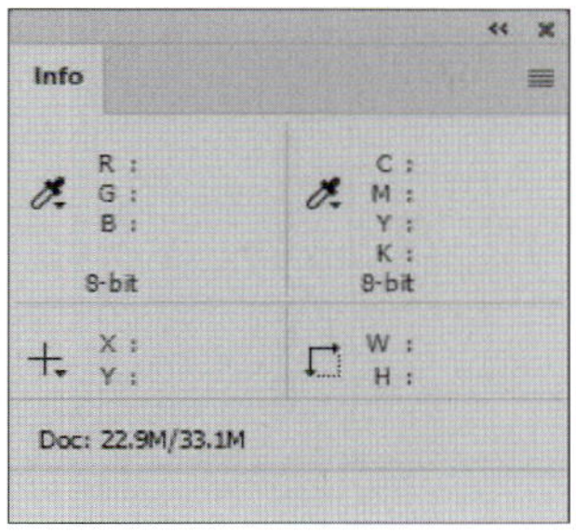

⑯ Layer Comps 패널

레이어 조합을 저장해 준다.

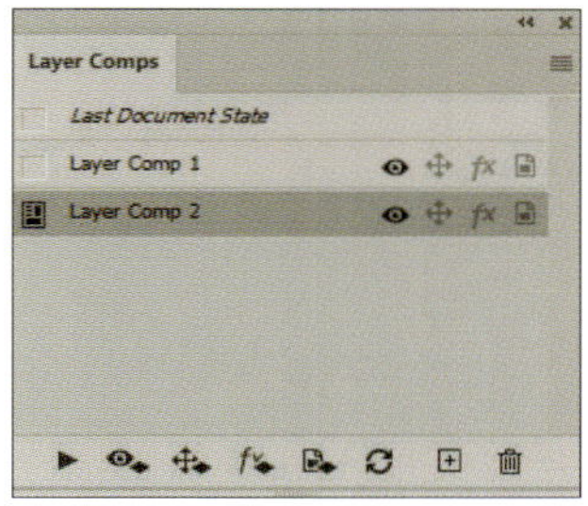

⑰ Layers 패널(F7)

이미지를 레이어로 관리하여 수정이나 작업을 도와준다.

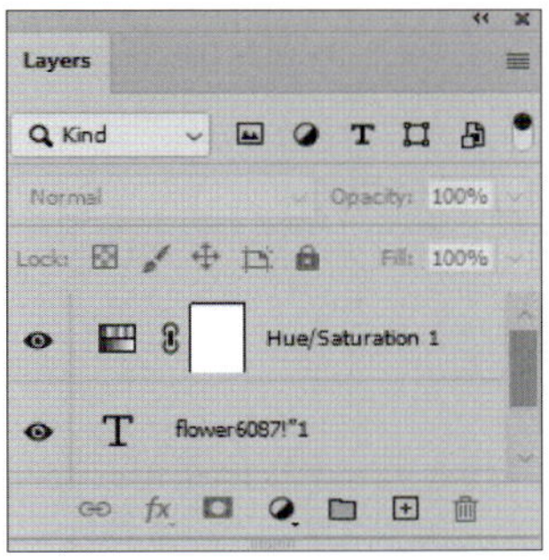

⑱ Libraries 패널

크리에이티브 클라우드 앱 내에서 특정 프로젝트 등 디자인 요소가 수집 가능하다.

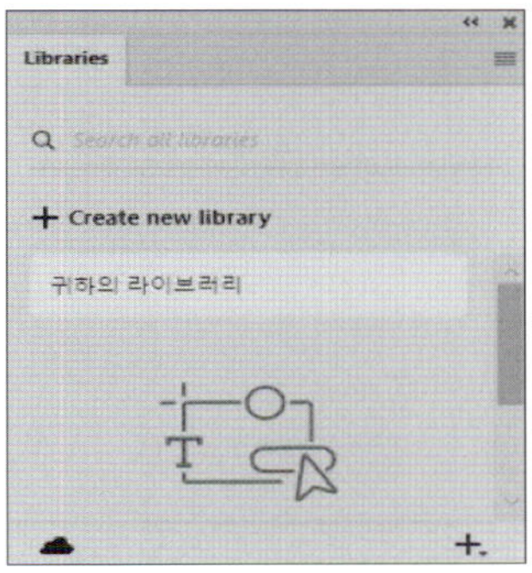

⑲ Navigator 패널

이미지를 확대하거나 축소하여 쉽게 보이게 한다.

⑳ Notes 패널

PSD 파일에 주석을 기록한다.

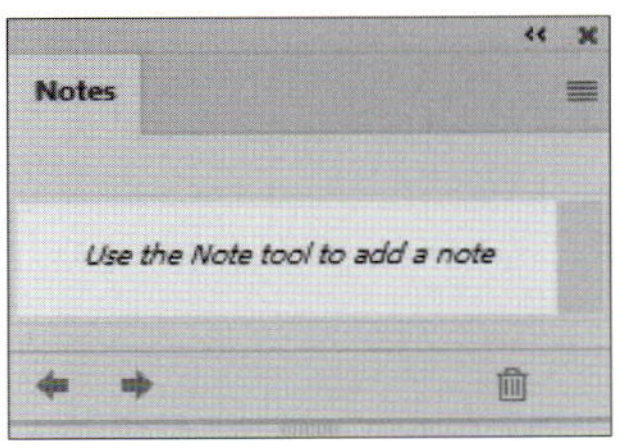

㉑ Paragraph 패널

문자의 단락에 관하여 설정한다.

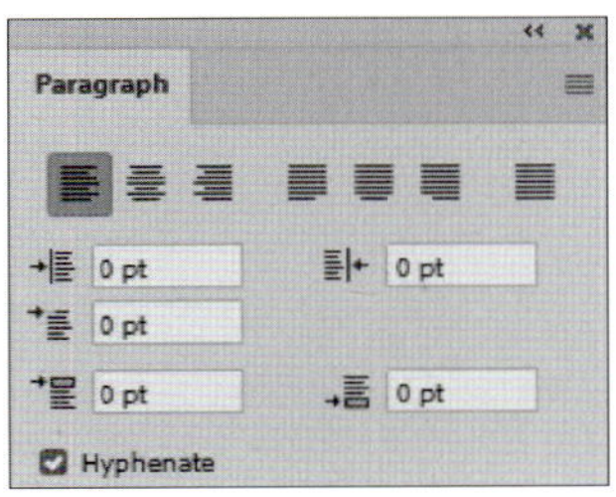

㉒ Paragraph Styles 패널

단락의 스타일을 만들고 관리한다.

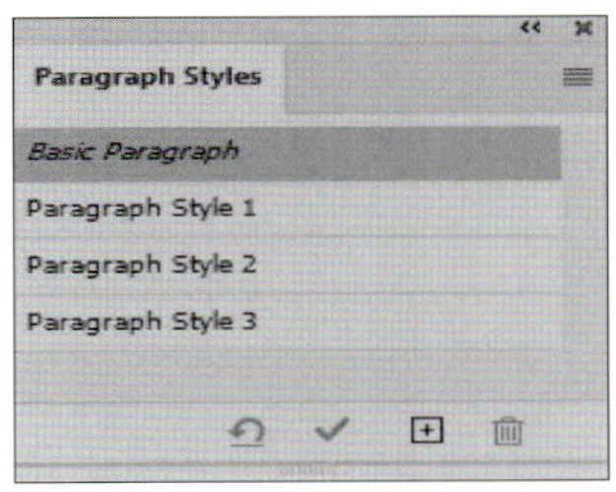

㉓ Paths 패널

패스를 이용한 다양한 기능을 적용한다.

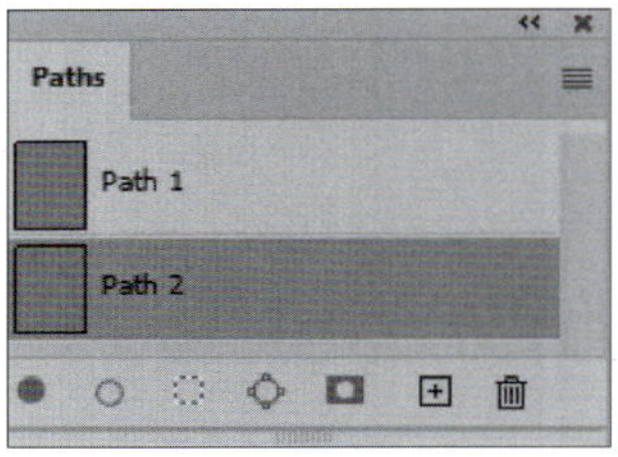

㉔ Properties 패널

작업에 대한 속성을 설정할 수 있다.

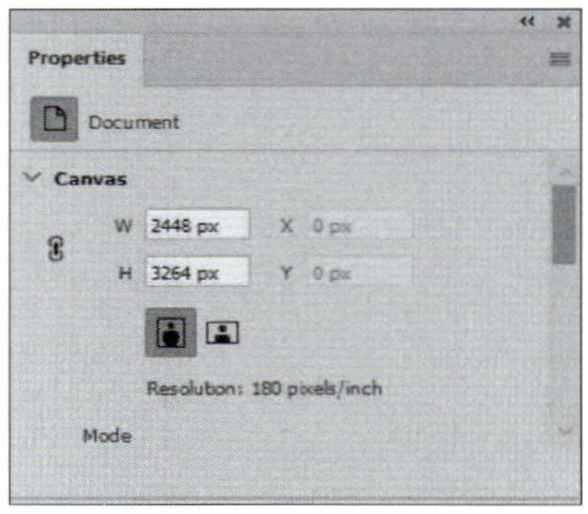

㉕ Shapes 패널

다양한 모양들이 저장되어 있는 라이브러리이다.

㉖ Styles 패널

이미지를 선택해서 스타일을 적용할 수 있다.

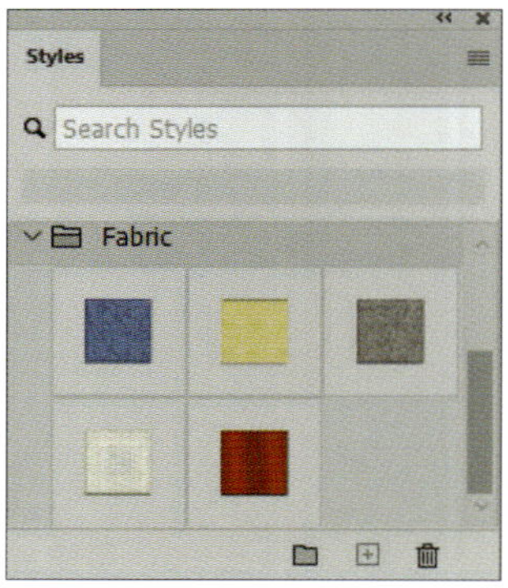

㉗ Swatches 패널

자주 사용하는 색상을 팔레트 형식으로 모아놓고 사용할 수 있다.

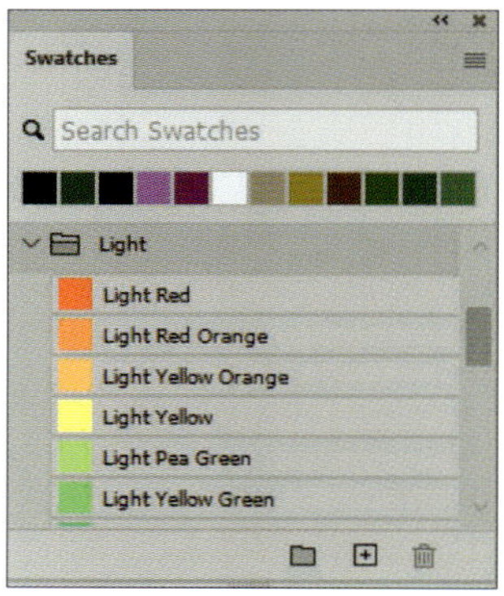

㉘ Timeline 패널

타임라인을 이용하여 애니메이션을 만들 수 있다.

Chapter **03**

도구 상자
(Tool Box)

도구 상자(Tool Box)

Chapter 03

3.1 도구 상자(Tool Box)

- 주요 기능들을 모아 놓은 도구들의 모음박스이다.
- 도구 상자의 가로/세로 고침 단추 도구 패널의 오른쪽 아래 모서리에 있는 삼각형(◢)을 1초 정도 눌러주면 숨어 있는 도구들이 나타난다.

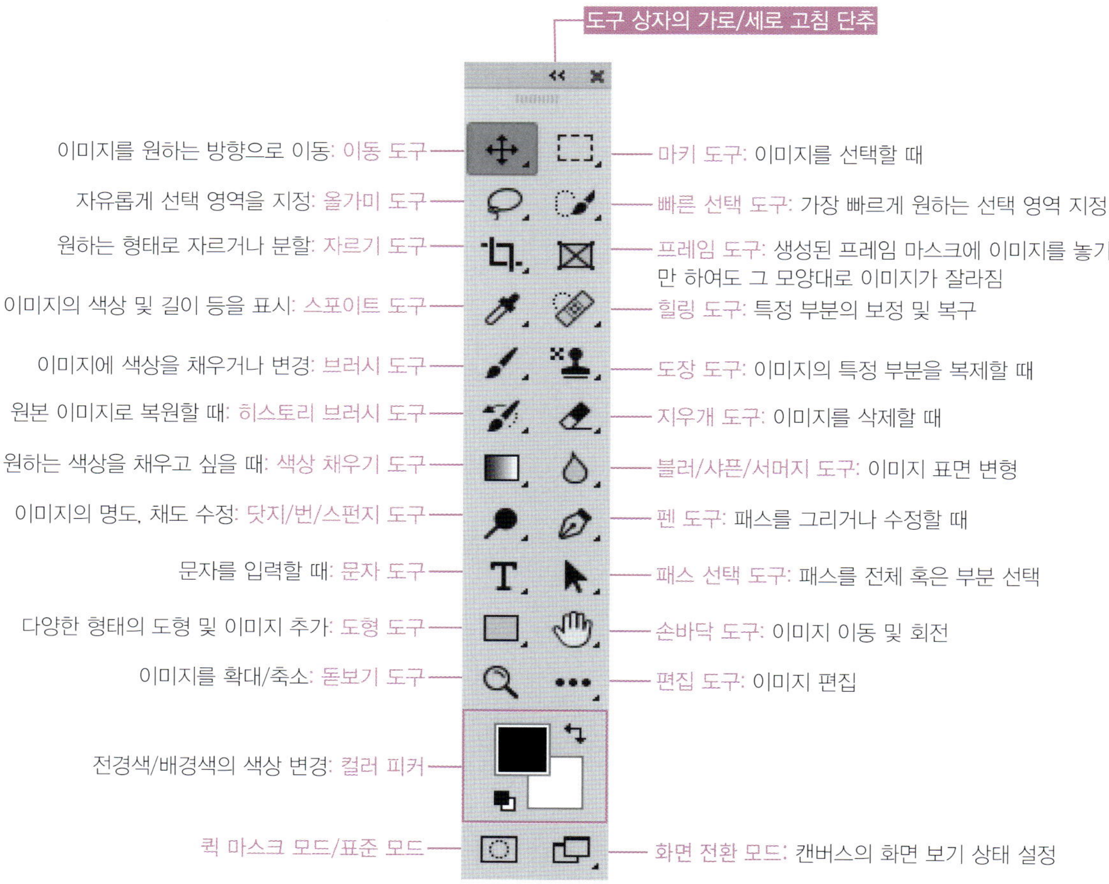

도구 상자의 가로/세로 고침 단추

도구 패널이 2줄에서 1줄로, 1줄에서 2줄로 변형이 가능하다.

도구 패널을 삭제할 수 있다. 다시 나타내고 싶으면 [Window]-[Tools]를 클릭한다.

컬러 피커(Color Picker)

전경색(Foreground Color) 또는 배경색(Background Color)을 컬러 팔레트에서 원하는 색상으로 선택해서 변경할 수 있다.

색상 교체: 전경색과 배경색을 서로 변경할 수 있다.

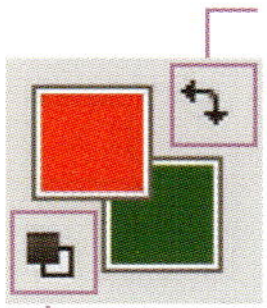

기본 설정 색: 전경색/배경색을 기본 설정값(Black/White)로 변경할 수 있다.

화면 모드(Screen Mode)

캔버스의 화면 보기 상태를 설정할 때 사용한다.

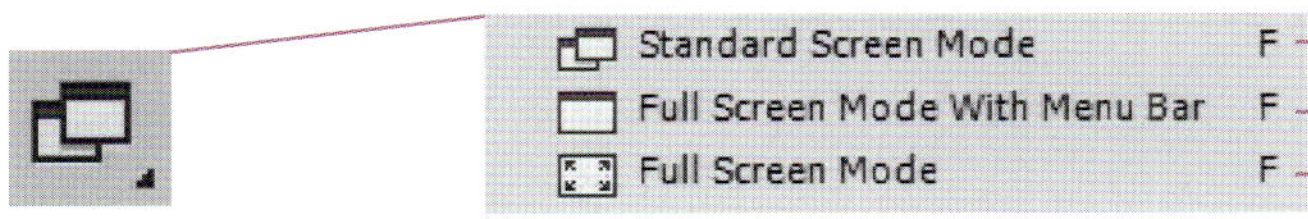

❶ 표준 화면 모드(Standard Screen Mode): 포토샵의 기본 설정 화면 상태

❷ 메뉴가 있는 전체 화면 모드(Full Screen Mode With Menu Bar): 메뉴가 있는 전체 화견 도구

❸ 전체 화면 모드(Full Screen Mode): 캔버스만 전체 화면으로 표시할 때 사용
표준 화면 모드로 되돌리고 싶으면 Tab Key를 클릭

돋보기 도구(Zoom Tool) 

이미지를 확대 혹은 축소할 때 사용한다.

옵션 바(Option Bar)

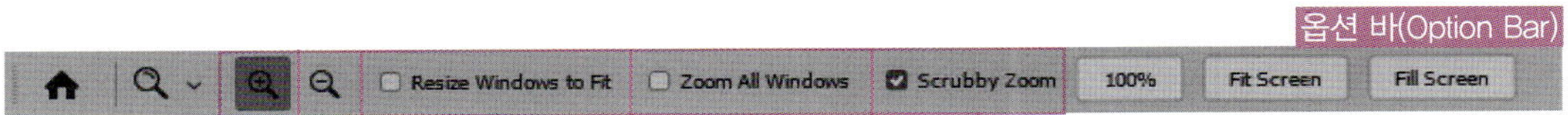

❶ Resize Windows to Fit: 항목을 체크 시, 이미지와 함께 윈도우 창의 크기가 확대/축소

❷ Zoom All Windows: 여러 개의 이미지를 열어 동시에 확대/축소

❸ Scrubby Zoom: 커서를 누른 상태에서 밖으로 드래그하면 확대/안으로 드래그하면 축소가 되는 스마트 줌 기능

원본 모드의 돋보기 도구 

이미지를 원본 비율(100%)로 보려면 돋보기 도구를 도구 상자에서 더블클릭한다.

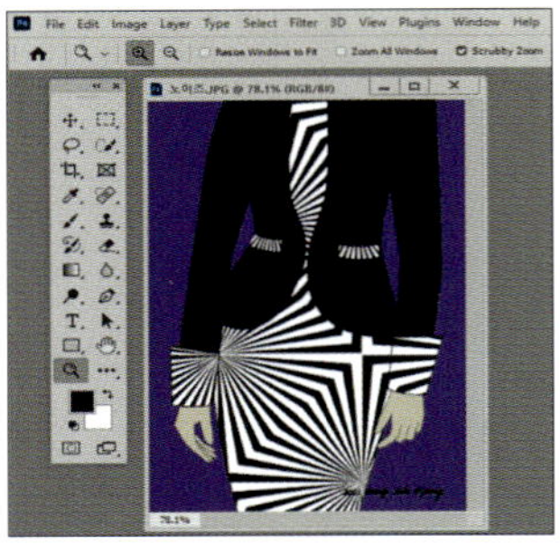

확대 모드의 돋보기 도구 

이미지를 확대하려면 돋보기 도구를 누른 다음 이미지에 대고 클릭한다.

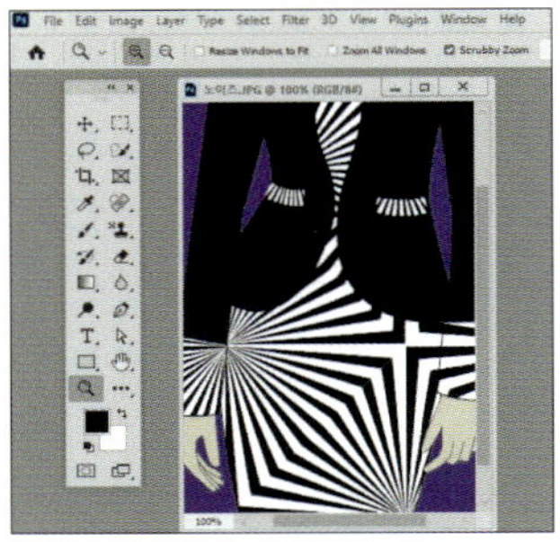

축소 모드의 돋보기 도구 

이미지를 축소하려면 [Alt] 키를 누른 다음 돋보기 도구로 클릭한다.

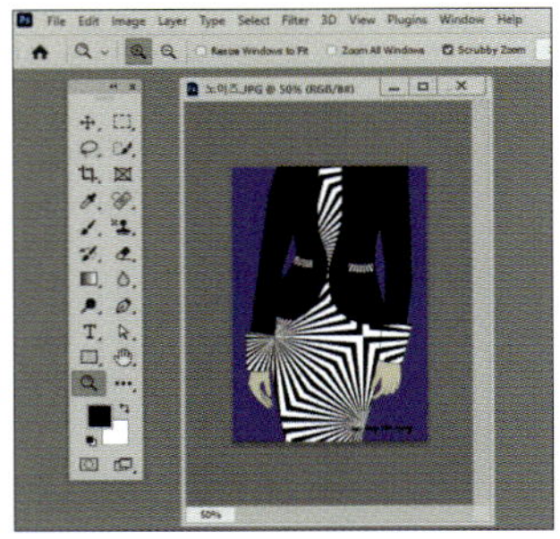

손바닥 도구(Hand Tool)

이미지를 이동하거나 회전할 때 사용한다.

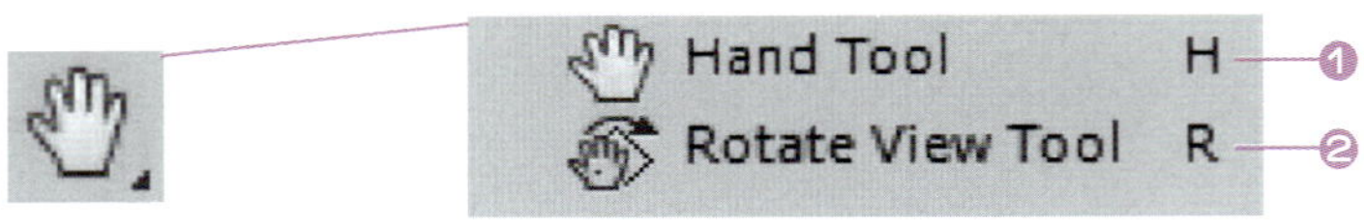

❶ 손바닥 도구(Hand Tool): 이미지를 확대했을 때 이미지에 커서를 누르고 움직이면 원하는 방향으로 움직일 수 있음

❷ 회전 보기 도구(Rotate View Tool): 이미지를 회전할 때 사용

손바닥 도구(Hand Tool) 활용하기

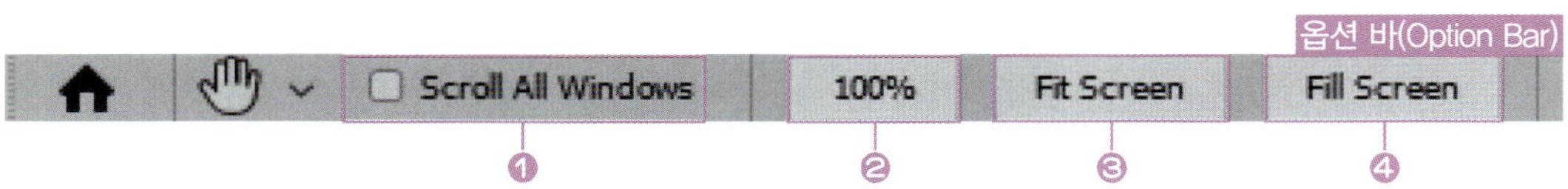

❶ Scroll All Windows: 여러 개의 이미지를 열어 작업할 때, 동시에 원하는 방향으로 이미지를 이동

❷ 100%: 화면을 원본 비율로 표시한다. 손바닥 도구를 더블클릭하는 효과와 같음

❸ Fit Screen: 이미지를 화면에 맞추어 표시한다. 손바닥 도구를 더블클릭하는 효과와 같음

❹ Fill Screen: 이미지를 최대한 화면에 채워지도록 표시

※ ❷~❹ 의 설명은 돋보기 도구의 옵션 바의 내용과도 일치하니 필요 시 참고하면 됨

❶ Scroll All Windows

여러 개의 이미지를 열어 작업할 때, 동시에 원하는 방향으로 이미지를 이동할 수 있다.

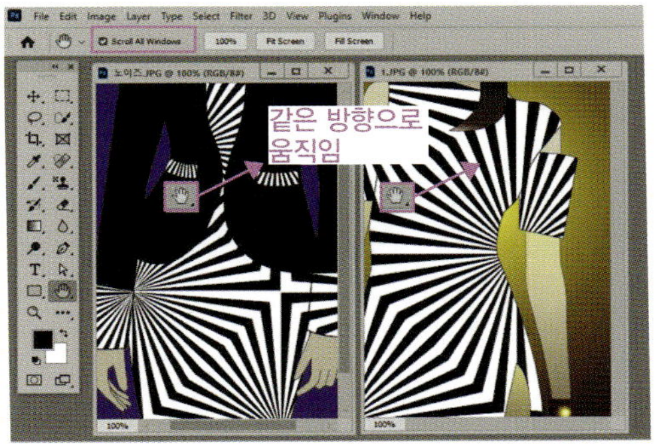

❷ 100%

화면을 원본 비율로 표시한다. 손바닥 도구를 더블클릭하는 효과와 같다.

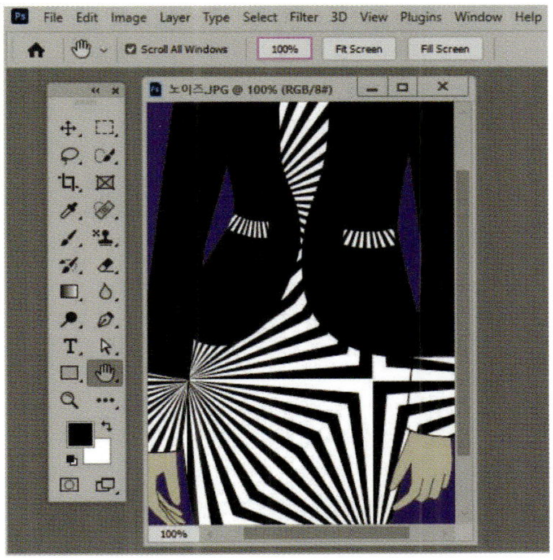

❸ Fit Screen

이미지를 화면에 맞추어 표시한다. 손바닥 도구를 더블클릭하는 효과와 같다.

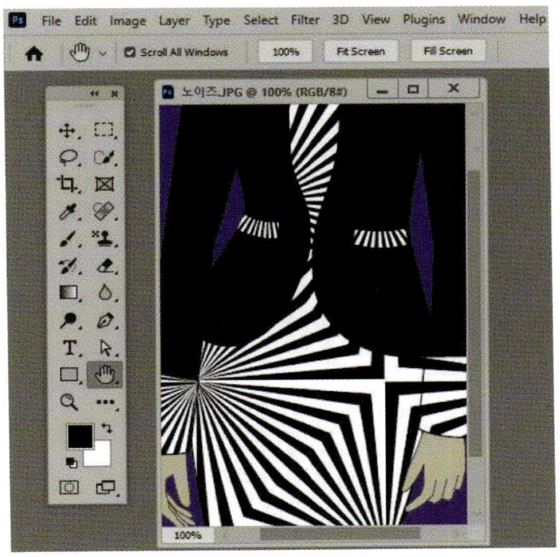

❹ Fill Screen

이미지를 최대한 화면에 채워지도록 표시한다.

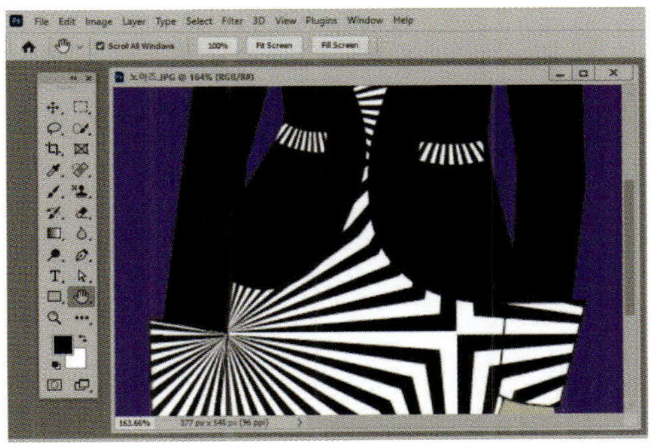

회전 보기 도구(Rotate View Tool) 활용하기

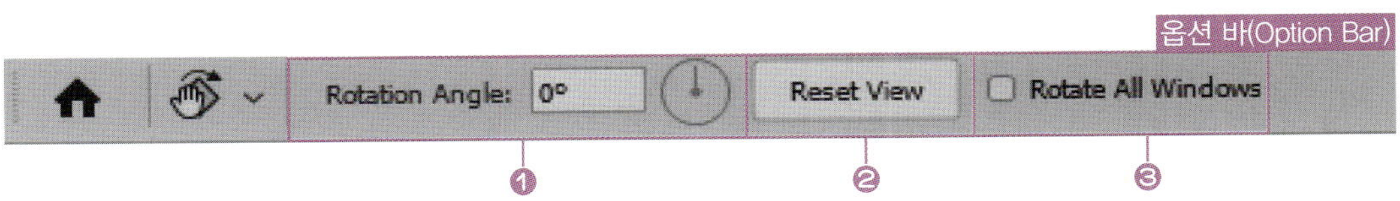

❶ Rotation Angle: 흰색 창 안에 원하는 각도를 입력하면 그 각도만큼 이미지를 회전시킴
❷ Reset View: 이미지를 회전시키기 이전으로 되돌림
❸ Rotate All Windows: 여러 개의 이미지 창으로 작업할 때 동시에 같이 회전시킴

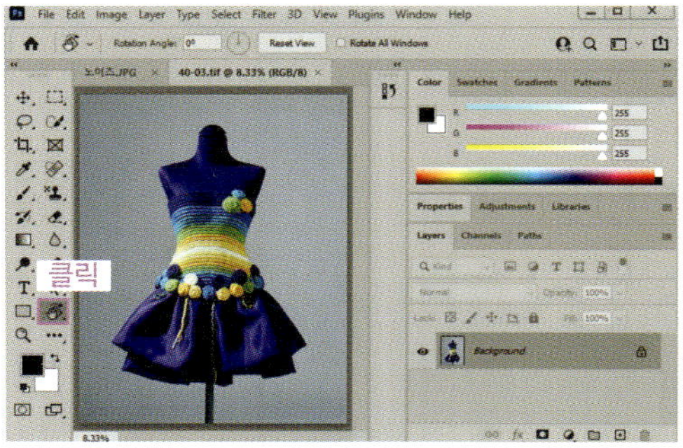

① 이미지를 불러낸 후 회전 보기 도구의 단추를 클릭한다.

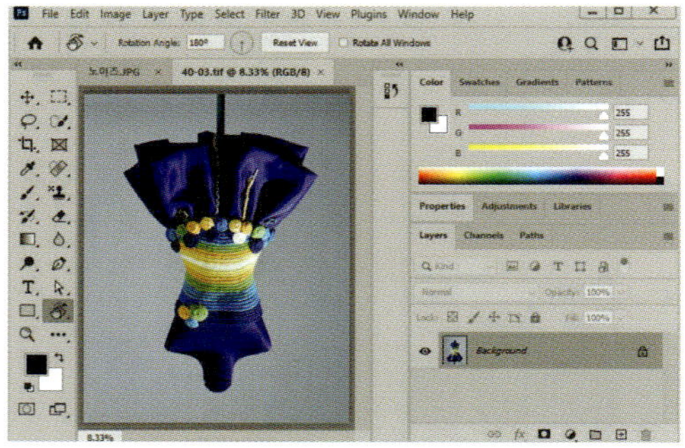

② 회전 보기 도구의 선택 바에서 회전 각도를 180도로 설정하면 위와 같이 이미지가 움직인다.

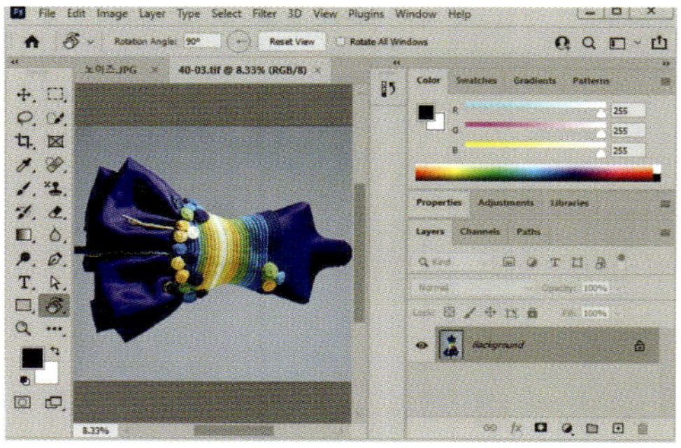

③ 이미지를 90도 회전

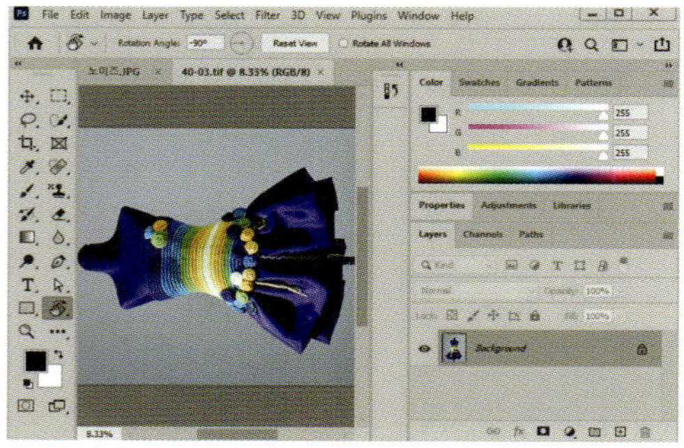

④ 이미지를 –90도 회전

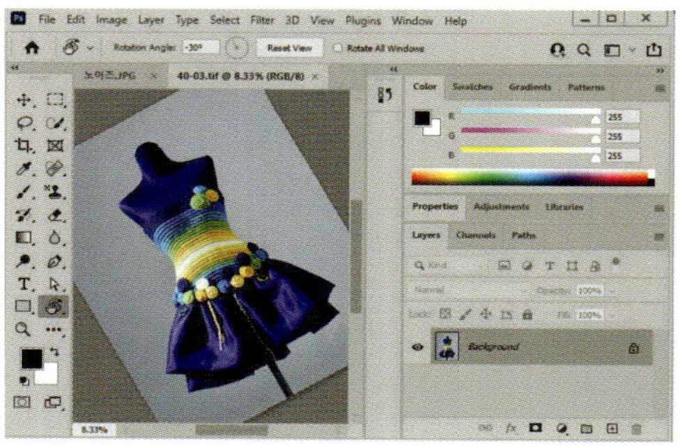

⑤ 이미지를 –30도 회전

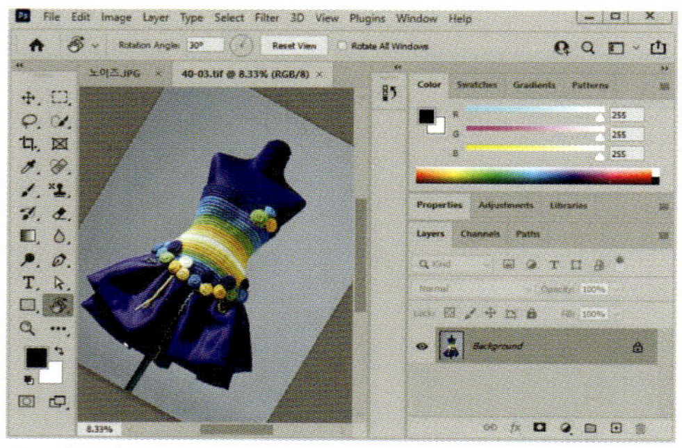

⑥ 이미지를 30도 회전

TIP

회전 보기 도구로 이미지를 회전시킨 후 저장(Save)해도 저장된 이미지 자체는 회전되지 않는다.

Chapter **04**

마키 도구 (Marquee Tool)

마키 도구(Marquee Tool)

Chapter 04

4.1 마키 도구(Marquee Tool)

M

- 일정한 모양으로 선택 영역을 지정할 수 있는 기능을 가진 도구들의 모음이다.
- 마키 도구의 종류로는 사각형 마키 도구, 원형 마키 도구, 가로선 마키 도구, 세로선 마키 도구가 있다.
- 키보드의 [M] 키를 클릭하면 도구 상자에 대표 도구로 지정한 도구에 따라, 사각형 혹은 원형 마키 도구가 간편 선택된다.

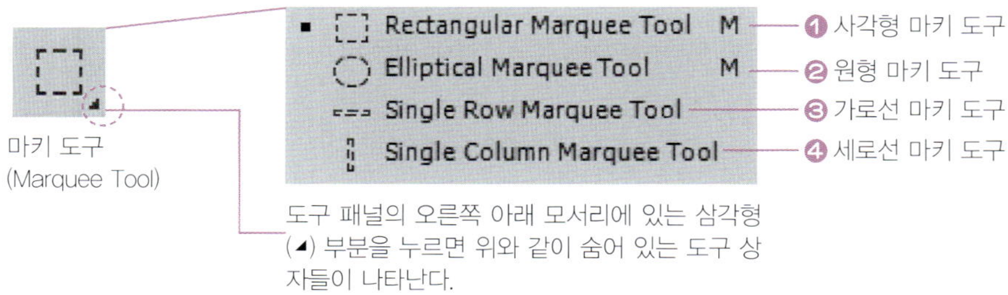

❶ 사각형 마키 도구(Rectangular Marquee Tool): 사각형으로 선택 영역을 지정할 때 사용
❷ 원형 마키 도구(Elliptical Marquee Tool): 원형으로 선택 영역을 지정할 때 사용
❸ 가로선 마키 도구(Single Row Marquee Tool): 1픽셀의 굵기로 가로 방향의 선택 영역을 지정
❹ 세로선 마키 도구(Single Column Marquee Tool): 1픽셀의 굵기로 세로 방향의 선택 영역을 지정

TIP

- [Shift]+도형 선택 도구: 가로와 세로의 비율이 같은 정사각형이나 정원으로 선택된다.
- [Alt]+도형 선택 도구: 클릭한 지점을 중심으로 도형 도구를 선택할 수 있다.

▲ 사각형 마키 도구로 선택 시 화면 모습

▲ 가로선 마키 도구로 선택 후 Transform Selection으로 형태를 변형시킨 모습

▲ 세로선 마키 도구로 선택 후 Transform Selection으로 형태를 변형시킨 모습

TIP

Transform Selection

선택 도구의 기능 중 하나로 선택된 부분의 크기 변형, 회전 등이 가능하다. 단축키는 [Ctrl]+T 이다.

선택 도구(Selction Tool) 활용하기

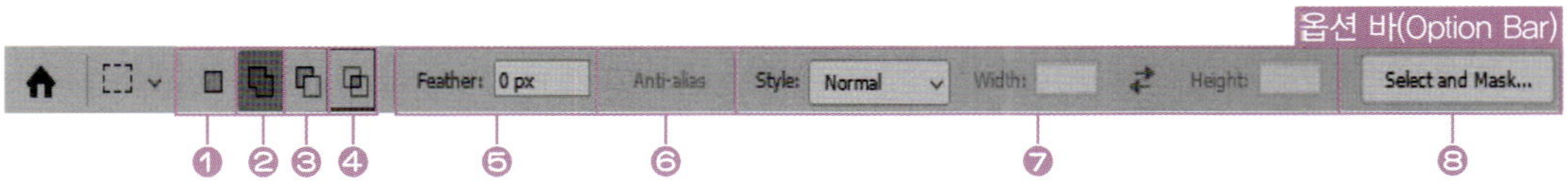

❶ 새 영역 선택하기(New selection): 영역을 지정할 때마다 기존 선택 영역은 없어지고 사 영역이 선택

❷ 선택 영역 추가하기(Add to selection): 기존 선택 영역에 새로운 선택 영역 추가 가능

❸ 선택 영역에서 부분 삭제하고 선택하기(Subtract from selection): 기존 선택 영역에서 빼줄 영역을 지정하면 그 부분이 없어짐

❹ 공통 범위 선택하기(Intersect with selection): 기존의 선택 영역과 새로운 선택 영역이 겹치는 부분만 남게 됨

❺ 페더 효과(Feather): 선택 영역의 가장자리를 부드럽고 흐리게 만들어 주는 기능

❻ 안티 알리아스(Anti-alias): 원형 마키 도구를 선택했을 때만 활성화되는 옵션으로, 경계 부분을 부드럽게 해줌

❼ 스타일(Style): 마키 도구를 사용 시 형태를 설정할 수 있는 기능
- 노멀(Nomal): 자유롭게 선택 영역을 설정
- 고정 선택(Fixed Ratio): 입력된 가로, 세로 비율을 유지하면서 선택 영역이 지정
- 사이즈 지정 선택(Fixed Size): 가로, 세로 항목에 입력한 수치대로 선택 영역이 지정

❽ 가장자리 다듬는 효과(Select and Mask): 선택된 영역의 가장자리를 다듬을 수 있음

▲ Add to selection: 두 개의 도형을 선택했을 때, 두 개의 선택 영역이 모두 남는다.

▲ Subtract from selection: 기존 선택된 영역에서 새로 선택된 영역이 삭제된 영역만 남는다.

▲ Intersect with selection: 기존 선택된 영역과 새로 선택된 영역의 공통으로 선택된 영역만 남는다.

❶ 위와 같이 Feather 값을 20 px로 설정 후 마키 도구로 선택 영역을 설정한 뒤, 선택 영역을 [Ctrl]+C(복사), [Ctrl]+V(붙여넣기)를 한다.

❷ 복사된 이미지를 이동 도구 [✥]를 이용하여 흰 바탕으로 옮기면 위와 같이 Feather 효과가 적용된 선택 영역이 복사된 것을 확인할 수 있다.

예제 1 마키 도구로 스트라이프 패턴 제작하기

마키 도구와 컬러 피커 색상 채우기를 이용하여 간단한 스트라이프 패턴 제작하기

Step 1 새 캔버스 열기 [Ctrl]+N

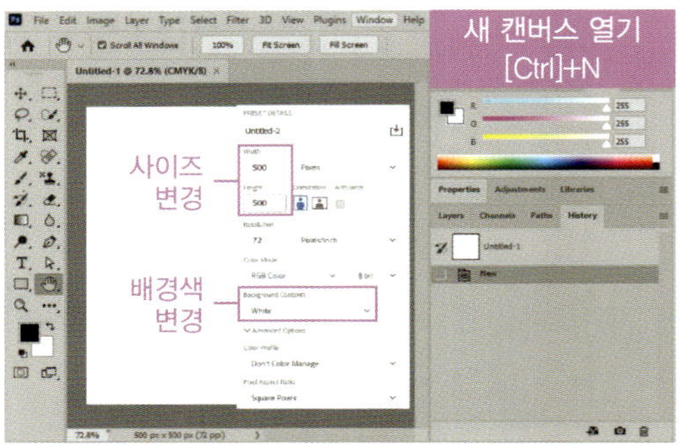

메뉴에서 [File]-[New] 또는 단축키 [Ctrl]+N을 이용하여 새 캔버스를 연다.

※ 캔버스 사이즈: 500 X 500 pixels
캔버스 배경색: White

Step 2 컬러 피커 색상 선정하기

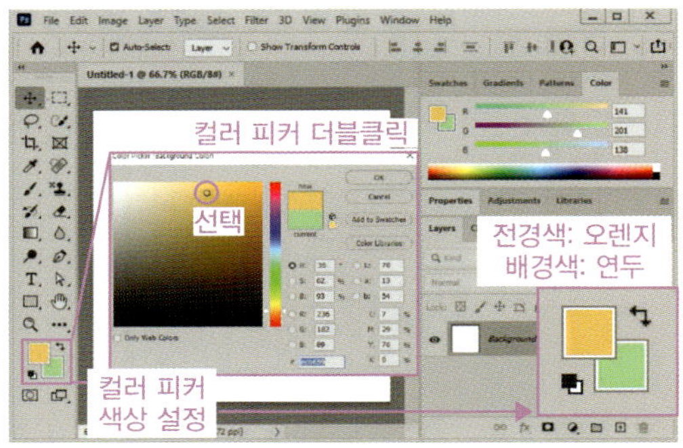

전경색과 배경색 각각의 스와치를 더블클릭하면 Color Picker 옵션 창이 나타나고, 원하는 색상을 선택할 수 있다.

Step 3 사각 마키 도구로 영역 선택

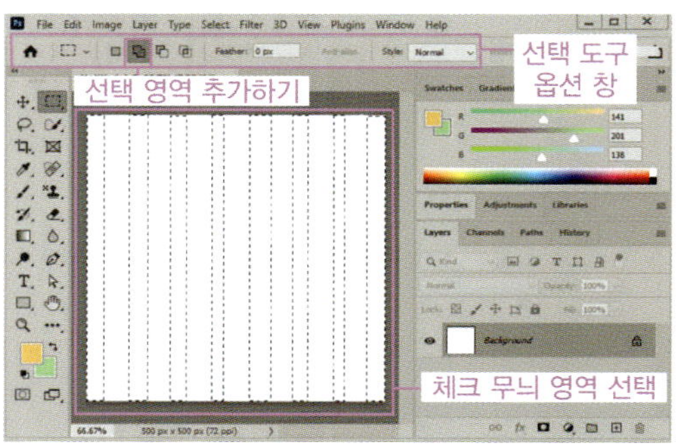

사각 마키 도구를 클릭하고, 선택 도구 옵션 창에서 선택 영역 추가하기(Add to selection)를 클릭하여 스트라이프 영역을 선택한다.

Step 4 패턴 영역에 전경색 채우기

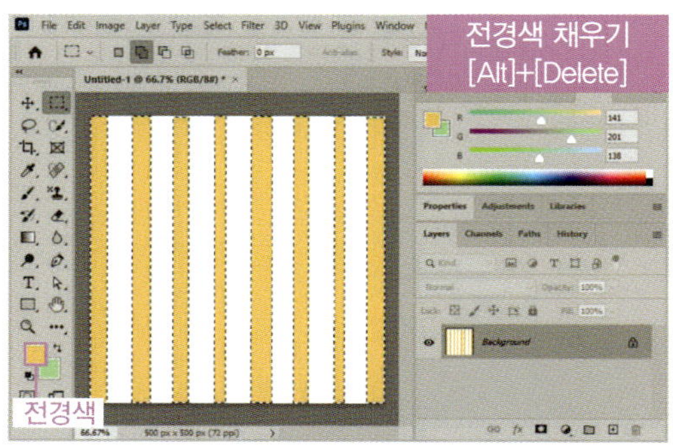

스트라이프 영역이 선택된 상태에서 단축키 [Alt]+[Del]을 눌러 전경색을 채운다.

Step 5 다른 영역 선택

[Ctrl]+D를 눌러 선택 영역을 해제하고, 다시 사각 마키 도구를 눌러 배경색으로 채워질 또 다른 스트라이프 영역을 선택한다.

Step 6 다른 영역에 배경색 채우기

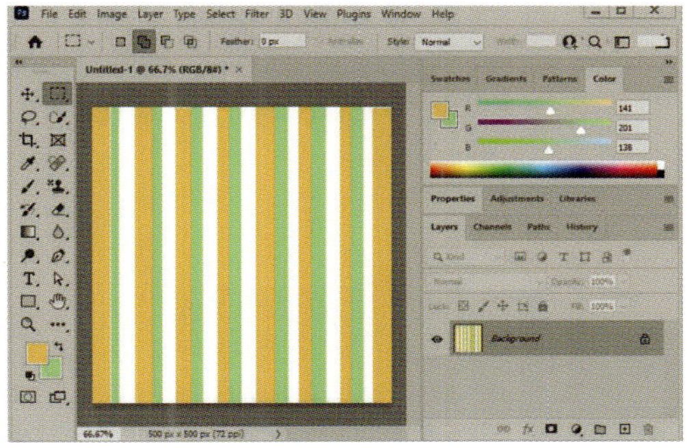

다른 스트라이프 영역이 선택된 상태에서 단축키 [Ctrl]+[Del]를 눌러 배경색을 채운다. [Ctrl]+D를 눌러 패턴을 완성시킨다.

TIP

컬러 피커를 이용하여 색상 채우기

- [Alt]+[Del]: 전경색 채우기
- [Ctrl]+[Del]: 배경색 채우기

선택 영역 해제하기

- [메뉴]–[Select]–[Deselect]
- 단축키 [Ctrl]+D

예제 2 마주 보는 일러스트 제작하기

측면이 그려진 여인 일러스트를 마키 도구를 사용해서 마주 보는 일러스트로 제작하기

Step 1 이미지 불러오기

메뉴에서 [File]–[Open]을 클릭하여 원하는 이미지를 불러온다.

Step 2 캔버스 사이즈 변경하기

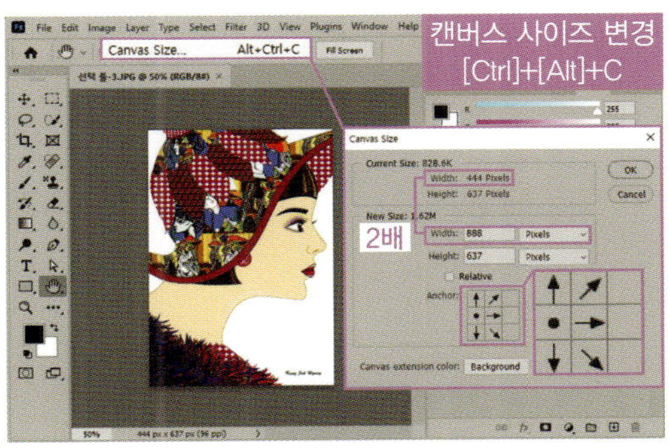

얼굴을 복사해서 붙여 넣을 공간을 만들기 위해 캔버스의 사이즈를 변경한다. 캔버스 사이즈 변경은 [Image]–[Canvas Size]에서 변경한다. 위와 같이 width를 이미지의 두 배로, 방향은 이미지가 왼쪽으로 오도록 설정한다.

Step 3 마키 도구로 이미지 선택하기

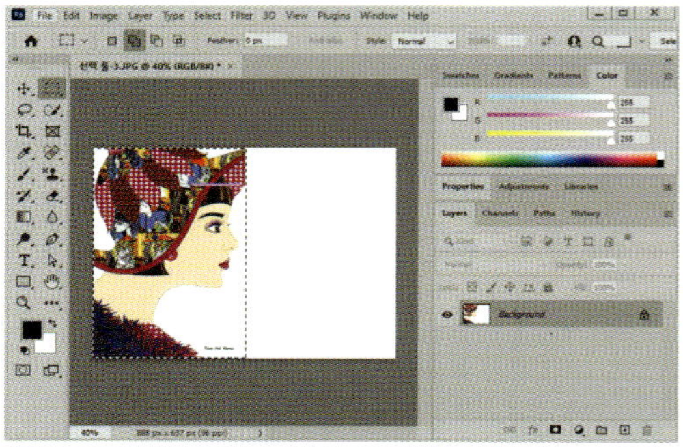

확장된 캔버스에서 복제할 부분의 영역을 사각 마키 도구로 선택한다. 정확한 수치로 복사하기 위해서는 옵션 바(Option Bar)의 [Style]에서 [Fixed Size]를 사용해도 된다.

Step 4 선택된 이미지 복사 및 이동

선택된 영역을 복사하고([Edit]–[Copy]), 붙여 넣어([Edit]–[Paste]) 준 다음, 복사된 이미지를 이동 도구를 이용해서 옮겨준다. 이때 [Shift] 키를 누른 상태에서 이동 도구로 드래그하면 이미지가 수평으로 이동된다.

Step 5 이미지 수평으로 반전시키기

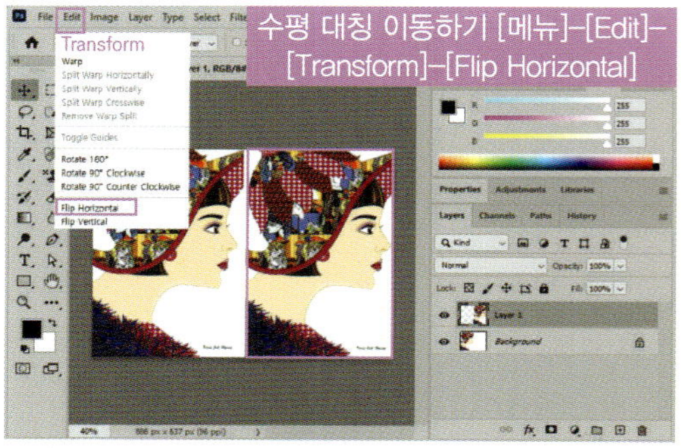

복사된 이미지에 수평 대칭 이동하기([Edit]–[Transform]–[Flip Horizontal])를 실행하면 이미지가 마주 보게 된다.

Step 6 이미지 완성

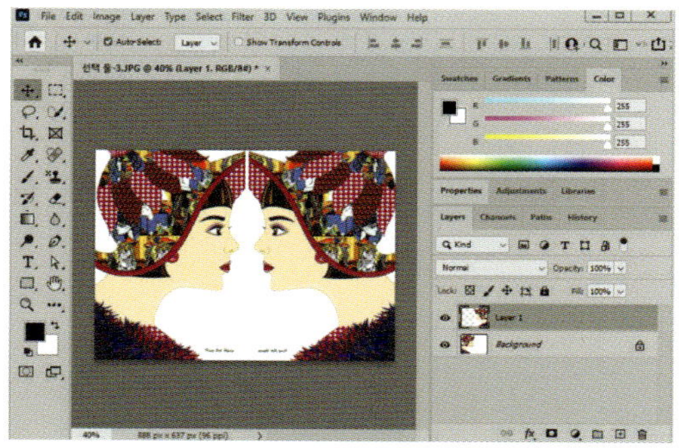

복사된 이미지가 수평 이동되어 예제가 완성되었다. 완성된 이미지는 [Save as]로 저장한다.

Chapter **05**

레이어(Layer)와 이동 도구(Move Tool)

레이어(Layer)와 이동 도구(Move Tool) Chapter 05

5.1 레이어(Layer)

레이어란 여러 이미지들이 모여 하나의 이미지로 표현될 때, 배경 이미지 위로 겹겹이 쌓인 이미지 각각의 필름들을 말한다. 포토샵에서 이 필름들 즉, 레이어가 모여 하나의 이미지로 표현될 때 레이어의 순서를 바꾸거나 레이어를 볼 수 있는 눈 아이콘을 비활성화함으로써 여러 가지 형태의 레이어들을 표현할 수 있다. 포토샵에서 이미지를 저장할 때, PSD 파일 형태로 저장하면 레이어가 각각 저장되어 수정 작업이 가능하다.

레이어(Layer) 구조

메뉴에서 [File]–[Open]을 클릭하여 원하는 이미지를 불러오면 아래와 같이 프로그램이 실행되며, 레이어 패널에서 각각의 레이어를 확인할 수 있다. 아래 이미지는 배경(Background)과 일반 레이어(Layer)인 '레이어 1'과 '레이어 2'로 구성되어 있다.

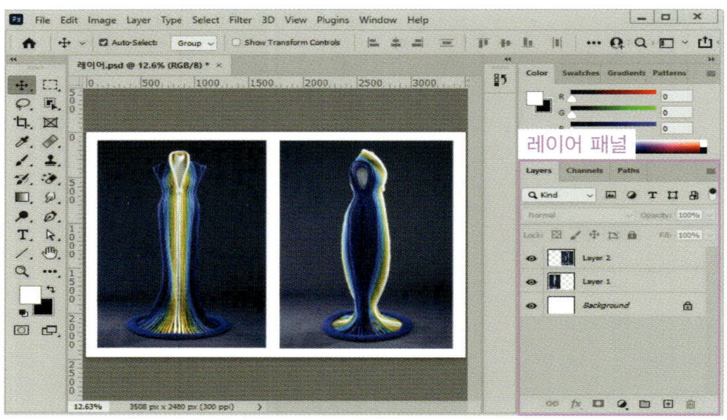

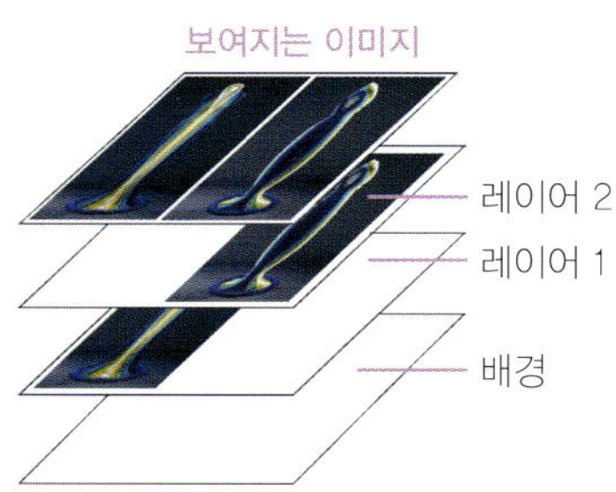

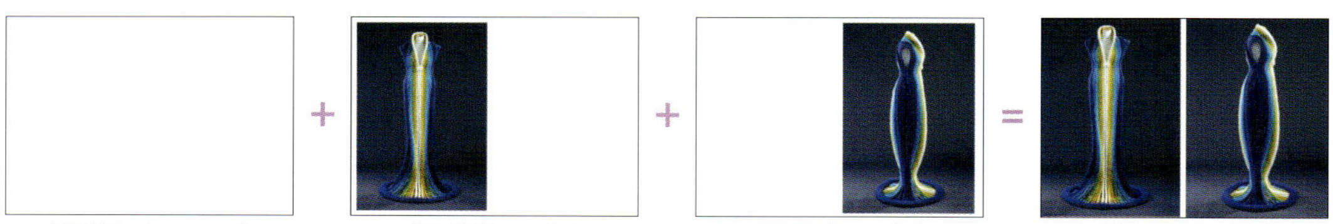

배경(Background) 레이어(Layer) 1 레이어(Layer) 2 눈에 보여지는 이미지

TIP

레이어 창에서 배경(Background) 이미지를 더블클릭하면 일반 레이어화된다.

레이어(Layer) 종류

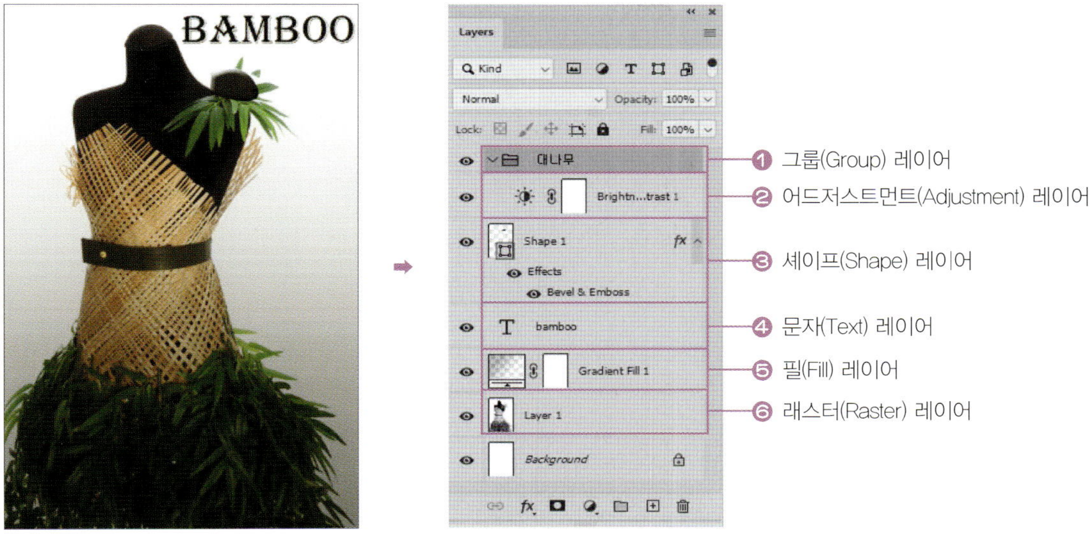

❶ 그룹(Group) 레이어: 많은 레이어를 하나의 그룹, 폴더에 넣어 관리

❷ 어드저스트먼트(Adjustment) 레이어: 색상, 명도, 채도 등을 수정한 정보가 있는 레이어로 하위 레이어에 영향을 미침

❸ 셰이프(Shape) 레이어: 패스(Path)로 구성된 이미지가 있는 레이어, 도구 상자 중 패스(Path) 도구 사용 시 생성

❹ 문자(Text) 레이어: 레이어 전체가 문자로 이루어진 레이어, 텍스트를 편집할 때 유용

❺ 필(Fill) 레이어: 레이어 전체가 색상, 패턴, 그레디언트로 채워진 레이어

❻ 래스터(Raster) 레이어: 픽셀로 구성된 이미지가 있는 레이어

레이어(Layer) 패널

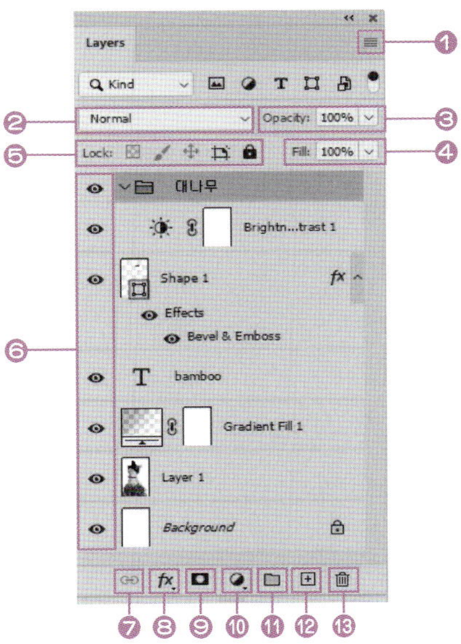

❶ 패널 목록: 레이어 패널에 대한 세부 메뉴

❷ 블렌딩 모드(Blending Mode): 레이어의 합성 모드를 선택

❸ 투명도(Opacity): 레이어의 이미지와 스타일의 투명도를 조절

❹ 채움(Fill): 레이어 이미지만 투명도를 조절

❺ 잠금 모드(Lock): 레이어의 일부 속성을 조건별로 잠글 수 있음

❻ 눈 아이콘 [눈 아이콘] : 눈 아이콘이 활성화되면 해당 레이어의 이미지가 캔버스에 나타나며, 비활성화되면 캔버스에 보이지 않을 뿐만 아니라 인쇄, 수정 등이 모두 불가하다. 단, 수정 시에 [Alt] 키를 누른 상태에서 눈 아이콘을 클릭하면 흐리게 변하는데 이때에는 수정이 가능하다.

❼ Link layers [링크 아이콘] : 연결할 레이어들을 선택 후, 아이콘을 누르면 하나의 레이어처럼 연결

❽ Add a layer style [fx 아이콘] : 레이어 스타일을 적용

❾ Add a layer mask [마스크 아이콘] : 레이어 마스크를 적용

❿ Create new fill or adjustment layer [조정 레이어 아이콘] : 필 레이어 혹은 어드저스트먼트 레이어를 생성

⓫ Create a new group [폴더 아이콘] : 새로운 그룹 레이어를 생성

⓬ Create a new layer [새 레이어 아이콘] : 배경이 투명한 새로운 레이어를 생성

⓭ Delete layer [휴지통 아이콘] : 레이어를 삭제

레이어 스타일(Layer Style)

레이어 스타일은 블렌딩 옵션(Blending Options)이라고도 하며, 레이어에 다양한 블렌딩 효과를 설정한다. 레이어에 스타일을 적용하기 위해서는 [레이어 패널]-[Add a layer style]을 클릭하거나, 레이어 위에서 마우스 오른쪽 버튼을 누르면 나타나는 옵션 창 제일 위의 [Blending Options]을 선택하여 원하는 옵션을 적용한다.

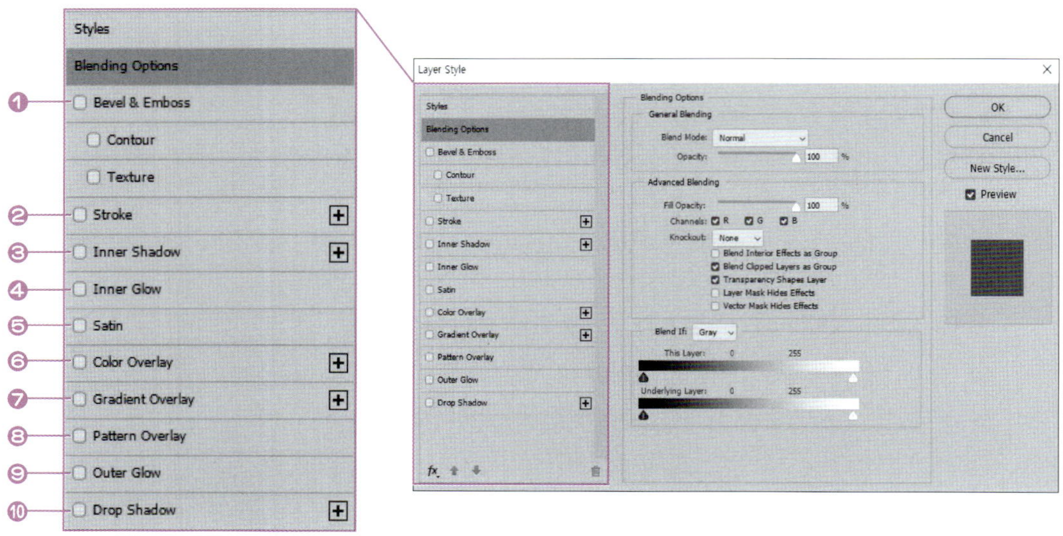

예제 1 레이어 이름 바꾸기

레이어의 이름을 수정할 때는 기존 레이어 이름을 더블클릭한 다음 이름을 수정한다.

Step 1 이미지 불러오기

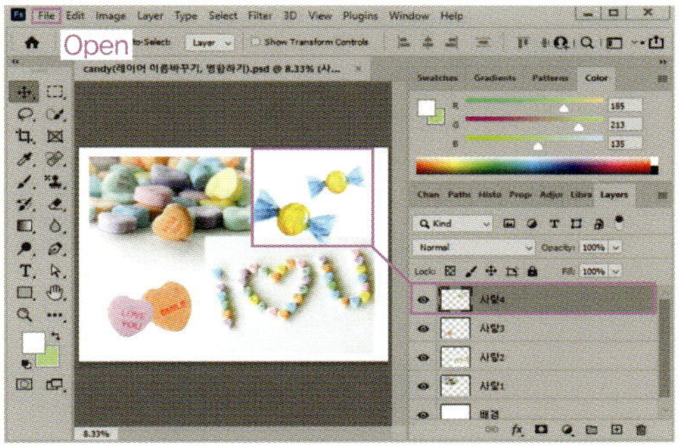

메뉴에서 [File]-[Open]을 클릭하여 원하는 이미지를 불러온다.

Step 2 더블클릭 후 이름 바꾸기

파일을 불러온 후, '사탕4'를 더블클릭하면 이름을 수정할 수 있도록 활성화된다.

Step 3 완성

'사탕4'의 이름에 '레몬사탕'을 입력하고 [Enter] 키를 누르면 위와 같이 레이어의 이름이 수정된다.

예제 2 Merge Layers-레이어 병합하기

레이어를 병합하는 방법에는 '레이어 병합하기(Merge Layers)', '보이는 대로 병합하기(Merge Visible)', '배경으로 레이어 병합(Flatten Image)'이 있다.

Step 1 병합할 레이어 선택하기

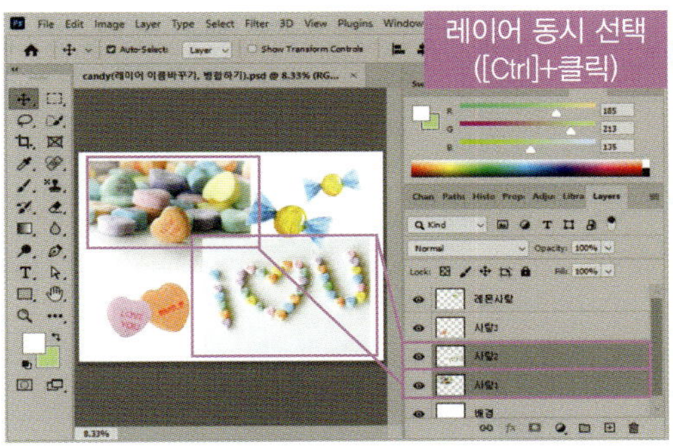

'사탕1'과 '사탕2'의 레이어를 선택해 준다. 이때 두 레이어를 함께 선택하기 위해 [Ctrl] 키를 함께 눌러준다.

Step 2 레이어 옵션 패널 열기

레이어를 선택한 상태에서 마우스 오른쪽 버튼을 클릭하면 레이어 옵션 패널이 나타난다. 이 중에 '레이어 병합하기(Merge Layers)'를 클릭한다.

❶ 레이어 병합하기(Merge Layers, [Ctrl]+E)
두 가지 이상의 레이어를 선택하고 병합시켜 하나의 레이어로 만들어 준다.

❷ 보이는 대로 레이어 병합하기(Merge Visible, [Ctrl]+[Shift]+E)
전체 레이어를 보여지는 대로 병합시켜 준다.

❸ 배경으로 레이어 병합하기(Flatten Image)
전체 레이어를 배경화시킨다.
Merge Visible과 다른 점은 숨겨진 레이어도 병합시킨다는 점이다.

Step 3 레이어 병합 확인하기

'사탕1'과 '사탕2'의 레이어가 병합되어 상위 레이어인 '사탕2' 레이어에 두 레이어의 모습이 잡히는 것을 확인할 수 있다. 이때 레이어 패널에서 병합된 레이어를 선택 후 이동 도구를 클릭해서 움직여 보면 레이어의 병합을 쉽게 확인할 수 있다.

5.2 이동 도구(Move Tool) V

레이어를 선택하고 움직여서 원하는 위치로 이동, 복사할 수 있는 기능이다. 단축키는 키보드 [V] 키이며, 다른 도구를 사용 중 [Ctrl] 키를 누른 상태에서는 이동 도구를 사용할 수 있다.

예제 3 레이어 이동 및 복사하기

Step 1 레이어 선택하기

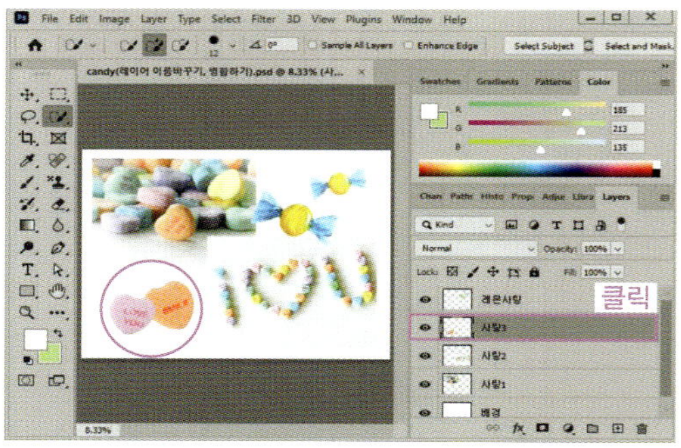

레이어 패널에서 '사탕3' 레이어를 선택해 준다.

Step 2 레이어 이동하기

'사탕3' 레이어를 선택한 후, 이동 도구(Move Tool)를 선택 후, 레이어를 위의 그림대로 움직인다.

Step 3 레이어 복사하기

대각선 방향으로 옮긴 '사탕3' 레이어를 이동 도구를 이용하여 선택 후, [Alt] 키를 누르면서 마우스로 레이어를 복사하고 싶은 부분에 드래그한다.

Step 4 복사된 레이어 확인하기

'사탕3' 레이어가 원하는 부분으로 복사되었고, 복사된 레이어는 레이어 패널에 '사탕3 copy'라는 새로운 레이어로 나타난다.

이동 도구(Move Tool) 활용하기

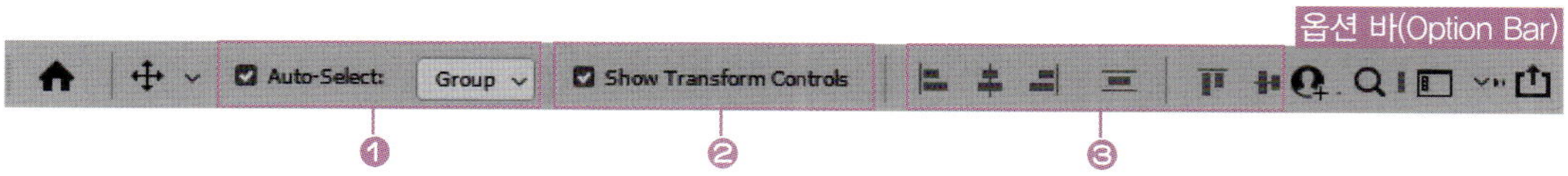

❶ 자동 선택(Auto-Select): 이 항목 체크 후, 캔버스에 있는 원하는 이미지를 클릭하면 해당 레이어가 자동 선택됨

❷ 레이어의 회전이나 크기 변형(Show Transform Controls): 선택한 레이어의 회전이나 크기를 조절하는 기능 단축키는 [Ctrl]+T

❸ 레이어의 정렬: 선택한 레이어들을 위, 중앙, 아래 맞춤으로 정렬할 수 있는 기능

예제 4 레이어의 회전이나 크기 변형(Show Transform Controls)

Step 1 [Auto-Select]로 레이어 선택하기

메뉴에서 [File]-[Open]을 클릭하여 원하는 이미지를 불러온 후, 이동 도구를 클릭한 다음 이동 도구 옵션 바에서 [Auto-Select]를 체크한다.
이 상태에서 캔버스에 있는 이미지를 클릭하면 해당 레이어인 '다이아몬드' 레이어가 활성화된다.

Step 2 레이어 크기 조절하기

'다이아몬드' 레이어가 활성화된 상태에서 이동 도구 옵션 바의 [Show Transform Control]을 체크하면, 위와 같이 '변형 컨트롤 상자'가 활성화된다. 이 상자의 모서리를 마우스로 조절하여 레이어의 크기를 조절한다.

Step 3 레이어 회전하기

크기가 커진 레이어를 회전시키려면 변형 컨트롤 상자가 활성화된 상태에서 마우스 커서를 모서리에 주위로 갖다 대면 회전축이 활성화된다. 회전축을 움직여서 회전시킨다.

Step 4 크기 조절, 회전된 레이어 확인하기

크기 조절 혹은 회전이 끝난 레이어를 완료하려면 레이어를 더블클릭하여 변형 컨트롤 상자 활성화를 해제시켜 준다. 혹은 크기 조절 후에 다른 도구를 선택하면 뜨는 알림 창의 [Apply] 버튼을 누르면 적용된다.

TIP

옵션 바의 Show Transform Control이 체크된 상대로 레이어를 선택하면 항상 변형 컨트롤 상자가 나타나므로, 주로 단축키 [Ctrl]+T를 사용한다.

5.3 레이어의 변형 기능

레이어의 이미지는 조절점을 이용해서 아래와 같이 변형이 가능하다.
[Edit]–[Transform] 혹은 [Ctrl]+T를 누른 후, 마우스 오른쪽을 클릭해서 원하는 항목을 선택한다.

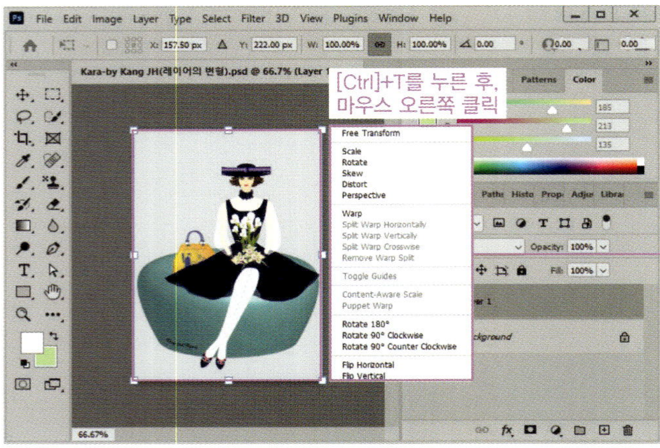

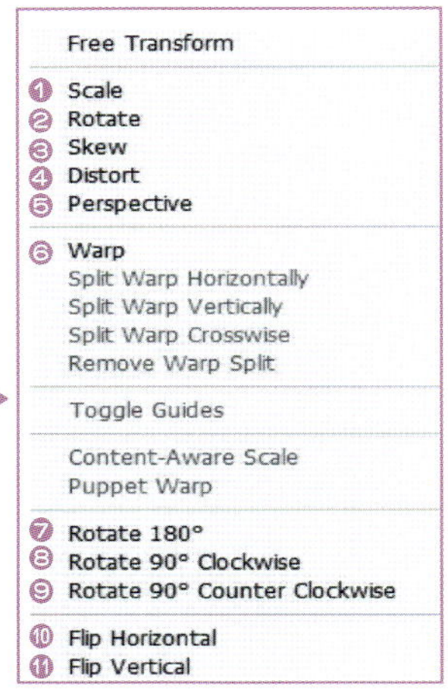

파일명: Kara.psd

❶ Scale: 이미지의 크기 조절
❷ Rotate: 이미지의 회전
❸ Skew: 이미지 한쪽을 기울이기
❹ Distort: 조절점을 이용하여 자유롭게 변형하기
❺ Perspective: 조절점을 이용하여 원근감을 주기
❻ Warp: 조절점을 이용하여 곡선으로 변형하기
❼ Rotate 180°: 이미지를 180도 회전
❽ Rotate 90° CW: 이미지를 시계 방향(CW)으로 90도 회전
❾ Rotate 90° CCW: 이미지를 반시계 방향(CCW)으로 90도 회전
❿ Flip Horizontal: 이미지를 좌·우로 뒤집어 주는 기능
⓫ Flip Vertical: 이미지를 상·하로 뒤집어 주는 기능

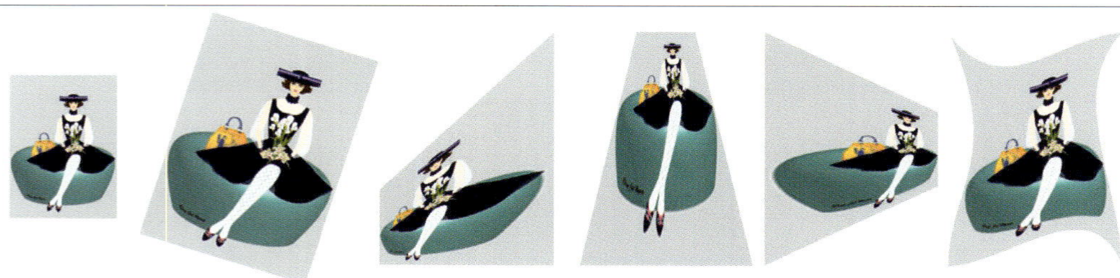

▲ Scale ▲ Rotate ▲ Skew ▲ Distort ▲ Perspective ▲ Warp

▲ Rotate 180° ▲ Rotate 90° CW ▲ Rotate 90° CCW ▲ Flip Horizontal ▲ Flip Vertical

레이어 링크하기

레이어들을 합치지 않고도 연결시킬 수 있는 기능으로, 이동 혹은 정렬 등을 한 번에 가능하게 한다.

▲ 링크할 레이어들을 [Ctrl] 키를 누른 후 차례대로 선택하면 동시에 선택된다. 동시 선택되어진 상태로 레이어 패널에서 마우스 오른쪽 버튼을 누르면 레이어 옵션 창이 실행되며, 옵션 창 중에서 'Link Layers'를 클릭한다.

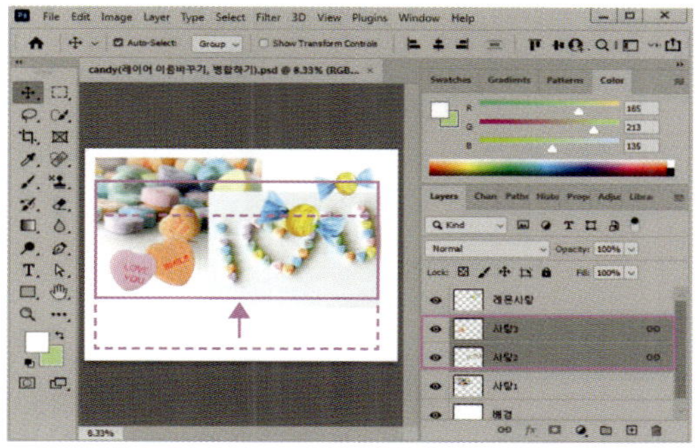

▲ 링크된 레이어의 이름 옆으로 사슬 모양(⚭) 아이콘이 생겨나며, 이동 도구를 선택 후 링크된 레이어 일부를 움직이면 링크된 레이어들이 동시에 움직이는 것을 확인할 수 있다.

레이어의 정렬과 간격 조절

이동 도구의 옵션 바에서 여러 레이어들을 일률적으로 정렬하거나 간격을 조절할 수 있다.
메뉴에서 [Layer]–[Align]에서도 동일한 효과들을 적용할 수 있다.

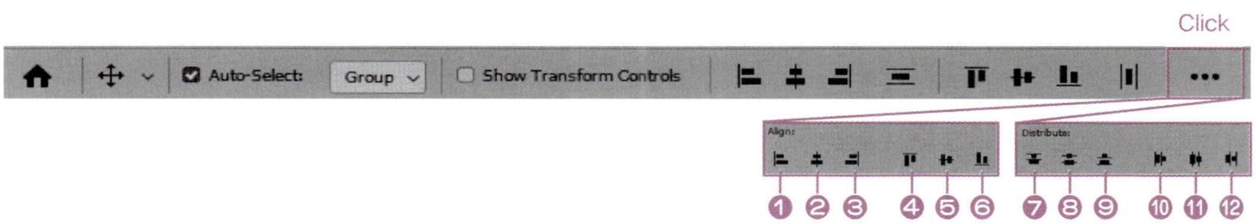

❶ Align left edges: 선택한 레이어 이미지의 맨 왼쪽을 기준으로 정렬

❷ Align horizontal centers: 선택한 레이어 이미지의 가로 중앙을 기준으로 정렬

❸ Align right edges: 선택한 레이어 이미지의 맨 오른쪽을 기준으로 정렬

❹ Align top edges: 선택한 레이어 이미지의 맨 위를 기준으로 정렬

❺ Align vertical centers: 선택한 레이어 이미지의 세로 중앙을 기준으로 정렬

❻ Align bottom edges: 선택한 레이어 이미지의 맨 아래를 기준으로 정렬

❼ Distibute top edges: 선택한 레이어 이미지의 맨 위를 기준으로 가로 간격을 일정하게 정렬

❽ Distibute vertical centers: 선택한 레이어 이미지의 세로 중앙을 기준으로 가로 간격을 일정하게 정렬

❾ Distibute bottom edges: 선택한 레이어 이미지의 맨 아래를 기준으로 가로 간격을 일정하게 정렬

❿ Distibute left edges: 선택한 레이어 이미지의 맨 왼쪽을 기준으로 세로 간격을 일정하게 정렬

⓫ Distibute horizontal centers: 선택한 레이어 이미지의 가로 중앙을 기준으로 세로 간격을 일정하게 정렬

⓬ Distibute right edges: 선택한 레이어 이미지의 맨 오른쪽을 기준으로 세로 간격을 일정하게 정렬

▲ 원본 이미지

▲ Align left edges

▲ Align horizontal centers

▲ Align right edges

▲ Align top edges

▲ Align vertical centers

▲ Align bottom edges

▲ 원본 이미지

▲ Distribute top edges

▲ Distribute vertical centers

▲ Distribute bottom edges

▲ Distribute left edges

▲ Distribute horizontal centers

▲ Distribute right edges

예제 5 다른 파일 레이어 복사하기

다른 파일 레이어를 복사해서 붙여 넣는 방식으로 이미지에 배경을 삽입할 수 있다.

Step 1 합성할 파일 열기

메뉴에서 [File]–[Open]을 클릭하여 예제 파일 '반짝 배경.jpg'와 'Mix layers.psd'를 불러온다.

Step 2 작업 창 분리하기

메뉴에서 [Windows]–[Arrange]–[Float In Windows]를 클릭하여 작업 창을 분리시켜 준다.

Step 3 다른 파일 레이어 복사하기

'Mix layers.psd'를 앞에 두고 이동 도구를 선택 후, 복사를 원하는 부분을 드래그한 다음 '반짝배경.jpg' 파일로 옮긴다.

Step 4 합성 이미지 확인하기

'반짝배경.jpg'에 합성된 이미지를 확인할 수 있다.

Step 5 합성된 이미지에 입체감 주기

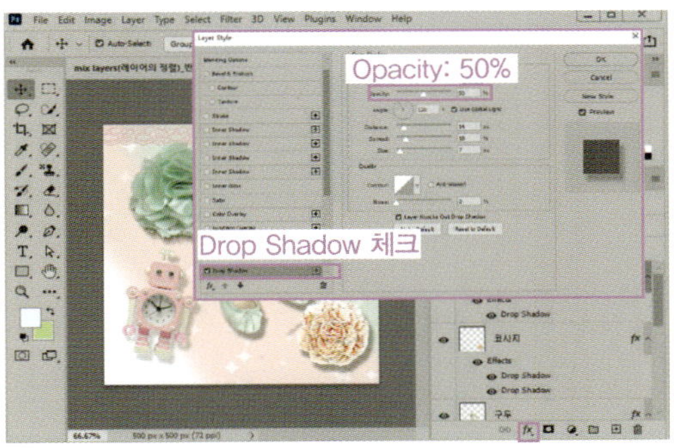

합성된 레이어에 입체감을 주기 위해 'Layer Style(Blending Options)'을 실행하여 'Drop Shadow'를 위와 같이 적용해 준다.

Step 6 이름 바꾸어 저장하기

완성된 이미지를 [File]–[Save as] 혹은 [Ctrl]+[Shift]+S를 눌러서 저장한다.

Chapter **06**

올가미 도구 (Lasso Tool)

올가미 도구(Lasso Tool)

Chapter 06

6.1 올가미 도구(Lasso Tool)

L

올가미 도구는 이미지를 자유롭게 선택할 때 사용하는 도구로 다른 도구로 지정하기 어려운 불규칙한 영역을 선택 영역으로 지정할 수 있다.

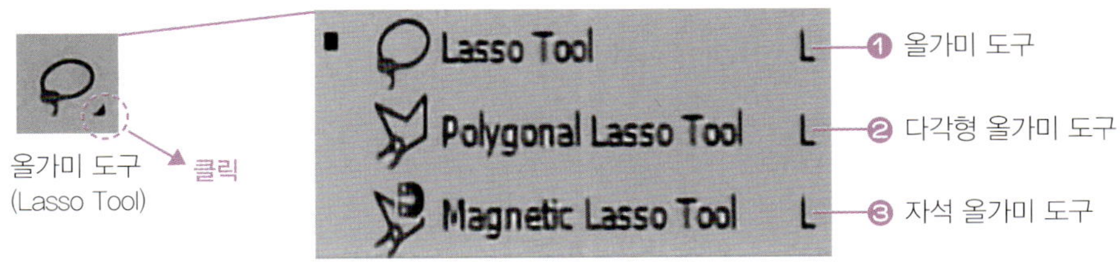

❶ **올가미 도구(Lasso Tool)**
마우스 포인터를 따라 자유롭게 선택이 가능하나 마우스 포인터를 따라 그대로 선택 영역을 지정하기 때문에 정교한 작업은 어렵다.

❷ **다각형 올가미 도구 (Polygonal Lasso Tool)**
마우스로 클릭하면서 선택 영역을 지정하므로 올가미 도구보다는 정교하게 선택 영역을 지정할 수 있다.

❸ **자석 올가미 도구 (Magnetic Lasso Tool)**
이미지 경계면의 색상 차를 자동으로 인식해서 선택 영역을 지정하므로 색상 차가 많이 나는 선택 영역을 지정하기 쉽다.

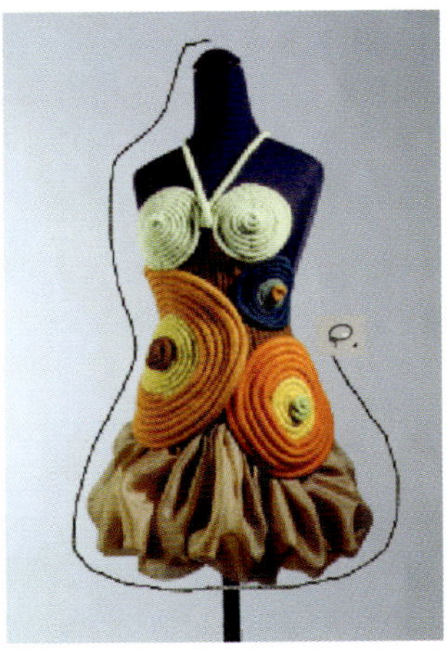

▲ 마우스 포인터를 자유자재로 움직이며 원하는 부분을 드래그해서 선택하면 된다.

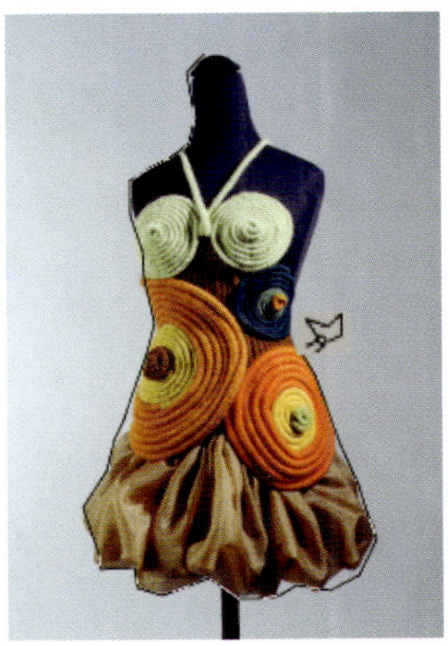

▲ 마우스 포인터를 원하는 부분을 따라 클릭해 가면서 이미지를 선택한다.

▲ 마우스 포인터를 원하는 부분 가까이에 갖다 대면 이미지가 마치 자석처럼 끌려오며 선택되어진다. 가장 쉬운 방법의 이미지 추출법이다.

▲ 올가미 도구

▲ 다각형 올가미 도구

▲ 자석 올가미 도구

올가미 도구(Lasso Tool) 활용하기

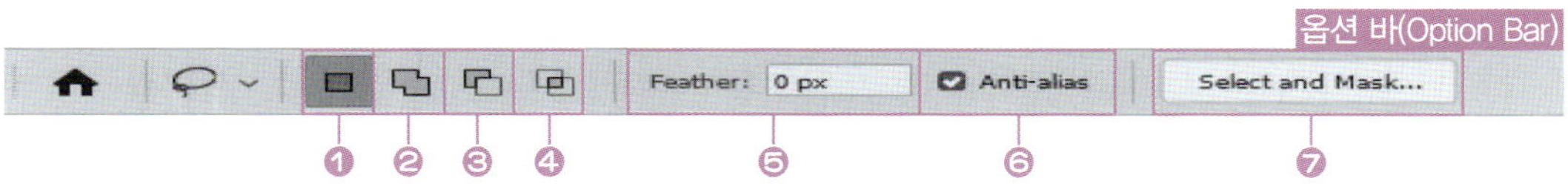

❶ 새 영역 선택하기(New selection)
❷ 선택 영역 추가하기(Add to selection)
❸ 선택 영역에서 부분 삭제하고 선택하기(Subtract from selection)
❹ 공통 범위 선택하기(Intersect with selection)
❺ 페더 효과(Feather)
❻ 안티-알리아스(Anti-alias): 비트맵 이미지를 확대 시 나타나는 계단 효과를 부드럽게 만들어 줌
❼ 가장자리 다듬는 효과(Select and Mask): 선택된 영역의 가장자리를 다듬을 수 있음

안티–알리아스(Anti–alias) 이해하기

비트맵 이미지 확대 시 나타나는 계단 효과를 부드럽게 만들어 주는 효과. 즉, 중간층의 색상을 만들 것인지의 여부를 결정하기 때문에 선택할 영역이 원형일 경우는 안티–알리아스를 선택해야 부드럽게 영역이 선택된다.

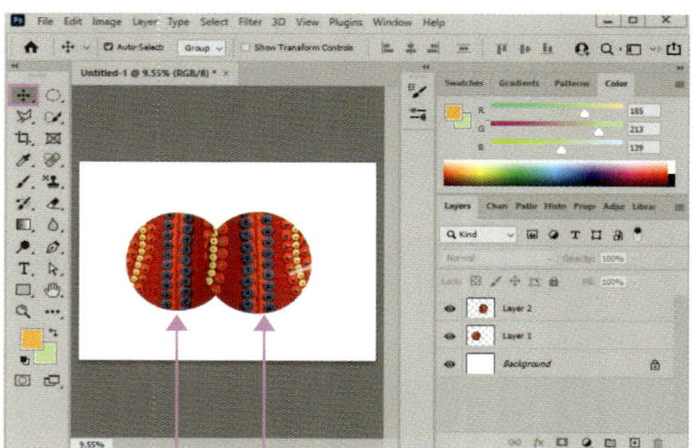

Anti–alias 미체크 Anti–alias 체크

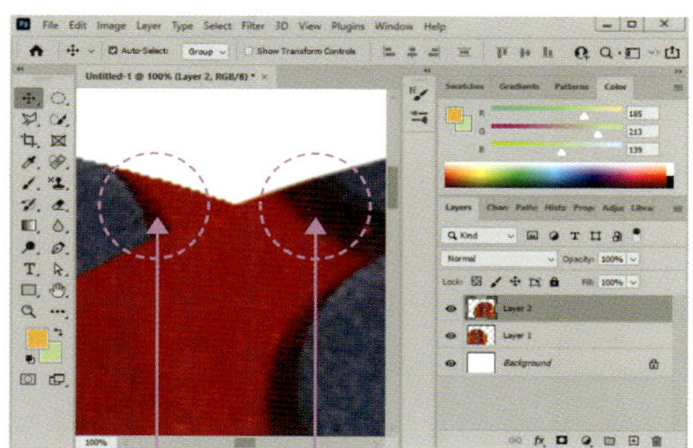

계단 현상의 심화 계단 현상의 완화

예제 1 Select and Mask를 이용하여 자연스러운 이미지 선택하기

Step 1 파일 불러오기

메뉴에서 [File]-[Open]을 클릭하여 원하는 이미지를 불러온 후 '올가미 도구(Lasso Tool)'을 선택한다.

Step 2 작품 주변 선택하기

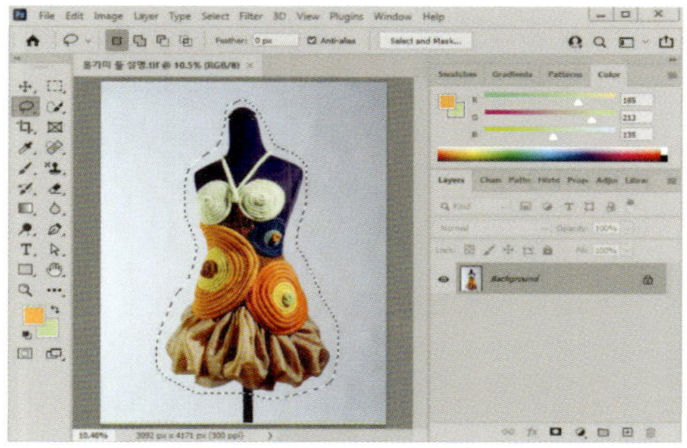

'올가미 도구(Lasso Tool)'을 사용하여 작품 주변을 선택해 준다. 그 다음 올가미 도구의 옵션 창에서 'Select and Mask'를 클릭한다.

Step 3 Select and Mask 옵션 창

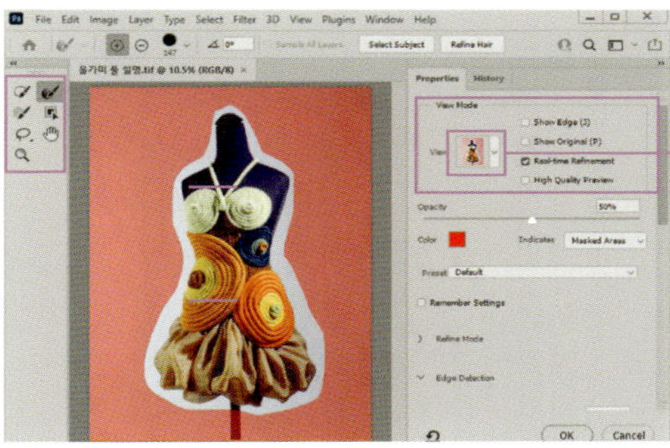

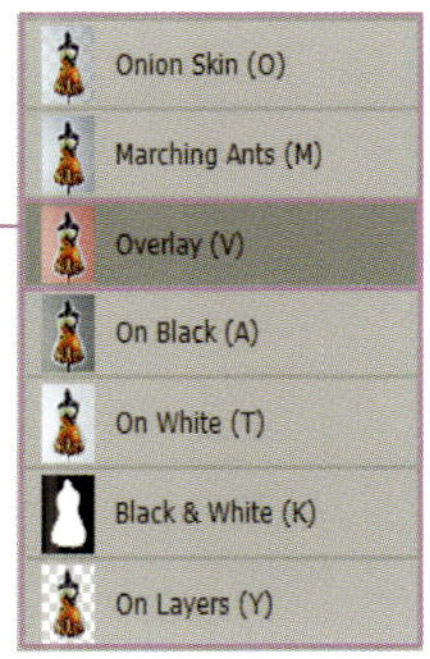

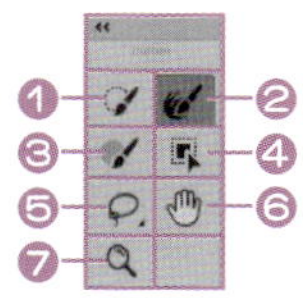

❶ Quick Selection Tool
❷ Refine Edge Brush Tool
❸ Brush Tool
❹ Object Selection Tool
❺ Lasso Tool
❻ Hand Tool
❼ Zoom Tool

'Select and Mask'를 클릭하면 위와 같이 옵션 창이 나타난다. 여기서 뷰모드 설정을 한 후, 왼쪽 도구 상자에 있는 'Refine Edge Brush Tool'을 선택하고 브러시 옵션 창에서 브러시 사이즈를 알맞게 조정한다.

Step 4 Refine Edge Brush로 이미지 보정하기

'Refine Edge Brush'를 이용해서 선택된 가장자리를 중심으로 빈틈없이 붓질해 준다. 붓질을 많이 하면 할수록 섬세한 이미지가 선택된다.

붓질이 끝나고 위와 같이 붉은 바탕에 이미지가 깔끔하게 나타나면 'Select and Mask' 옵션 창에서 [OK] 버튼을 누른다.

Step 5 선택된 이미지 확인

'Refine Edge Brush'를 통해 이미지가 보다 섬세하게 선택된 것을 확인할 수 있다.

Step 6 선택된 이미지 합성하기

선택된 이미지를 새로운 배경에 합성하여 작품을 완성할 수 있다.

예제 2 이미지 자유롭게 선택하고 색상 변경하기

Step 1 파일 불러오기

메뉴에서 [File]-[Open]을 클릭하여 원하는 이미지를 불러온 후, 올가미 도구에서 '다각형 올가미 도구(Polygonal Lasso Tool)'를 선택한다.

Step 2 흰색 구두 이미지 선택하기

'다각형 올가미 도구'를 사용해서 흰색 구두 이미지를 선택한다.

Step 2-1 선택 영역 추가하기 [Shift]

선택된 상태에서 다각형 올가미 도구를 누르고 [Shift] 키를 누르면 위의 사진과 같은 모양의 커서가 만들어지며, 이것으로 선택 영역에 추가할 이미지를 선택해 주면 선택 영역에 추가된다.

Step 2-2 선택 영역 빼기 [Alt]

선택된 상태에서 다각형 올가미 도구를 누르고 [Alt] 키를 누르면 위의 사진과 같은 모양의 커서가 만들어지며, 이것으로 선택 영역에 삭제할 이미지를 선택해 주면 선택 영역에서 삭제된다.

Step 3 선택 영역 반전시키기

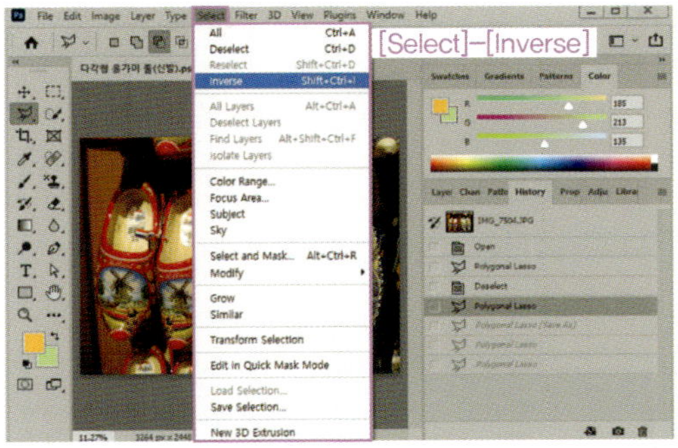

선택 영역의 작업이 완료되었으면 메뉴에서 [Select]–[Inverse]를 선택해 준다.

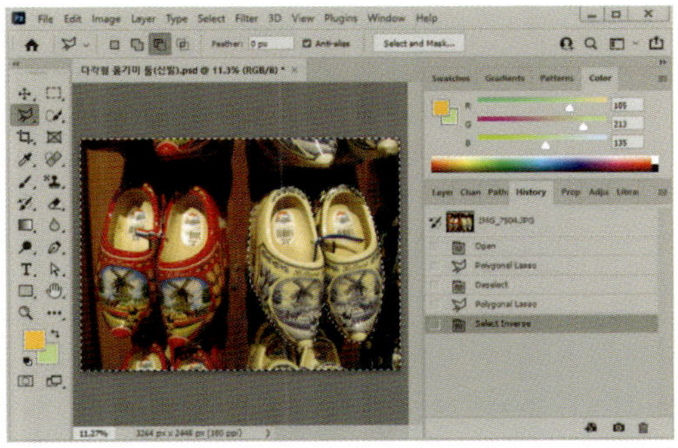

선택되었던 흰색 구두 이미지 외의 이미지가 모두 선택된다.

Step 4 반전된 선택 영역 흑백 이미지 만들기

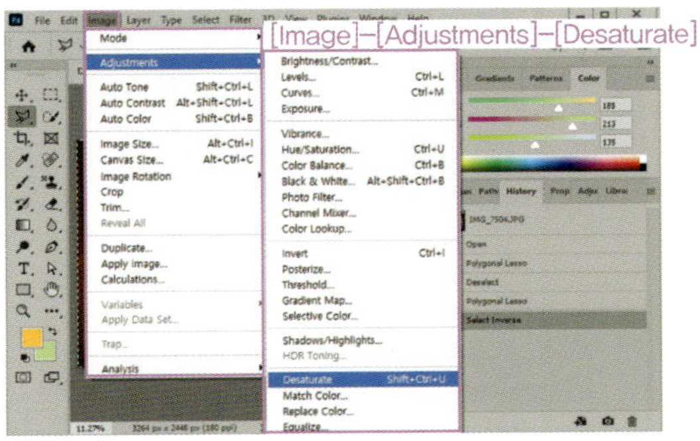

선택된 이미지를 흑백으로 바꾸기 위해 메뉴에서 [Image]–[Adjustments]–[Desaturate]를 선택한다. 단축키는 [Shift]+[Ctrl]+U이다.

Step 5 선택 영역 해제하기 및 완성

흰색 구두 외의 이미지가 흑백 상태로 변하였다. 선택된 부분을 해제해서 완성하기 위해 메뉴에서 [Select]–[Deselect] 혹은 단축키 [Ctrl]+D를 눌러준다.

▲ 예제 1 완성

▲ 예제 2 완성

6.2 퀵 마스크 모드(Quick Mask Mode)

퀵 마스크 모드의 브러시 도구를 이용하여 원하는 부분에 색을 칠하여 선택한 부분을 더하거나 빼면서 올가미 도구를 이용할 때보다 쉽게 특정 영역을 선택할 수 있다.

예제 3 퀵 마스크 모드로 이미지 선택하기

Step 1 파일 불러오기, 퀵 마스크 모드 선택

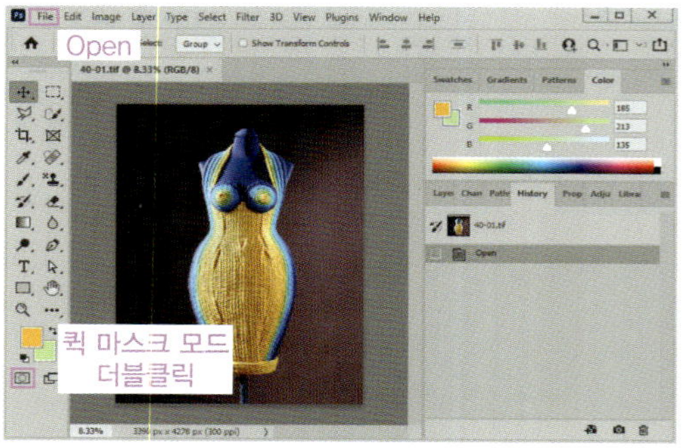

메뉴에서 [File]–[Open]을 클릭하여 원하는 이미지를 불러온 후 도구 상자에서 '마스크 모드 '를 더블클릭한다.

Step 2 퀵 마스크 모드 옵션 선택하기

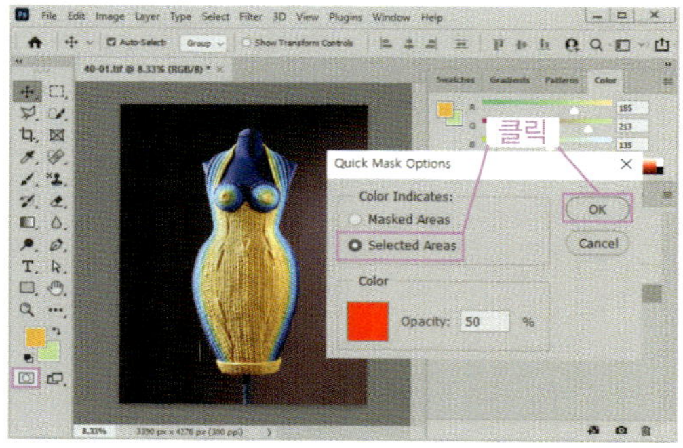

'퀵 마스크 모드'를 더블클릭하면 퀵 마스크 모드 옵션 창이 나타난다. 여기서 두 번째 항목인 'Selected Areas'를 체크하고 [OK] 버튼을 눌러준다.

Step 3 브러시 도구 선택하기

도구 상자에서 브러시 도구 를 선택한 후 옵션 창에서 위와 같이(Size: 150, 브러시 종류: Hard Round Pressure Size) 설정해 준다.

Step 4 브러시 도구로 선택 영역 채우기

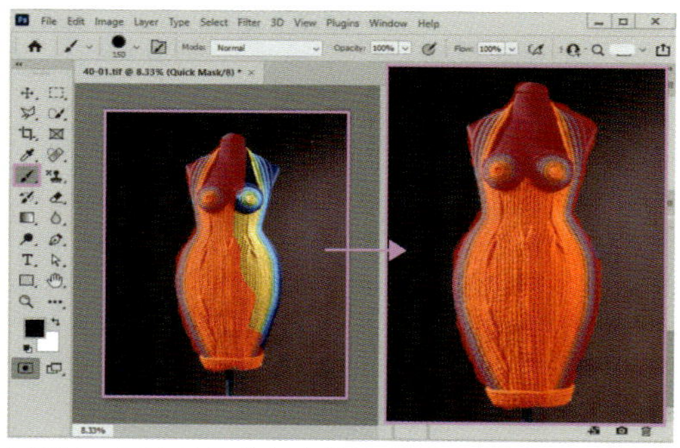

브러시 도구를 사용해서 선택할 영역을 꼼꼼하게 채워준다.

Step 5 퀵 마스크 모드 해제 → 선택 영역 선택 완료

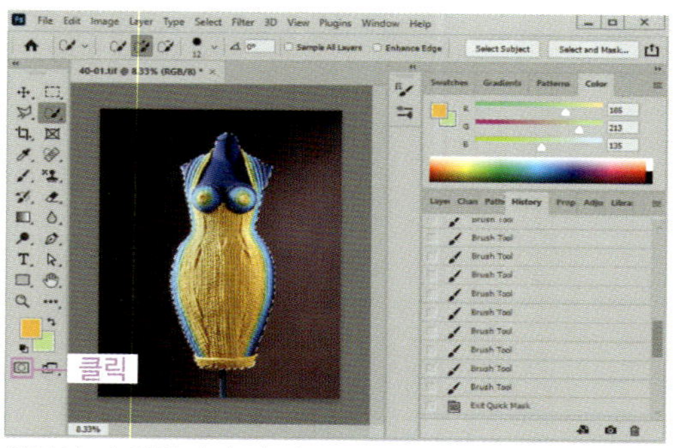

영역이 다 채워지면 퀵 마스크 모드를 한 번 클릭하여 해제시켜 준다. 브러시 도구로 채웠던 부분이 선택된 것을 확인할 수 있다.

Step 6 선택 영역 색상 바꾸기

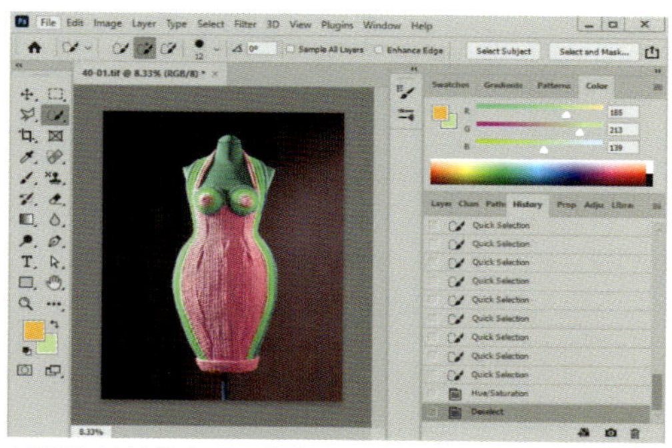

선택된 부분을 [Image]–[Adjustments]–[Hue/Saturation] 혹은 단축키 [Ctrl]+U를 눌러 원하는 다른 색상으로 바꾸어 작품을 완성한다.

Chapter **07**

선택 도구
(Selection Tool)

선택 도구(Selection Tool)

Chapter 07

7.1 오브젝트 선택 도구, 퀵 셀렉션 도구와 마술봉 도구

오브젝트 선택 도구(Object Selection Tool), 퀵 셀렉션 도구(Quick Selection Tool)와 마술봉 도구(Magic Wand Tool)는 유사한 색상을 선택 영역으로 지정할 때 사용하는 도구로 옵션 바의 Tolerence를 이용하여 선택 영역으로 지정할 색상의 범위를 조절할 수 있다.

7.2 오브젝트 선택 도구(Object Selection Tool) 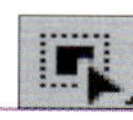 W

포토샵 CC 2020 버전 이상부터 있는 기능으로 사진 속의 단일 사물의 경계선을 자동으로 인식하여 선택하는 영역 선택 도구로, 가장 활용도가 높은 영역 선택 도구이다.

오브젝트 선택 도구(Object Selection Tool) 활용하기

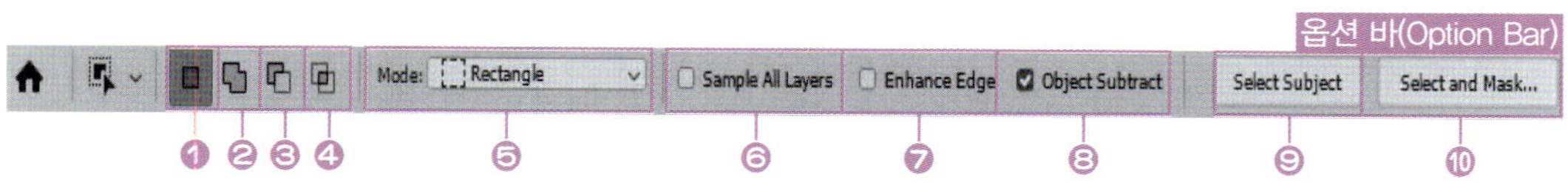

❶ New selection: 새로운 선택 영역을 생성

❷ Add to selection: 기존의 선택 영역에 추가하여 생성한다. [Shift] 키와 동일한 기능

❸ Subtract from selection: 기존의 선택 영역을 제외하고 생성한다. [Alt] 키와 동일한 기능

❹ Intersect with selection: 기존 선택 영역과 새로운 선택 영역이 겹치는 부분만 선택하는 기능

❺ Mode: 선택 영역을 도형 선택 도구와 올가미 선택 도구 2가지 모드로 선택

❻ Sample All Layers: 체크하면 모든 레이어에서, 해제하면 활성화된 레이어에서 개체를 찾음

❼ Enhance Edge: 선택 영역의 가장자리를 매끄럽게 보정하는 옵션

❽ Object Subtract: 체크를 해제하면 영역을 제외할 때 수동으로 드래그한 모든 픽셀을 제외하는 기능

❾ Select Subject: 클릭하면 자동으로 이미지의 선택 영역을 잡아줌

❿ Select and Mask: Refine Edge 기능이 업그레이드된 기능으로 선택 영역의 가장자리를 다듬어 주는 기능

▲ 오브젝트 선택 도구로 이미지에서 선택할 부분을 드래그하여 선택

▲ 선택된 부분을 색상 교체한 이미지

7.3 퀵 셀렉션 도구(Quik Selection Tool)

퀵 셀렉션 도구는 브러시 형태의 포인터로 그려가면서 이미지를 선택할 수 있다.
기존의 마술봉 도구(Magic Wand Tool)를 보완해서 만들어진 도구로 드래그한 부분에 있는 색상과 동일한 색상이 한꺼번에 선택 영역으로 지정된다.

퀵 셀렉션 도구(Quik Selection Tool) 활용하기

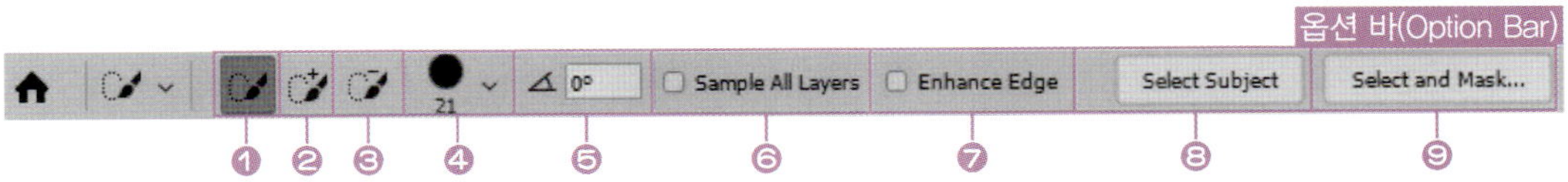

❶ New selection: 새로운 선택 영역을 생성
❷ Add to selection: 기존의 선택 영역에 추가하여 생성한다. [Shift] 키와 동일한 기능
❸ Subtract from selection: 기존의 선택 영역을 제외하고 생성한다. [Alt] 키와 동일한 기능
❹ Brush: 브러시의 크기를 조절
❺ Brush Angle: 브러시의 각도를 조절
❻ Sample All Layers: 체크하면 보이는 모든 레이어에 적용되고, 체크를 해제하면 현재 활성화되어 있는 레이어에서만 적용
❼ Enhance Edge: 선택 영역의 가장자리를 매끄럽게 보정하는 옵션
❽ Select Subject: 클릭하면 자동으로 이미지의 선택 영역을 잡아줌
❾ Select and Mask: Refine Edge 기능이 업그레이드된 기능으로 선택 영역의 가장자리를 다듬어 주는 기능

▲ 퀵 셀렉션 도구로 그림을 그리듯이 이미지의 원하는 부분을 선택

▲ 퀵 셀렉션 도구로 '노란색 오렌지'를 선택한 상태

▲ 퀵 셀렉션 도구로 선택한 '노란색 오렌지'를 [Hue/Saturation]으로 조절하여 '레드 오렌지'로 색상을 변경한 이미지

7.4 마술봉 도구(Magic Wand Tool)

마술봉 도구는 클릭한 부분에 있는 동일한 색상을 가진 영역을 한꺼번에 선택할 때 사용된다.
클릭한 지점의 색상과 같은 색상을 찾아주는 기능으로 단색으로 된 배경을 선택할 때 편리하다.

마술봉 도구(Magic Wand Tool) 활용하기

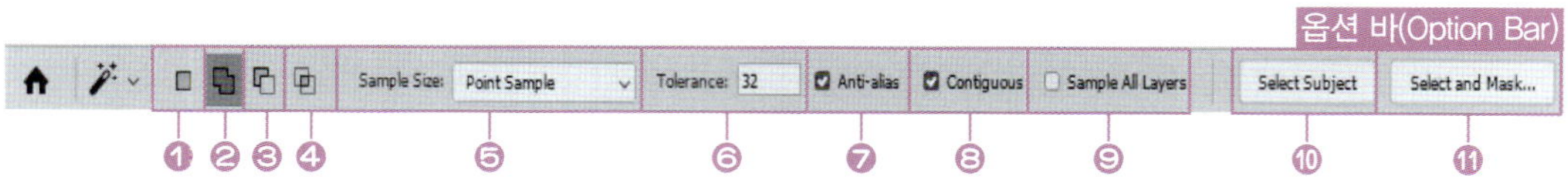

❶ New selection: 새로운 선택 영역을 생성

❷ Add to selection: 기존의 선택 영역에 추가하여 생성한다. [Shift] 키와 동일한 기능

❸ Subtract from selection: 기존의 선택 영역을 제외하고 생성한다. [Alt] 키와 동일한 기능

❹ Intersect with selection: 기존 선택 영역과 새로운 선택 영역이 겹치는 부분만 선택하는 기능

❺ Sample Size: 클릭하는 지점을 중심으로 가로, 세로 픽셀 면적의 평균 색상을 기준으로 비슷한 색상 영역을 찾아주는 기능

❻ Tolerance: 선택 영역의 범위를 선택한 해당 지점과 유사한 색상 계열로 이루어진 영역을 선택해 주는 옵션으로 0~255까지 입력할 수 있음. 수치가 낮을수록 클릭한 지점과 유사한 색상이 선택

❼ Anti-alias: 선택된 이미지 표면의 계단 현상을 완화시킴

❽ Contiguous: 체크하면 클릭한 지점 주변과 유사한 색상만 선택해 준다. 체크를 해제할 경우에는 이미지 전체에서 유사한 색상이 선택

❾ Sample All Layers: 체크하면 보이는 모든 레이어에 적용되고, 체크를 해제하면 현재 활성화되어 있는 레이어에서만 적용

❿ Select Subject: 클릭하면 자동으로 이미지의 선택 영역을 잡아줌

⓫ Select and Mask: Refine Edge 기능이 업그레이드된 기능으로 선택 영역의 가장자리를 다듬어 주는 기능

예제 1 마술봉 도구로 이미지 합성하기

Step 1 이미지 불러오기, 마술봉 도구 선택하기

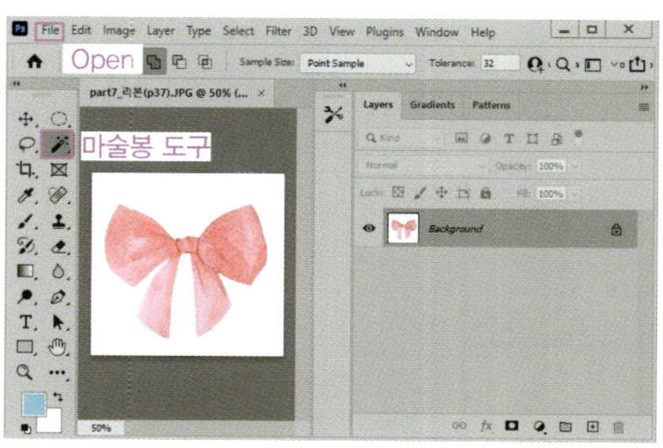

메뉴에서 [File]–[Open]을 클릭하여 원하는 이미지를 불러온 후, 도구 상자에서 '마술봉 도구'를 선택한다.

Step 2 리본 배경 선택하기

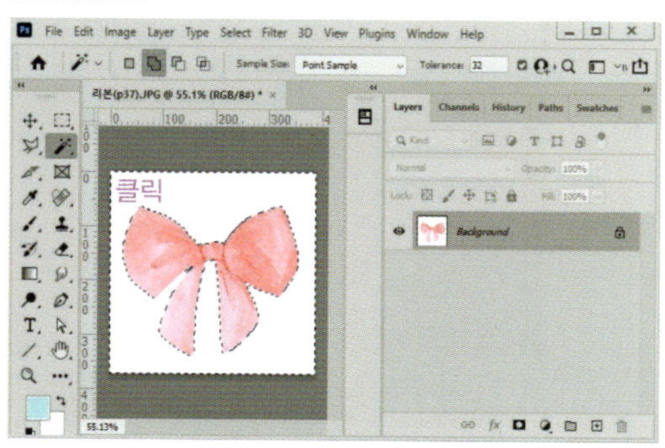

'마술봉 도구'가 선택된 상태에서 리본의 배경을 마우스로 클릭하면 배경만 선택된다. 메뉴에서 'Select'를 클릭하고 'Inverse' 선택하여 리본만 선택한다.

Step 3 합성할 사진 불러오고 리본 이동

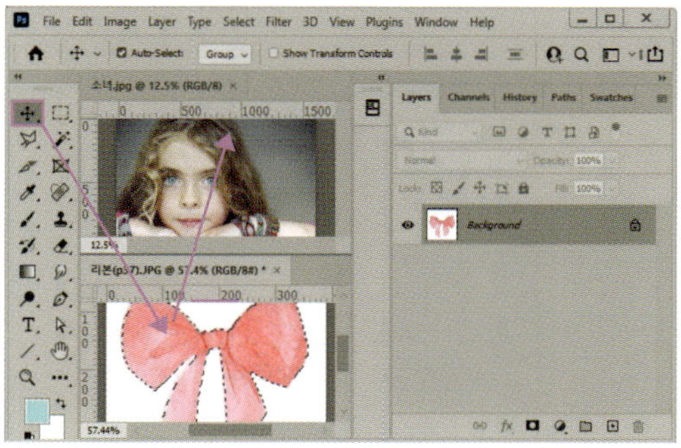

합성시킬 소녀의 사진을 불러온 후, 이동 도구로 리본을 소녀의 머리 위로 이동시킨다.

Step 4 소녀 사진에 리본 합성하기

소녀의 머리 위로 리본을 이동시켜 완성된 이미지

예제 2 마술봉 도구와 포즈 변경하기: Puppet Warp

'Puppet Warp'은 이미지의 포즈를 자연스럽게 변형할 수 있는 기능으로 기준점을 설정하여 이미지를 자유롭게 변형할 수 있다. 위치는 메뉴에서 [Edit]-[Puppet Warp]이다.

Step 1 마술봉 도구로 이미지 선택하기

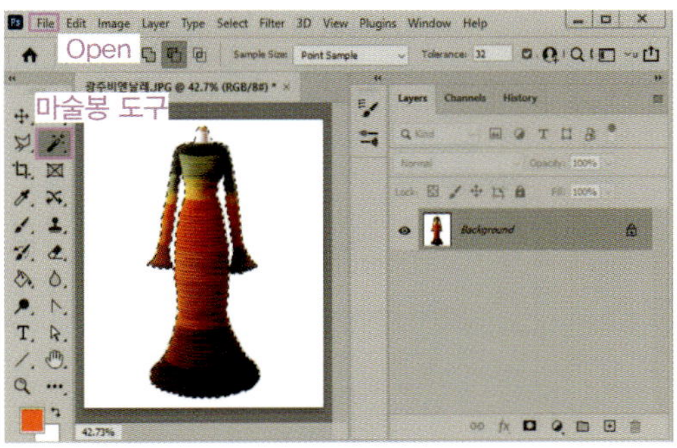

메뉴에서 [File]-[Open]을 클릭하여 원하는 이미지를 불러온 후, '마술봉 도구'를 이용하여 이미지를 선택한다.

Step 2 Select and Mask 도구로 가장자리 다듬기

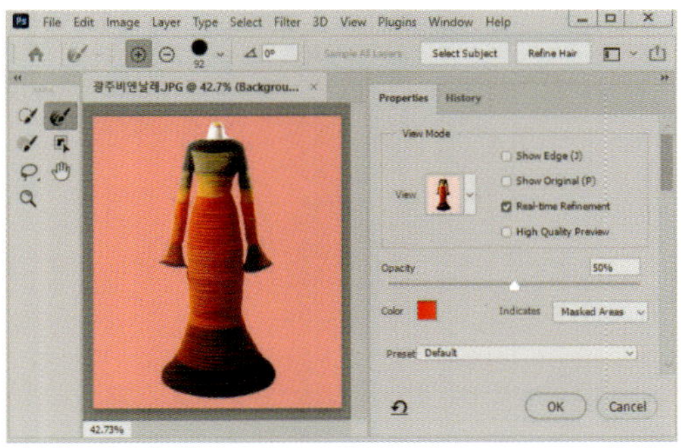

선택된 이미지를 'Select and Mask' 도구로 가장자리를 매끄럽게 다듬는다.

Step 3 Layer 복사하기

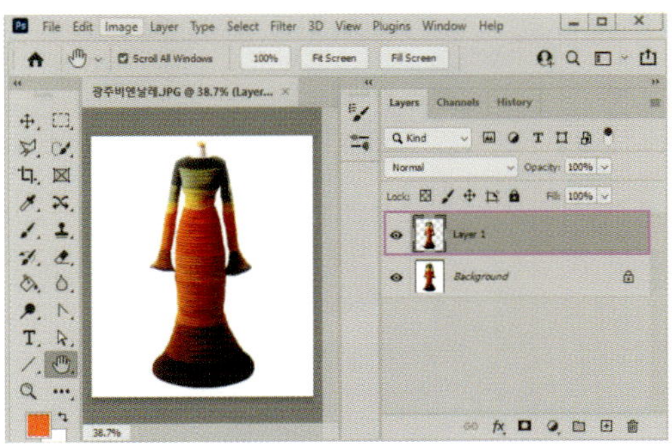

Background의 선택된 작품 이미지를 복사하여 새 레이어를 만든다.

Step 4 선택 영역에 Puppet Warp 실행하기

새 레이어의 작품 이미지에 'Puppet Warp'을 실행하면 위와 같이 그물망 형태가 생긴다.

Step 5 기준점을 조절하여 이미지 수정하기

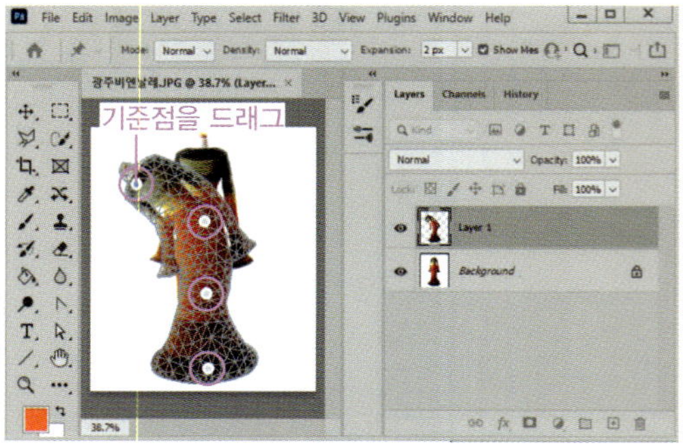

그물망 형태에 기준점을 찍은 후 움직이면 이미지가 움직인다.
기준점을 찍어가며 드래그하여 이미지를 완성한다.

Step 6 완성된 이미지

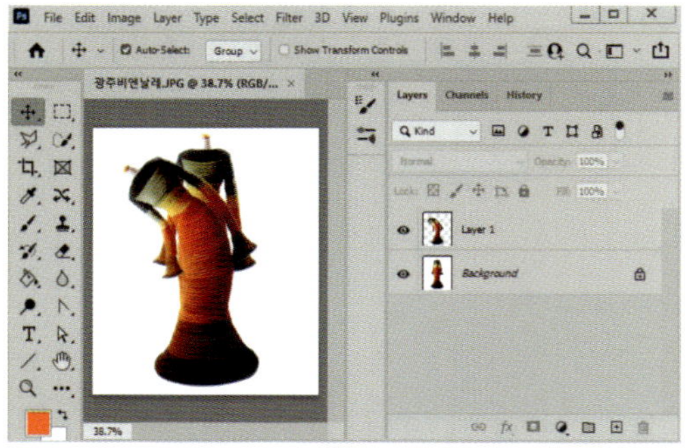

원하는 형태로 정리된 이미지는'Puppet Warp' 오른쪽 상단의 ✔ 아이콘을 클릭하여 완성한다.

예제 3 오브젝트 선택 도구와 Puppet Warp을 이용하여 형태 변경하기

Step 1 오브젝트 선택 도구로 이미지 선택하기

메뉴에서 [File]-[Open]을 클릭하여 원하는 이미지를 불러온 후, '오브젝트 선택 도구'를 이용하여 이미지를 선택한다.

Step 2 새 창을 열고 선택된 이미지 복사하기

새 창을 열고 '오브젝트 선택 도구'로 선택한 이미지를 복사한 후 Layer 1을 2개 복사한다.

Step 3 선택 영역에 Puppet Warp 실행하기

Layer 1 copy의 이미지에 'Puppet Warp'을 실행한 후 Layer 1 copy 2에도 'Puppet Warp'을 실행한다.

Step 4 완성된 이미지

원하는 형태로 정리된 이미지는 'Puppet Warp' 오른쪽 상단의 ✔ 아이콘을 클릭하여 완성한다.

Chapter **08**

자르기 도구 (Crop Tool)

자르기 도구(Crop Tool)

Chapter 08

8.1 자르기 도구(Crop Tool) C

자르기 도구는 원본 이미지에서 필요한 부분을 드래그하여 선택한 다음 잘라내는 도구이다.
표시되는 조절점을 이용하여 자르기 영역을 확장하거나 줄일 수 있으며 회전할 수도 있다. 자를 영역을 설정한 후 더블클릭하면 자르기가 완료된다.
자르기 도구의 종류로는 자르기 도구(Crop Tool), 원근 자르기 도구(Perspective Crop Tool), 분할 자르기 도구(Slice Tool), 분할 선택 자르기 도구(Slice Select Tool)가 있다.

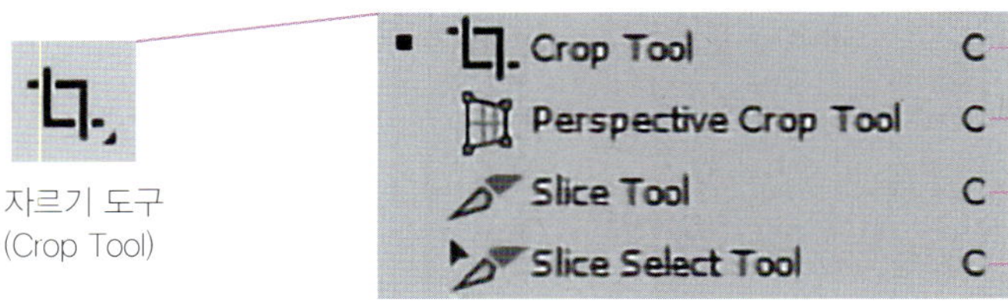

자르기 도구
(Crop Tool)

① 자르기 도구
② 원근 자르기 도구
③ 분할 자르기 도구
④ 분할 선택 자르기 도구

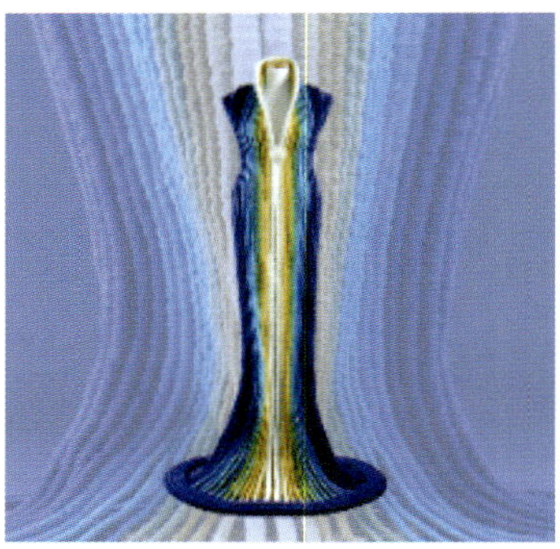

▲ 원본 이미지

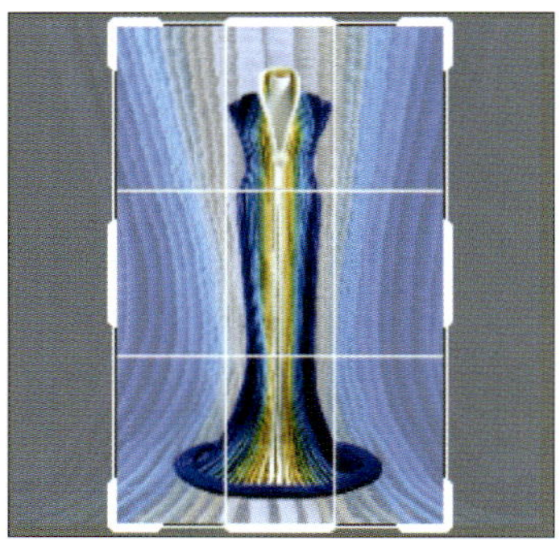

▲ 자르기 도구(Crop Tool)를 이용하여 원하는 이미지 영역 설정한다.

▲ 설정한 영역이 완성되었으면, [Enter] 키를 누르거나, 더블클릭하여 완성한다.

자르기 도구(Crop Tool) 활용하기

옵션 바(Option Bar)

① ② ③ ④ ⑤ ⑥ ⑦ ⑧

❶ Ratio: 자주 사용하는 정해진 크기와 비율로 사진을 자를 수 있음

❷ Width X Height: 가로와 세로 크기를 입력하여 지정한 값으로 자를 수 있음

❸ Clear: 이전에 지정한 비율을 지울 수 있음

❹ Straighten: 이미지의 수직, 수평을 조절하는 기능

❺ View: 자르기 영역의 형태를 설정

❻ Set Additional Crop Options: 추가 자르기 옵션을 지정
- 클래식 모드(Use Classic Mode): 자른 영역 표시와 자동으로 미리 보기 옵션을 사용할 수 있음
- 자른 영역 표시(Show Cropped Area): 자르기 경계 밖으로 벗어난 이미지의 표시 여부를 결정
- 자동으로 가운데 미리 보기(Auto Center Preview): 자르기 영역의 중심으로 자동 이동시킴
- 크롭 보호 모드(Enable Crop Shield): 자르기 영역 밖 음영의 표현 여부, 컬러, 불투명도를 조절 가능

❼ Delete Cropped Pixels: 잘려나간 부위의 처리 방법을 선택하는 옵션으로 체크하면 잘린 부위를 삭제하지만, 체크를 해제하면 잘라진 것처럼 보이지만 잘린 부위를 보존

❽ Content-Aware: 자르기 영역을 원래 이미지보다 확장시켜 여백을 추가할 경우, 이 여백을 기존 이미지 내용을 인식한 픽셀들로 채움

'Straighten'의 활용–이미지를 회전하여 자르기

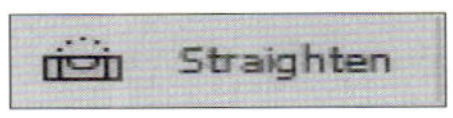

▲ 원본 이미지

① 자르기 도구를 선택 후 옵션 창의 [Straighten] 단추를 누르고 위의 그림처럼 마우스를 드래그한다.

② 자르기 영역을 선택 후 더블클릭하거나 [Enter] 키를 누르면 위와 같이 드래그한 방향만큼의 각도로 기울어진 이미지가 잘라진다.

8.2 원근 자르기 도구(Perspective Crop Tool) C

원근 자르기 도구는 자르기 영역에 원근감을 더해 잘라주는 기능이다.
기울어진 이미지를 똑바로 세워준다.

예제 1 원근 자르기 도구를 이용해서 디스플레이 이미지 잘라내기

Step 1 이미지 불러오기, 원근 자르기 도구

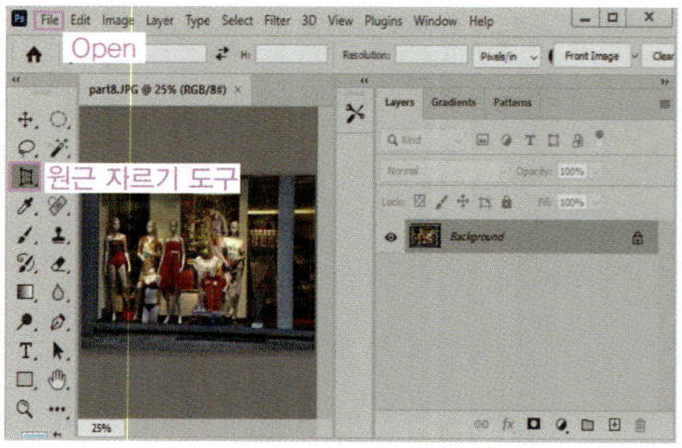

메뉴에서 [File]-[Open]을 클릭하여 원하는 이미지를 불러온 후, 원근 자르기 도구 [ ]를 선택한다.

Step 2 자르기 영역 지정하기

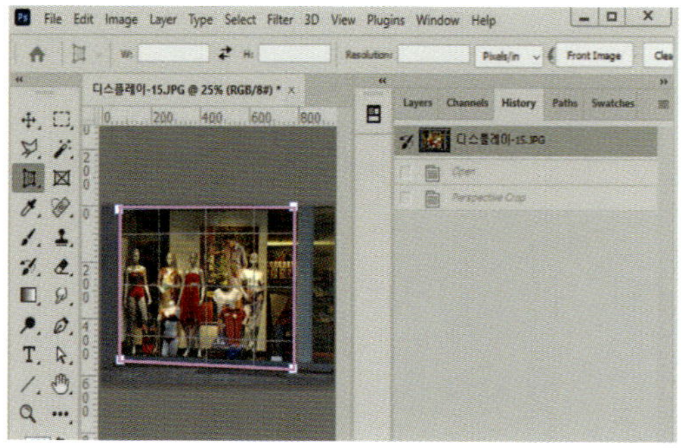

원근 자르기 할 부분을 위의 그림처럼 다각형 모양으로 선택한다.

Step 3 선택 영역으로 자르기

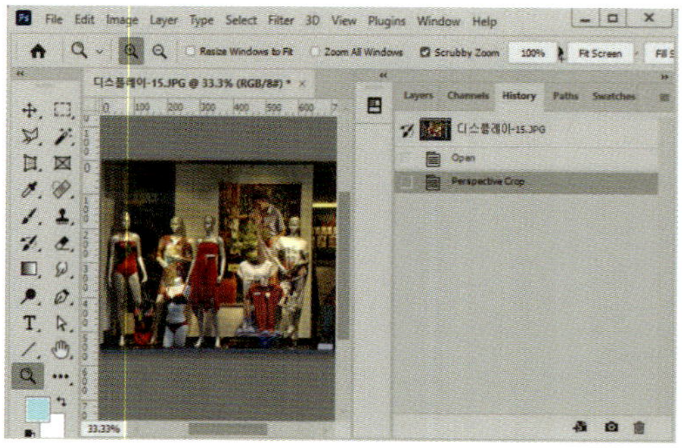

자르기 영역을 선택하고 [Enter] 키를 누르거나 마우스를 더블클릭하면 위와 같이 정면에서 보는 것처럼 이미지가 바뀌어 원근감이 없어진다.

Step 4 이미지 크기 조절하기

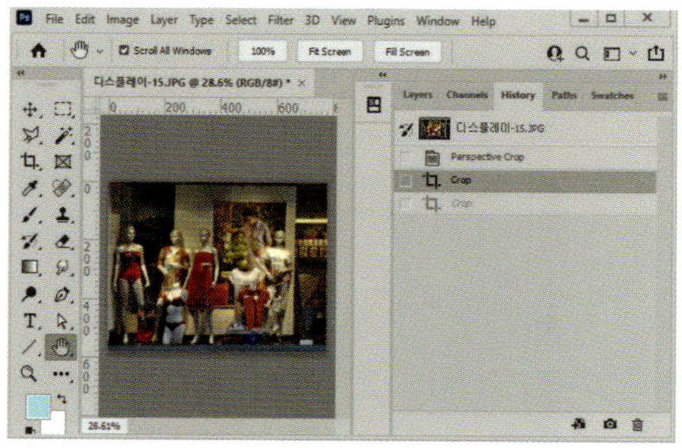

자르기 도구와 Free Transform([Ctrl]+T) 도구를 이용하여 이미지 크기를 조절하고 완성한다.

변경 전

변경 후

8.3 분할 자르기 도구(Slice Tool)

이미지를 분할시켜서 잘라주는 도구이다. 분할 자르기 도구와 분할 선택 자르기 도구가 있다.
보통 작업 시에는 많이 쓰지 않지만, 웹 디자인 시에 자주 쓰이는 도구이다.

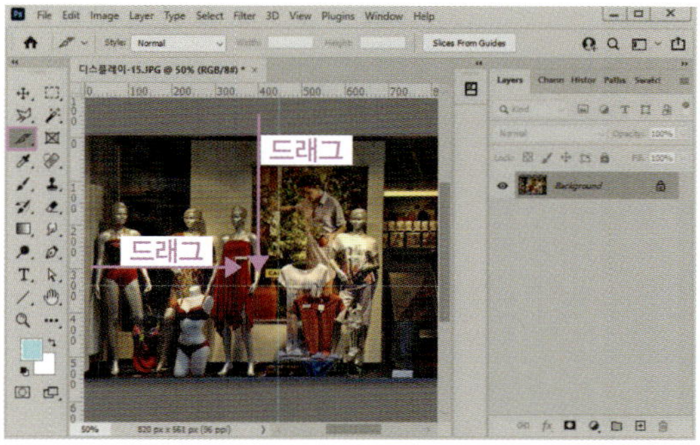

▲ 분할 도구 선택 후, 줄자 있는 부분을 클릭해서 드래그 하면 위와 같이 안내선이 선택된다.

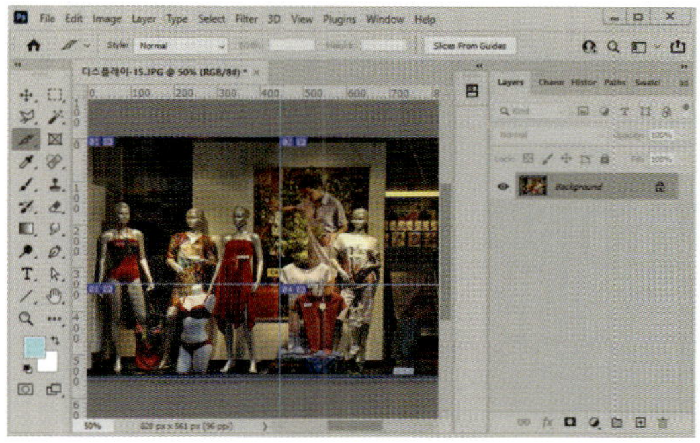

▲ 안내선이 선택된 상태에서 옵션 창의 [Slice From Guides] 버튼을 누르면 위와 같이 분할되어진다.

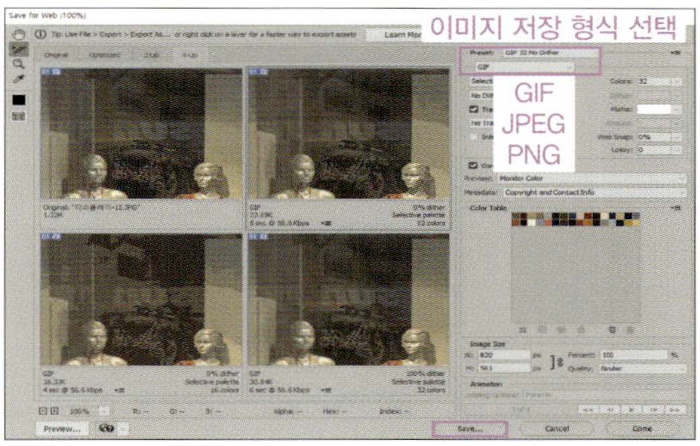

▲ [File]-[Export]-[Save for Web] 혹은 [Ctrl]+[Alt]+[Shift]+S를 누르면 분할된 이미지를 저장할 수 있는 대화창이 뜬다. 저장된 이미지는 [images]라는 새로 생성된 폴더에 저장된다.

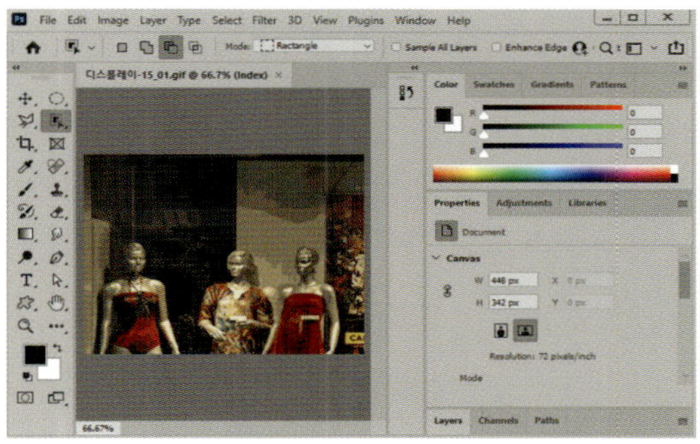

▲ 저장된 4개의 분할된 이미지 중 01의 이미지를 클릭하여 완성한다.

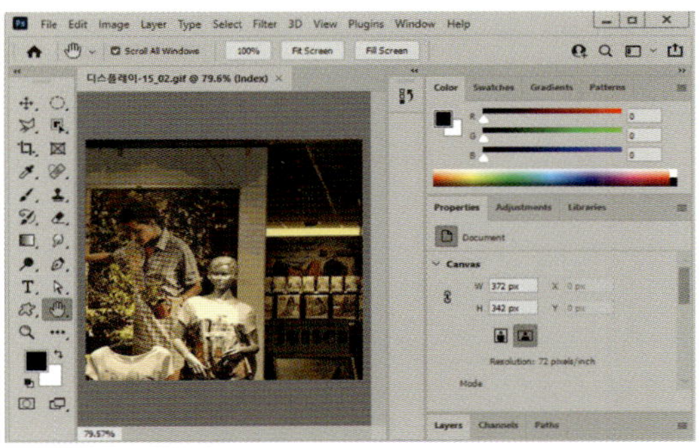

▲ 저장된 4개의 분할된 이미지 중 02의 이미지를 클릭하여 완성한다.

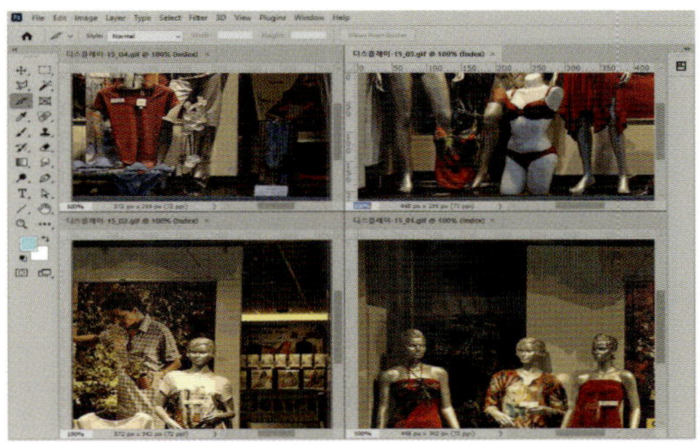

▲ 저장된 4개의 분할된 이미지들을 모두 불러오면 위와 같다.

Chapter **09**

스포이트 도구 (Eyedropper Tool)

스포이트 도구(Eyedropper Tool) Chapter 09

9.1 스포이트 도구(Eyedropper Tool)

스포이트 도구는 이미지의 색상 추출과 색상 정보, 이미지 각도, 길이 등을 표시할 때 사용한다.
주로 특정 색을 추출하여 채색이나 드로잉을 할 때 사용하며 스포이트 도구로 클릭하여 색상 정보를 얻고 전경색이나 배경색으로 지정한 후 Swatches 팔레트에 넣어두고 사용하면 편리하다.

스포이트 도구
(Eyedropper Tool)

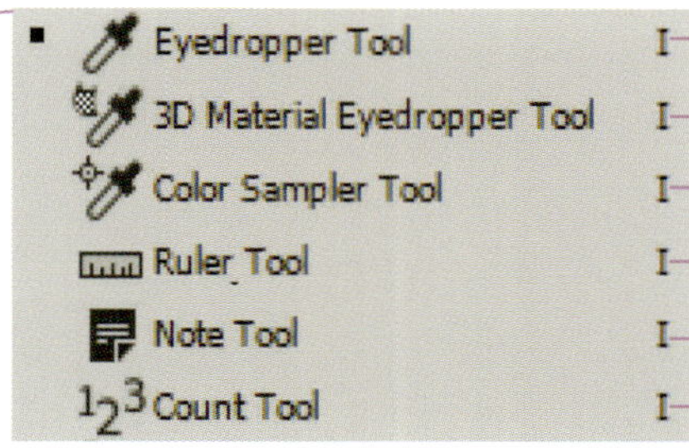

❶ 스포이트 도구
❷ 3D 소재 스포이트 도구
❸ 색상 샘플러 도구
❹ 눈금자 도구
❺ 메모 도구
❻ 카운트 도구

❶ 스포이트 도구(Eyedropper Tool): 스포이트 도구로 클릭한 지점의 이미지 색상을 추출하여 전경색에 표시

❷ 3D 소재 스포이트 도구(3D Material Eyedropper Tool): 3D 소재 정보를 표시할 때 사용

❸ 색상 샘플러 도구(Color Sampler Tool): 이미지 색상 정보를 4가지 영역으로 표시할 때 사용

❹ 눈금자 도구(Ruler Tool): 각도, 좌표, 길이, 위치, 색상 등을 표시할 때 사용. 단축키 [Ctrl]+R 사용

❺ 메모 도구(Note Tool): 이미지에 메모를 추가하여 정보 및 설명을 표시할 때 사용

❻ 카운트 도구(Count Tool): 이미지에 마우스를 클릭한 순서를 숫자로 표시할 때 사용

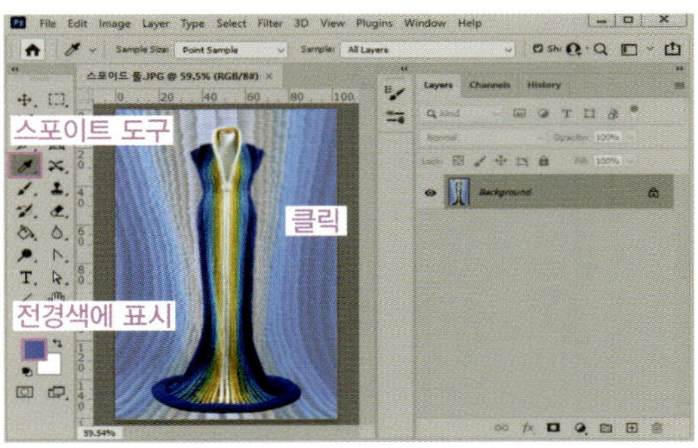

▲ 스포이트 도구를 선택 후 이미지의 '파란색' 부분을 클릭하면 동일한 색상이 전경색에 표시된다.

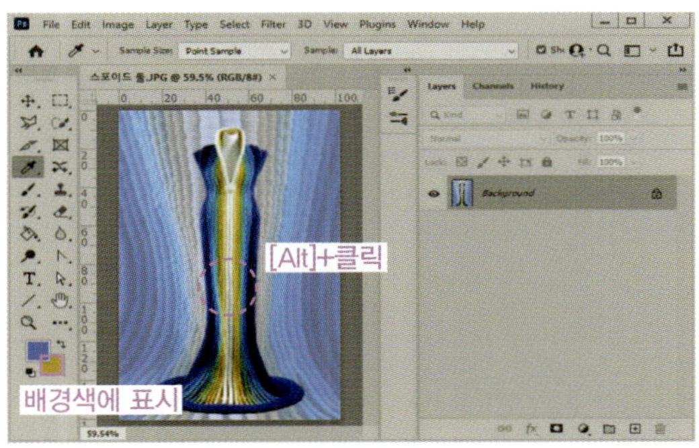

▲ [Alt] 키를 누른 후 스포이트 도구로 이미지 부분을 클릭하면 배경색에 표시된다.

9.2 색상 샘플러 도구(Color Sampler Tool) 와 눈금자 도구(Ruler Tool)

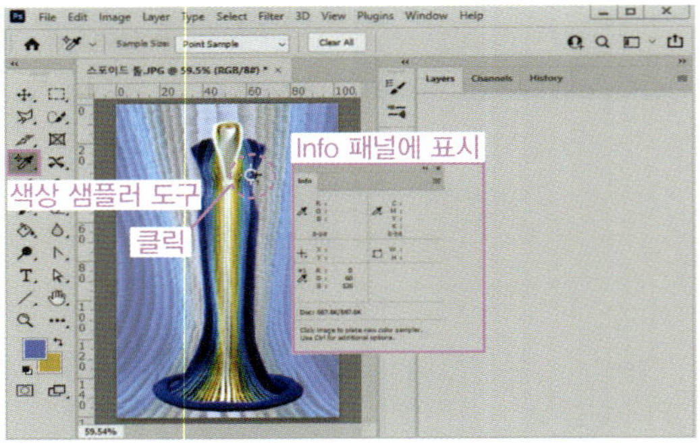

▲ 색상 샘플러 도구를 선택 후 원하는 부분을 클릭하면 'Info 패널'이 생기며 이미지의 색상, 좌표, 크기 등이 표시된다.

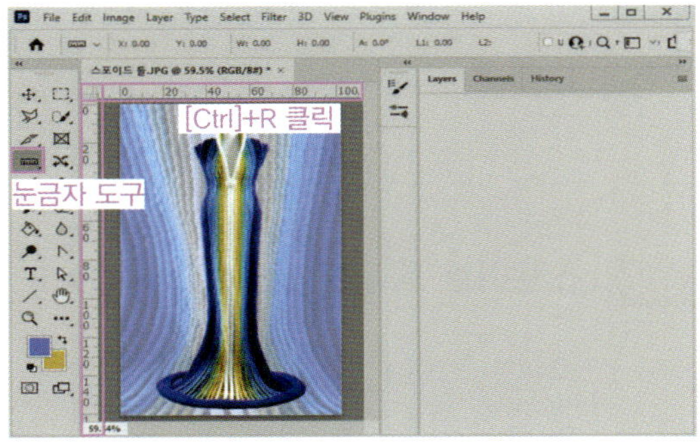

▲ 눈금자 도구를 선택하거나 단축키 [Ctrl]+R을 클릭하면 위의 사진과 같이 눈금자가 이미지에 표시된다.

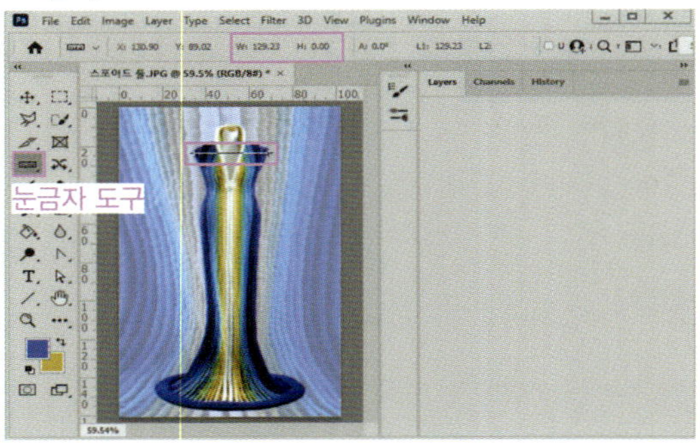

▲ 눈금자로 어깨 너비 측정이 가능하다.

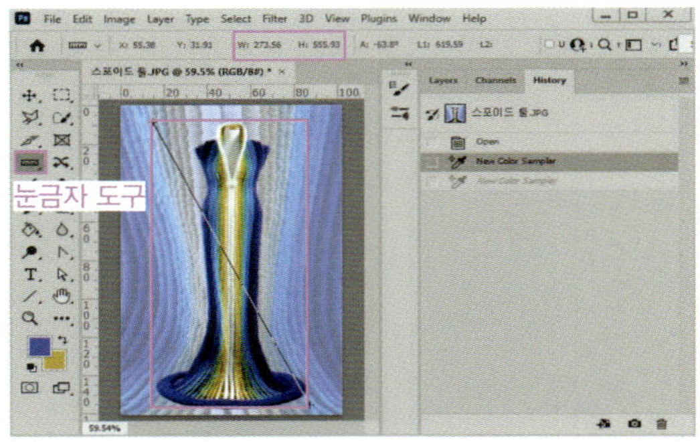

▲ 눈금자로 작품 전체 크기 측정이 가능하다.

9.3 메모 도구(Note Tool) 와 카운트 도구(Count Tool)

▲ 메모 도구를 선택 후 이미지에 메모를 남길 부분을 클릭하면 메모 아이콘이 생성되며 이때 옵션 창의 Author 창이나 메모지에 내용을 입력한다.

▲ 카운트 도구를 선택 후 원하는 곳을 차례대로 클릭하면 클릭한 순서대로 숫자가 표시된다.

TIP

메모 도구와 카운트 도구를 사용 후 psd 파일로 저장하면 저장된 파일에서 메모와 카운트된 기록을 확인할 수 있다.

Chapter **10**

힐링 도구 (Healing Tool)

힐링 도구(Healing Tool)

Chapter 10

10.1 힐링 도구(Healing Tool)

힐링 도구는 사진을 복원할 때 사용하는 도구이다. 주로 스팟 힐링 브러시 도구와 힐링 브러시 도구로 이미지에 나타난 불필요한 자국들을 완벽하게 제거할 수 있다.

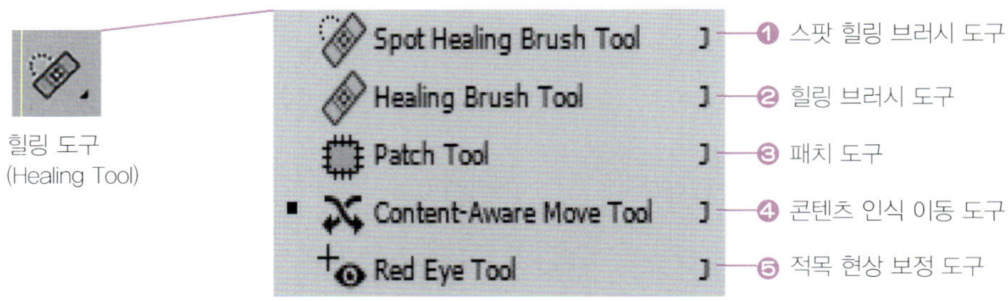

❶ 스팟 힐링 브러시 도구(Spot Healing Brush Tool): 자동으로 명도나 채도를 수정하여 이미지를 복원할 때 사용

❷ 힐링 브러시 도구(Healing Brush Tool): 원본 색상을 이용하여 클릭된 이미지의 색상을 보정할 때 사용

❸ 패치 도구(Patch Tool): 이미지의 수정할 영역을 선택 후, 원본 영역으로 마우스로 드래그하여 자동 수정할 때 사용

❹ 콘텐츠 인식 이동 도구(Content-Aware Move Tool): 특정 영역의 이미지를 이동시키면서 배경을 자동으로 채울 때 사용

❺ 적목 현상 보정 도구(Red Eye Tool): 이미지의 적목 현상을 제거할 때 사용

10.2 스팟 힐링 브러시 도구(Spot Healing Brush Tool)

스팟 힐링 브러시 도구는 이미지의 특정 영역을 자동으로 복원하거나 작은 결점들을 제거할 때 주로 사용한다. 클릭한 지점의 인접 픽셀을 자동으로 채워주기 때문에 사용법도 간편하고 이음새가 드러나지 않아 편리하다.

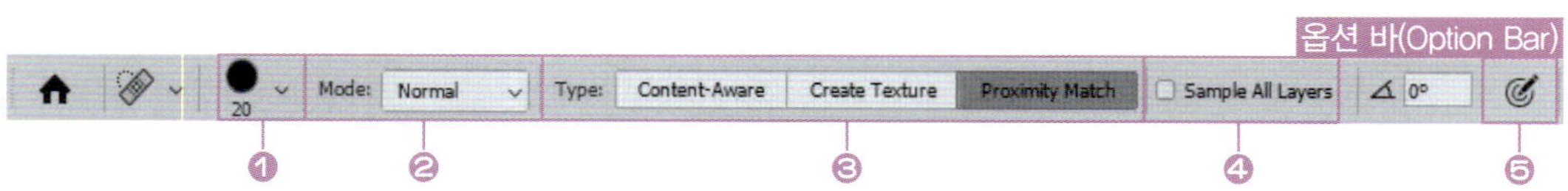

❶ Brush: 브러시의 크기를 조절하는 기능

❷ Mode: 복제된 이미지가 기존의 이미지와 혼합되는 모드를 선택하는 기능

❸ Type: 스팟 힐링 브러시 도구의 타입을 정해주는 기능

- Content-Aware: 선택된 부분을 자동 인식하여 채워주는 기능
- Create Texture: 선택 영역 주위의 픽셀을 사용하여 원본 이미지와 어울리도록 독립된 텍스처를 만드는 기능
- Proximity Match: 선택 영역 주위의 픽셀을 사용하여 원본 이미지에 근접하도록 설정해 주는 기능

❹ Sample All Layers: 모든 레이어를 함께 복사할 것인지, 선택된 레이어의 이미지만 복사할 것인가를 설정

❺ Always use Pressure for Size, When off, Brush Preset controls pressure: 태블릿으로 작업할 경우 압력에 따라 크기를 조절할 수 있는 기능

▲ 원본 이미지

▲ 스팟 힐링 브러시 도구를 선택 후 붓으로 그림을 덧그리는 방식으로 조금씩 수정할 부분을 채워나간다.

▲ 원본 이미지에서 유리문에 있는 글자를 지우고 완성한 모습

10.3 힐링 브러시 도구(Healing Brush Tool) 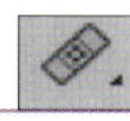

힐링 브러시 도구는 특정 부분의 색상으로 복원할 때 주로 사용하며 원하는 부분을 [Alt] 키를 누른 상태에서 색상을 선택한 후, 클릭을 하거나 드래그를 하면서 덧그리듯이 이미지를 채운다. 오래된 사진을 복원할 때도 유용하다.

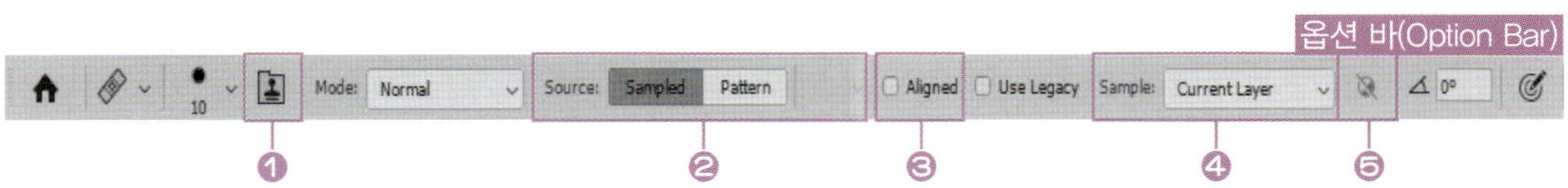

❶ Toggle the Clone Source panel: 이미지를 복사할 때 복사된 이미지의 정보를 저장하고 관리할 수 있는 기능

❷ Source: 힐링 브러시 도구의 설정을 이미지와 패턴 중에 선택하는 기능

- Sampled: [Alt] 키를 누른 채 마우스로 클릭하면 이미지가 선택되어 복사되어지는 기능
- Pattern: 선택된 패턴으로 복사되어지는 기능

❸ Aligned: 선택한 부분과 복사하려는 부분의 위치를 일정한 간격으로 유지시켜 복제하고, 해제하면 위치를 기억하지 않아 드래그할 때마다 계속 복제되어지는 기능

❹ Sample: 복제할 이미지가 있는 레이어를 선택

❺ Turn on to ignore adjustment layers when healing: 보정 레이어가 있을 때 원래 이미지에서만 복제하고 싶을 때 선택

▲ 원본 이미지

▲ 힐링 브러시 도구를 사용하여 신발을 제거한다.

▲ 신발이 제거된 이미지

10.4 패치 도구(Patch Tool)

패치 도구는 인접 영역에서 가장 유사한 이미지나 색상을 가져와 특정 영역에 붙일 수 있는 도구로 넓은 영역의 이미지를 복원하거나 수정할 때 쓰인다.

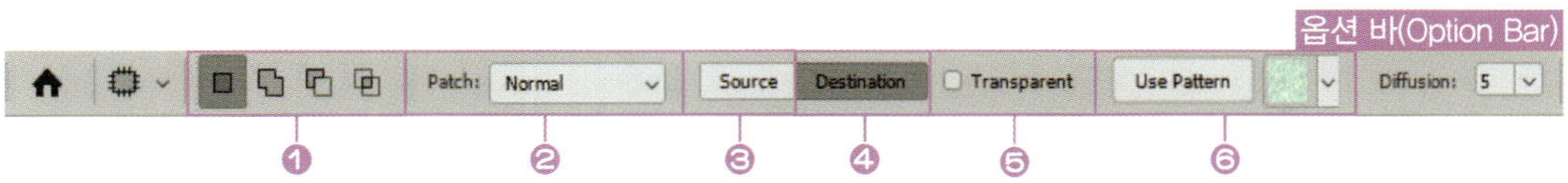

❶ 선택 옵션 아이콘: 영역을 선택하는 방법을 설정하는 기능으로 New selection/Add to selection/Subtract from selection/Intersect with selection과 같이 4가지가 있음

❷ Patch: 콘텐츠 인식 옵션을 선택할 수 있는 기능

❸ Source: 선택 영역으로 지정한 부분을 다른 영역으로 이동하면 선택된 영역의 이미지는 삭제되고, 그 부분에 이동한 이미지가 복제됨

❹ Destination: 선택 영역으로 지정한 부분을 다른 영역으로 이동하면 선택한 부분의 이미지가 복제됨

❺ Transparent: 이 항목을 체크하면 복사되는 이미지 부분이 투명해지는 기능

❻ Use Pattern: 선택한 영역에 설정한 패턴이 적용되는 기능

▲ 원본 이미지

▲ 원본 이미지에서 삭제하거나 복사할 영역을 선택해 주고, 위의 그림과 같이 드래그한다. 영역을 선택할 때는 올가미 도구로 이미지 주변을 그리듯이 선택한다.

▲ 이미지 영역을 선택하고 옵션 창의 Source 항목을 체크하여 드래그하면, 이미지 영역은 삭제되고 삭제된 부분의 이미지는 드래그한 부분의 이미지로 채워진다.

▲ 이미지 영역을 선택하고 옵션 창의 Destination 항목을 체크하여 드래그하면 이미지 영역이 복사된다.

▲ 이미지 영역을 선택하고 옵션 창의 Transparent 항목을 체크하여 복사하면, 복사된 영역이 투명해진다.

▲ 이미지 영역을 선택하고 옵션 창의 Transparent 항목을 체크하여 복사한 후, 원하는 pattern을 선택하여 옵션 창의 Use Pattern을 클릭하면 이미지 영역이 패턴으로 채워진다.

10.5 콘텐츠 인식 이동 도구(Content-Aware Move Tool)

콘텐츠 인식 이동 도구는 선택한 이미지의 영역을 이동하면, 원래 이미지가 있었던 부분을 자연스럽게 채워준다.

옵션 바(Option Bar)

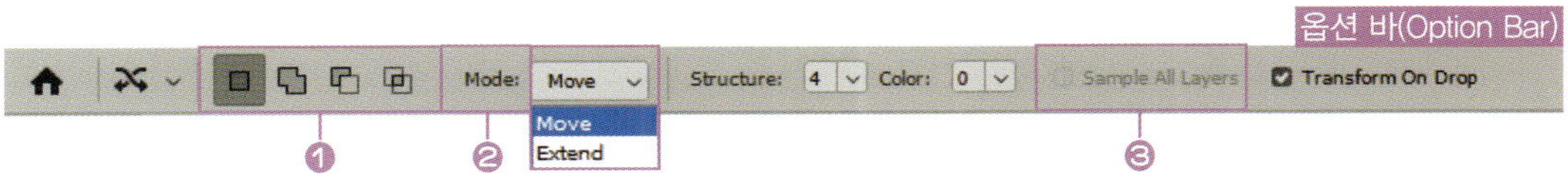

❶ 선택 옵션 아이콘: 영역을 선택하는 방법을 설정하는 기능으로 New selection/Add to selection/Subtract from selection/Intersect with selection과 같이 4가지가 있음

❷ Mode: 콘텐츠 인식 이동 옵션을 선택하는 기능
- Move: 선택한 이미지를 움직이면 이동이 가능
- Extend: 선택한 이미지를 움직이면 복사가 가능

❸ Sample All Layers: 모든 레이어를 함께 복사할 것인지, 선택된 레이어의 이미지만 복사할 것인가를 설정

▲ 원본 이미지

▲ 이동(Move) Mode

▲ 복사(Extend) Mode

▲ 원본 이미지

▲ 이동(Move) Mode

▲ 복사(Extend) Mode

10.6 적목 현상 보정 도구(Red Eye Tool)

사진 중 적목 현상이 나타난 부분을 정상 색상으로 보정할 때 손쉽게 사용할 수 있는 도구이다. 아이콘을 선택하고 기본 값으로 눈동자 부분만 클릭하게 되면 붉은 눈동자가 검은색으로 수정된다.

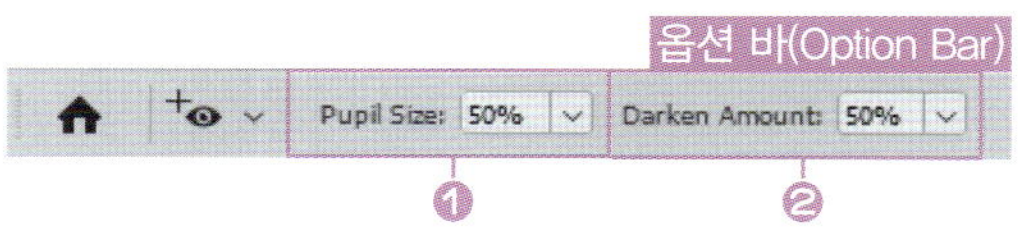

❶ Pupil Size: 수정할 눈동자의 사이즈를 설정하는 기능

❷ Darken Amount: 눈동자의 어두움 정도를 조절하는 기능

▲ 원본 이미지

▲ 적목 현상 보정 도구를 선택하여 적목 현상이 생긴 부분을 클릭하면 이미지가 완성된다.

Chapter **11**

브러시 도구 (Brush Tool)

브러시 도구(Brush Tool)

Chapter 11

11.1 브러시 도구(Brush Tool)

B

브러시 도구는 포토샵에서 자유롭게 그림을 그릴 때 주로 사용한다. 붓의 크기에 따라 선을 그리거나 넓은 면적에 색을 칠할 수 있고, 옵션 바를 통해 다양한 브러시를 선택할 수 있다.

브러시 도구
(Brush Tool)

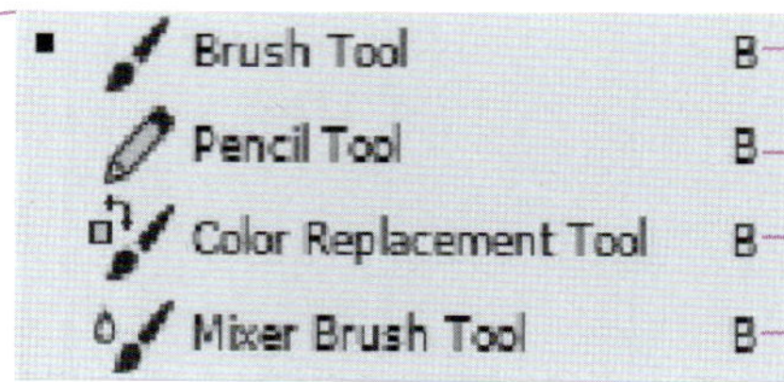

❶ 브러시 도구
❷ 연필 도구
❸ 색상 대체 도구
❹ 혼합 브러시 도구

❶ 브러시 도구(Brush Tool): 브러시의 모양 및 크기 등을 자유롭게 선택하여 이미지에 색을 칠할 때 사용

❷ 연필 도구(Pencil Tool): 브러시 도구보다 섬세한 작업을 할 때 사용

❸ 색상 대체 도구(Color Replacement Tool): 이미지의 색을 선택한 색상으로 변경할 때 사용

❹ 혼합 브러시 도구(Mixer Brush Tool): 이미지의 색을 혼합하여 유화처럼 변경할 때 사용

▲ 원본 이미지

▲ 브러시 도구(Brush Tool)와 연필 도구(Pencil Tool)

▲ 색상 대체 도구(Color Replacement Tool)

▲ 혼합 브러시 도구(Mixer Brush Tool)

브러시 도구(Brush Tool) 활용하기

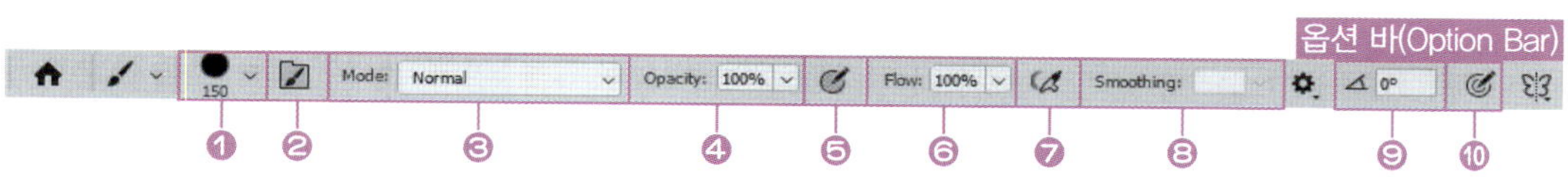

❶ Brush Preset picker: 브러시의 크기와 모양을 조절하고 브러시의 경계를 부드럽게 하는 정도를 나타냄

❷ Toggle the Brush Settings panel: [Brushes Settings] 패널을 불러와 브러시의 세부 조정이 가능

❸ Mode: 브러시 색상과 혼합하여 특수 효과를 표현하며, 총 29개의 페인팅 모드가 있음

❹ Opacity: 브러시의 불투명도를 조절하며, 값이 낮을수록 투명하게 칠해짐

❺ Tablet Pressure for Opacity: 태블릿의 펜 압력에 따라 불투명도를 조절

❻ Flow: 브러시 색상이 스며드는 정도를 조절하며, 값이 작을수록 적용되는 색상이 연해짐

❼ Enable airbrush-style build-up effects: 클릭하면 브러시를 에어브러시로 사용할 수 있음

❽ Smoothing: 0~100까지 설정할 수 있으며, 값이 클수록 브러시 획에 보정 정도가 늘어남

❾ Set the brush angle: 브러시의 각도를 설정

❿ Always use Pressure for size, When off, Brush Preset control pressure: 태블릿으로 작업할 때 펜의 압력에 따라 브러시 크기를 조절

브러시 모양 및 크기 설정 창 활용하기

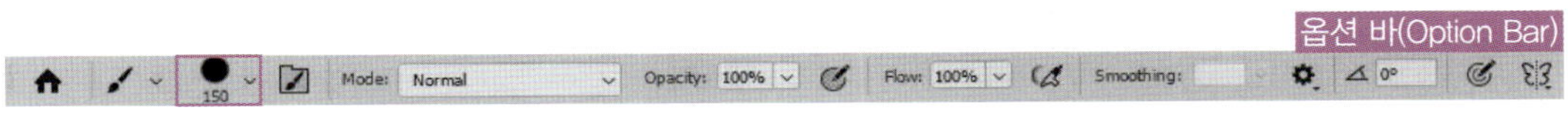

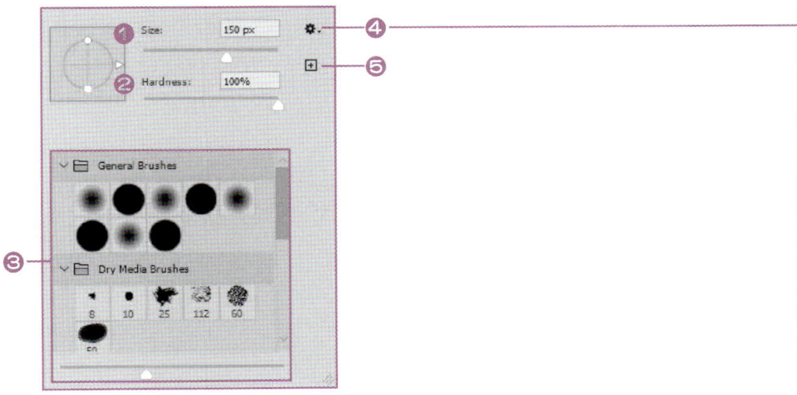

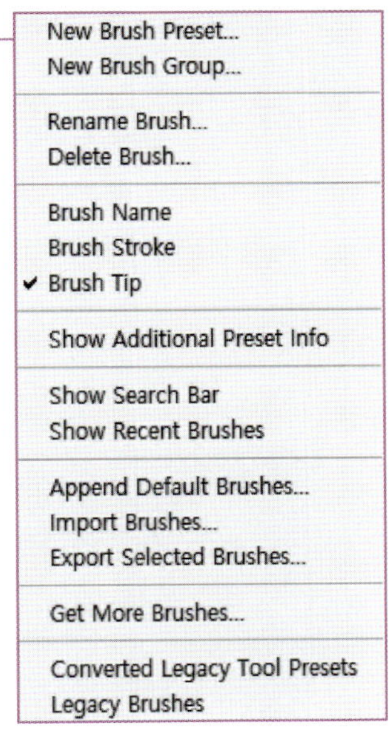

❶ Size: 브러시의 크기를 조절하는 기능

❷ Hardness: 브러시의 강도를 조절하는 기능
수치가 클수록 브러시 끝부분이 단단해짐

❸ Preset: 포토샵에서 제공하는 브러시 견본의 이름과 크기, 모양을 나타내는 메뉴

❹ Brush Picker: 다른 견본의 브러시를 불러오거나 브러시 표시방법을 설정할 수 있는 메뉴이며, 아이콘을 누르면 오른쪽에 보이는 메뉴가 열림

❺ Create a new preset from this brush: 새롭게 만들어진 브러시의 크기와 모양을 Preset에 등록할 수 있는 메뉴

브러시 패널 활용하기 F5

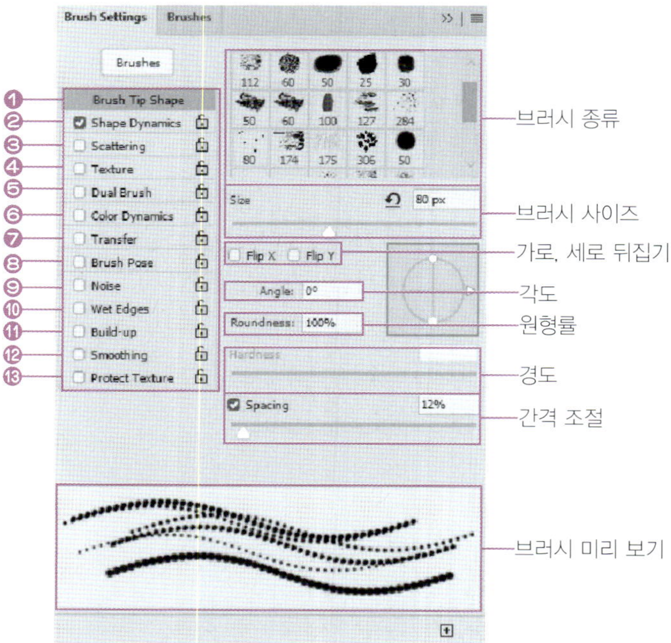

❶ Brush Tip Shape: 기본 브러시 끝 모양 만들기

❷ Shape Dynamics: 울퉁불퉁하게 만들기

❸ Scattering: 붓 자국이 흩뿌려진 듯 분산되게 만들기

❹ Texture: 브러시에 질감 넣기

❺ Dual Brush: 이중 브러시 만들기

❻ Color Dynamics: 브러시에 다양한 색상 넣기

❼ Transfer: 브러시에 투명 빈도 조절하기

❽ Brush Pose: 기울기와 강도 조절하기

❾ Noise: 브러시 가장자리를 거칠게 표현하기

❿ Wet Edges: 수채화 느낌 추가하기

⓫ Build-up: 에어브러시처럼 물감 뿌리기

⓬ Smoothing: 브러시를 부드럽게 만들기

⓭ Protect Texture: 브러시 패턴의 크기와 모양을 일정하게 만들기

※ 각 항목을 선택 후 더블클릭 시 옵션 창 생성

Brush Tip Shape 활용하기

Brush Tip Shape는 브러시 끝 모양을 조절하여 기본 브러시를 만든다.

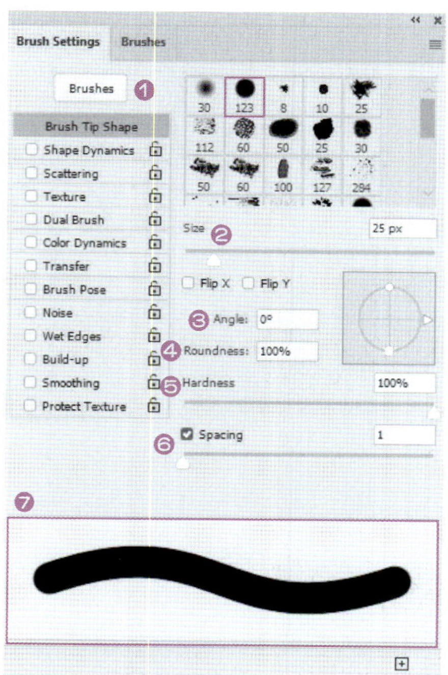

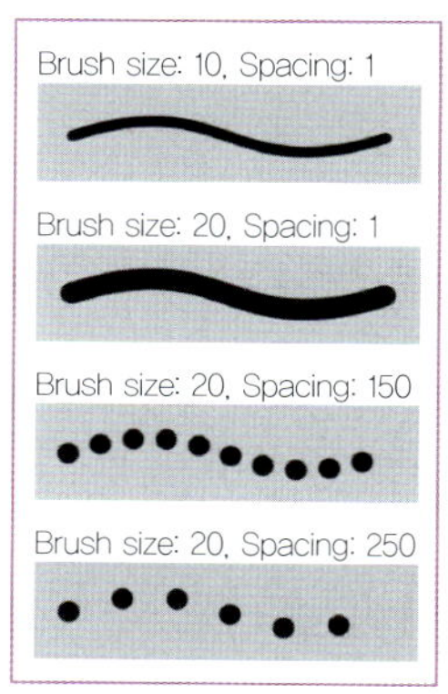

❶ Brushes: 포토샵에서 기본으로 제공하는 브러시 모양이며, 숫자는 픽셀 단위의 크기

❷ Size: 브러시의 크기를 조절

❸ Angle: 브러시 각도를 조절

❹ Roundness: 브러시 끝의 둥근 정도를 조절하며, 100%는 완전히 둥글게, 0%는 가는 선 모양이 됨

❺ Hardness: 브러시의 강도를 조절하며, 수치가 커질수록 진하고 또렷해짐

❻ Spacing: 붓 자국의 간격을 조절하며, 수치가 커질수록 간격이 먼 점선이 됨

❼ 미리 보기 창: 옵션을 적용한 브러시의 모습을 미리 볼 수 있는 창

Shape Dynamics 활용하기

브러시의 각 붓 자국을 확대 축소하여 울퉁불퉁한 브러시로 만든다. Shape Dynamics에서 중요한 것은 Jitter 값으로, Jitter 값이 '0'일때 브러시의 굵기가 일정하다.

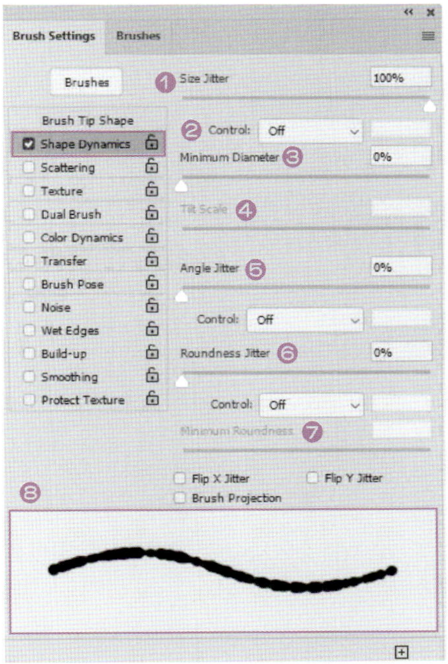

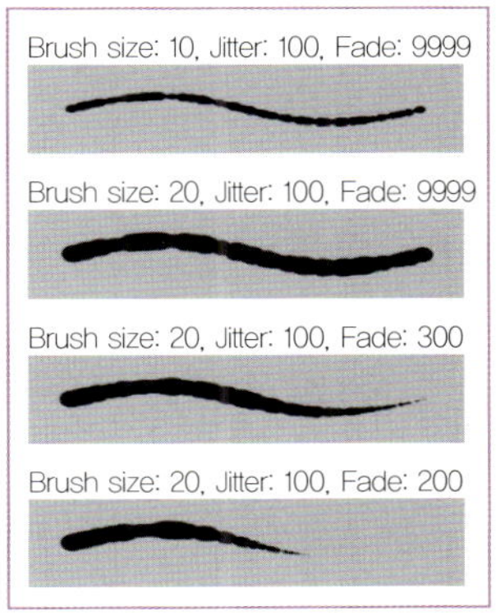

❶ Size Jitter: 울퉁불퉁하게 표현하는 정도를 조절하며, 100%일 때 최대한의 불균형한 상태

❷ Control: 태블릿으로 작업할 때 펜의 압력, 기울기, Fade 등을 조절하며, 'Fade'를 선택하면 끝이 사라지는 듯함

❸ Minimum Diameter: Jitter를 넣었을 때 나타나는 브러시의 최소 크기를 설정

❹ Tilt Scale: 태블릿으로 작업할 때 펜의 기울기에 따라 브러시의 크기를 조절

❺ Angle Jitter: 각 붓 자국의 각도가 불규칙한 정도를 조절하며, 수치가 높을수록 변화가 많음

❻ Roundness Jitter: 둥근 정도를 조절

❼ Minimum Roundness: Jitter의 부가 기능으로 수치가 작을수록 불규칙의 정도가 심해짐

❽ 미리 보기 창: 옵션을 적용한 브러시의 모습을 미리 볼 수 있는 창

Scattering 활용하기

브러시의 각 붓 자국이 분산되는 정도를 조절하는 옵션, Scatter를 높이면 꽃잎이나 눈이 날리는 모습과 같이 흩날리는 효과를 쉽게 만들 수 있다.

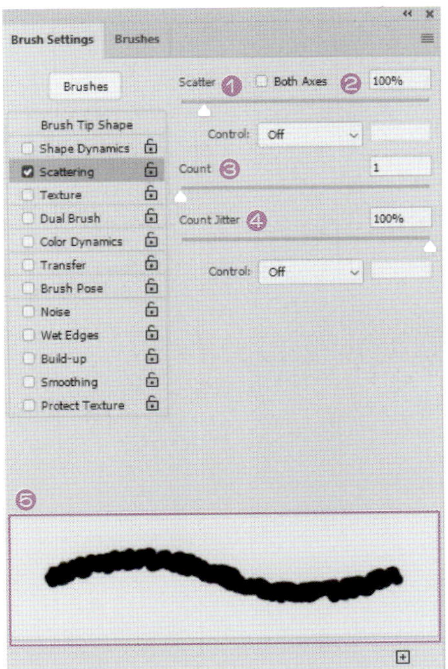

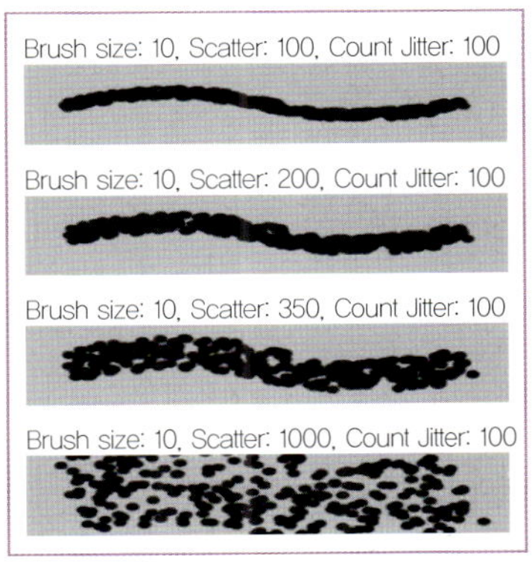

❶ Scatter: 붓 자국이 흩뿌려진 분산 정도를 조절하며, 수치가 높을수록 많이 흩뿌려짐

❷ Both Axes: 축을 중심으로 분산되게 만듦

❸ Count: 뿌려지는 붓 자국의 개수를 조절 수치가 높을수록 개수가 많아져 밀도가 높아짐

❹ Count Jitter: Count의 빈도수를 조절

❺ 미리 보기 창: 옵션을 적용한 브러시의 모습을 미리 볼 수 있는 창

Texture 활용하기

브러시에 텍스처나 무늬를 넣어 질감이 느껴지는 브러시를 만드는 옵션으로, 질감이 강한 브러시를 만들 때 주로 사용한다.

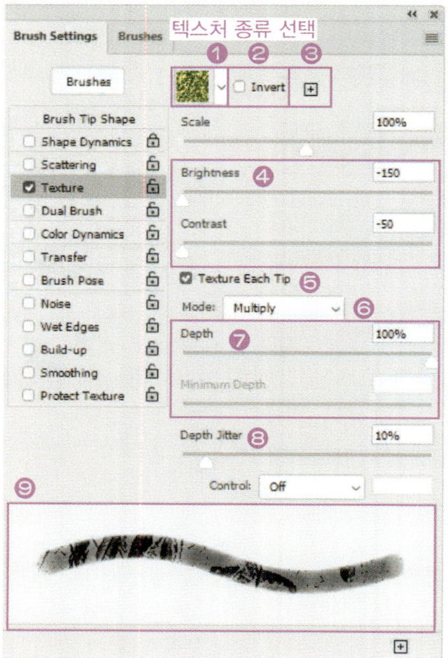

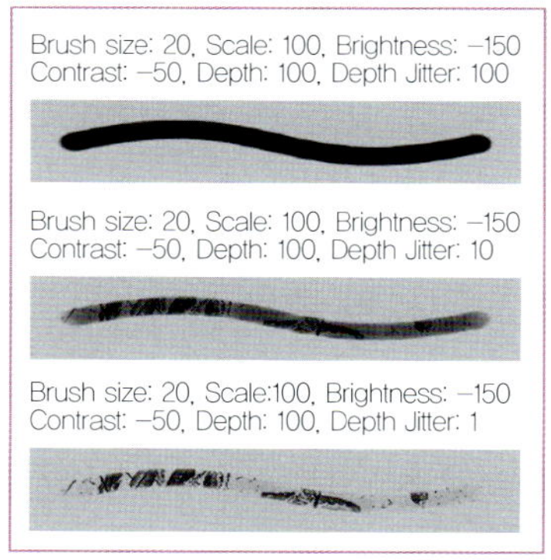

❶ Texture: 포토샵에서 기본으로 제공되는 질감

❷ Invert: 텍스처의 무늬를 반전시킴

❸ Create: 새로 만든 텍스처를 등록

❹ Brightness/Contrast: 텍스처의 밝기와 색 대비를 조절

❺ Texture Each Tip: 텍스처를 반복 삽입할 경우 질감을 세부 조절

❻ Mode: 텍스처와 붓 자국을 합성할 모드를 선택

❼ Depth: 텍스처가 표현되는 기본 높낮이와 최소 높낮이 조절

❽ Depth Jitter: Depth의 불규칙한 정도를 조절하며, 수치가 높을수록 변화가 많음

❾ 미리 보기 창: 옵션을 적용한 브러시의 모습을 미리 볼 수 있는 창

Dual Brush 활용하기

현재 설정된 브러시에 새로운 브러시를 추가하여 2개의 브러시 효과를 합친 새로운 브러시를 만든다.

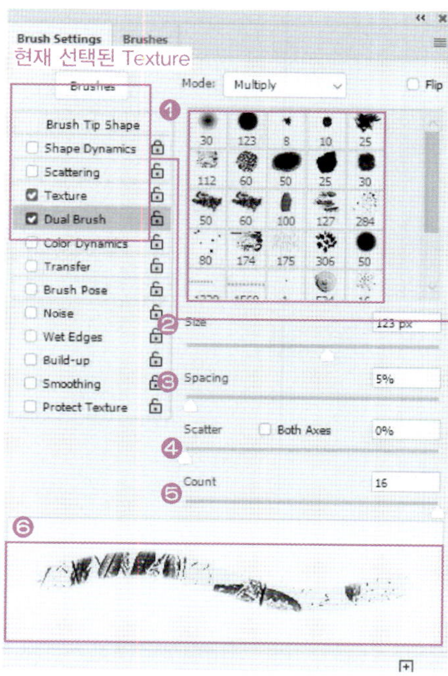

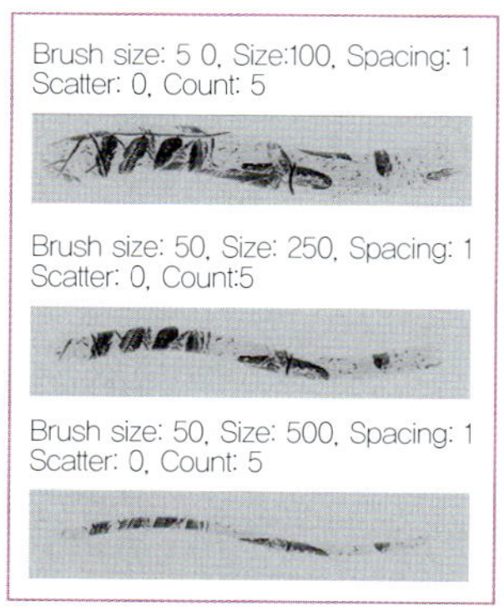

❶ Brushes: 새로 추가할 브러시를 선택

❷ Size: 새로 추가한 브러시의 크기를 조절

❸ Spacing: 새로 추가한 브러시의 붓 자국 간격을 조절

❹ Scatter: 새로 추가한 브러시의 분산 정도를 조절

❺ Count: 새로 추가한 브러시의 뿌려지는 개수, 즉 밀도를 조절

❻ 미리 보기 창: 옵션을 적용한 브러시의 모습을 미리 볼 수 있는 창

Transfer 활용하기

브러시가 투명하게 나타나는 빈도를 조절하며, Brush Tip Shape에서 'Spacing' 옵션이 설정되어 각 붓 자국이 따로 떨어져 있을 때 더 잘 표현된다.

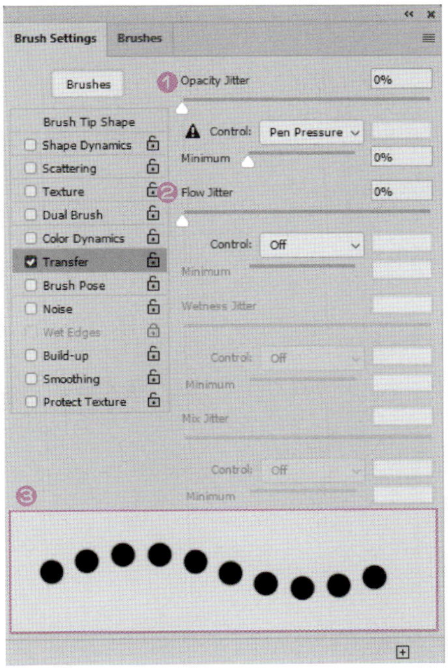

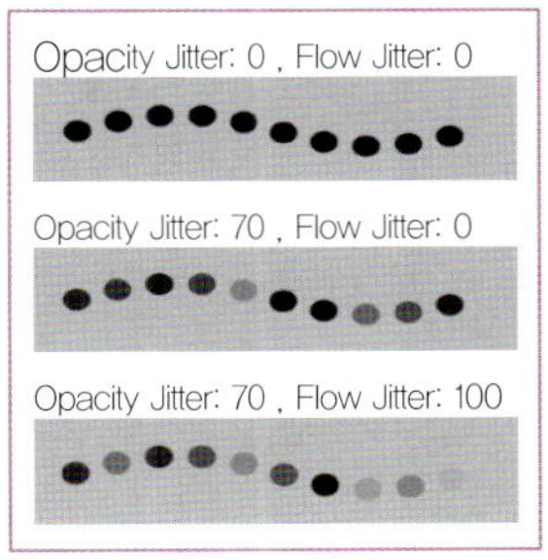

❶ Opacity Jitter: 브러시의 불투명도를 부분적으로 적용하여 수치가 높을수록 투명해지는 효과이다.

❷ Flow Jitter: 브러시 디자인에서 색상이 사용되는 부분과 사용되지 않는 부분을 혼합해 주는 효과이며, 수치가 높을수록 혼합율이 높음

❸ 미리 보기 창: 옵션을 적용한 브러시의 모습을 미리 볼 수 있는 창

예제 1 이미지를 이용한 브러시 디자인

포토샵에서는 기존의 사진에서 추출한 이미지를 이용하거나 직접 그림을 그린 이미지를 이용해서 브러시를 디자인할 수 있다. 새 브러시는 메뉴에서 [Edit]-[Define Brush Preset]을 클릭하여 등록한다.

Step 1 이미지 불러오기

메뉴에서 [File]-[Open]을 클릭하여 원하는 이미지를 불러온다.

Step 2 새 브러시로 등록할 이미지를 선택한다.

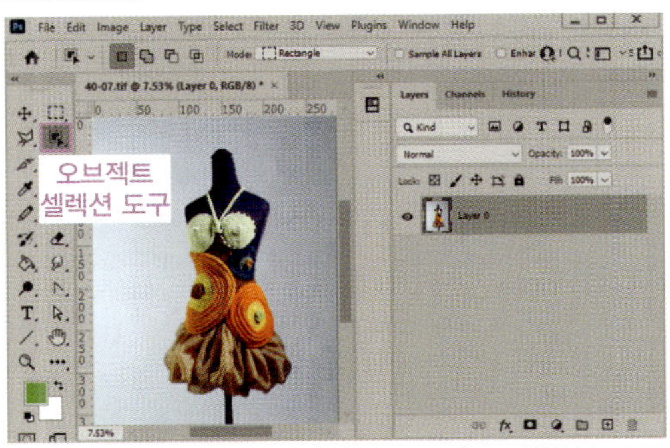

새 브러시로 등록할 이미지를 오브젝트 셀렉션 도구(Object Selection Tool)로 선택한다.

Step 3 삭제할 뒷배경을 선택한다.

메뉴에서 [Select]-[Inverse]를 선택하여 삭제할 영역을 선택한다.

Step 4 뒷배경을 삭제한다.

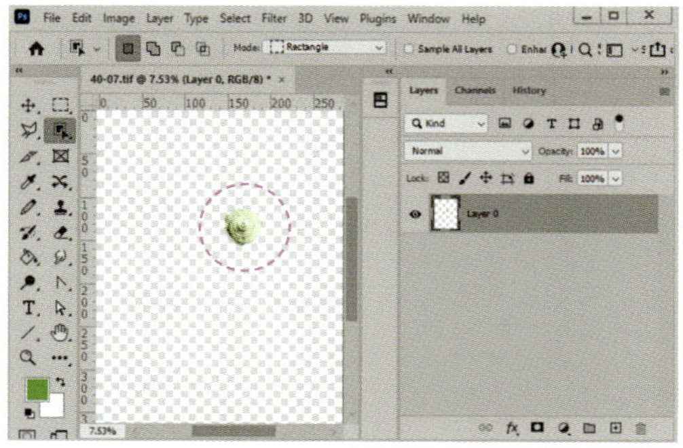

선택한 이미지만 남겨 두고 [Delete] 키로 뒷배경은 삭제한다.

Step 5 이미지 선택 영역 지정하기

배경이 사라진 이미지를 사각 선택 도구(Rectangular Marquee Tool)로 선택 영역을 지정한다.

Step 6 새 브러시로 등록하기

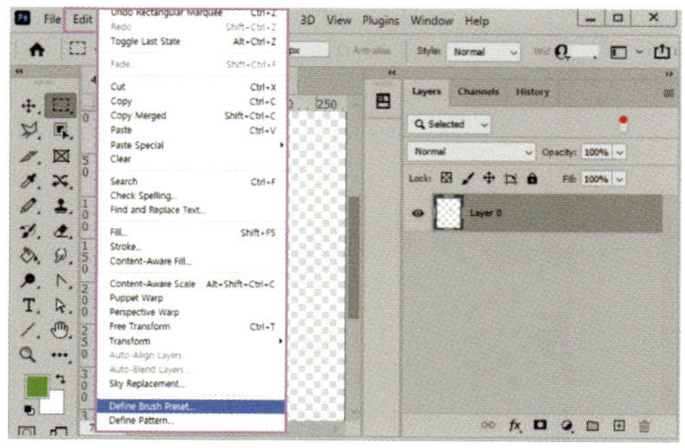

지정한 이미지를 새 브러시로 등록하기 위해 메뉴에서 [Edit]-[Define Brush Preset]을 클릭한다.

Step 7 새 브러시 이름 입력하고 저장하기

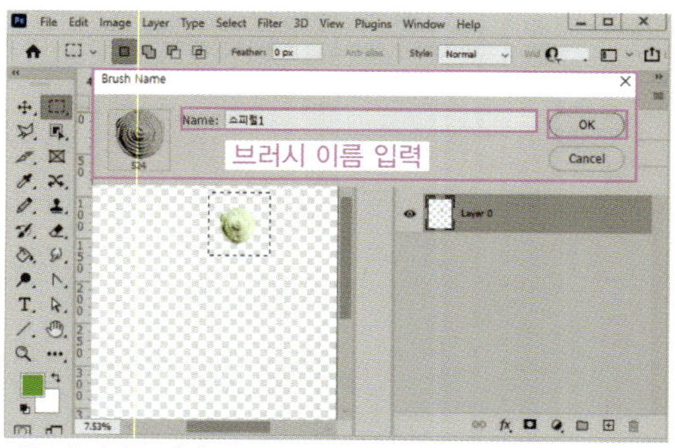

메뉴에서 [Edit]-[Define Brush Preset]을 클릭하면 위와 같이 Brush Name이라는 창이 나타난다. 저장할 브러시의 이름(스피럴1)을 입력하고 [OK] 버튼을 클릭한다.

Step 8 저장된 브러시 확인하기

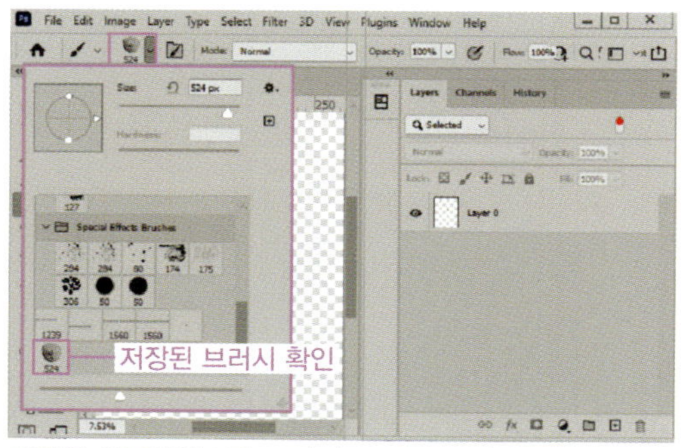

저장을 완료하였으면 브러시 도구를 클릭하고, 옵션 창의 브러시 크기 및 모양 옵션 창을 확인하면 [스피럴1]이라는 이름의 브러시가 활성화된 메뉴를 확인할 수 있다.

Step 9 [스피럴1] 브러시를 이용하여 작품 완성하기

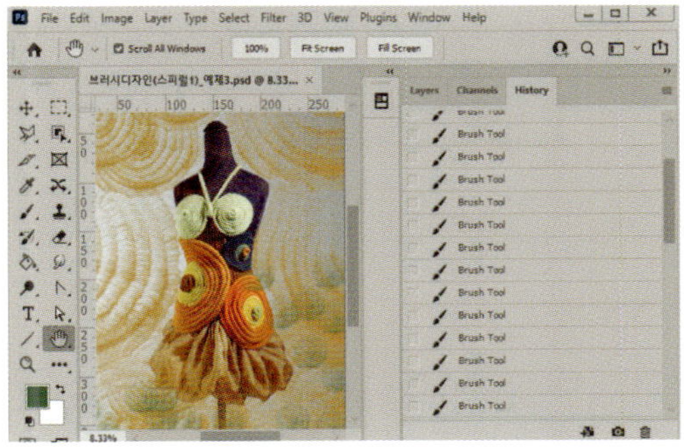

▲ 원본 이미지

▲ 새 브러시가 적용된 이미지 1

▲ 새 브러시가 적용된 이미지 2

11.2 연필 도구(Pencil Tool) B

연필 도구는 가는 선을 그릴 때 주로 사용하며 좁은 영역을 수정하거나 칠할 때도 자주 사용한다. 브러시 도구와 비슷한 기능을 가지고 있지만, 안티 알리아스(Anti-alias)가 적용되지 않고 점과 점으로 연결되는 특징이 있으며 선의 색상은 전경색이 사용된다.

옵션 바(Option Bar)

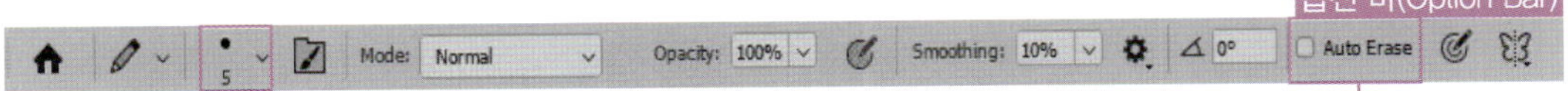

선의 두께나 모양 선택

❶

❶ Auto Erase: 전경색이 칠해진 부분 위에 연필 도구를 적용하면 전경색으로 칠해지는 것이 아니라 배경색으로 칠해짐

연필 도구로 직선 그리기

[Shift] 키를 누른 뒤 연필 도구로 선을 그리면 수평 혹은 수직의 직선을 쉽게 그릴 수 있다. 또한 [Shift] 키를 누른 채 점을 찍으면서 직선을 그리면, 점들로 연결되는 직선을 그릴 수 있다.

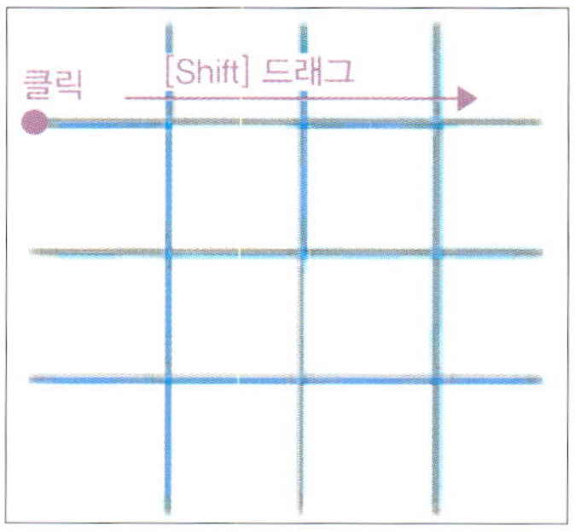

▲ 직선 그리기

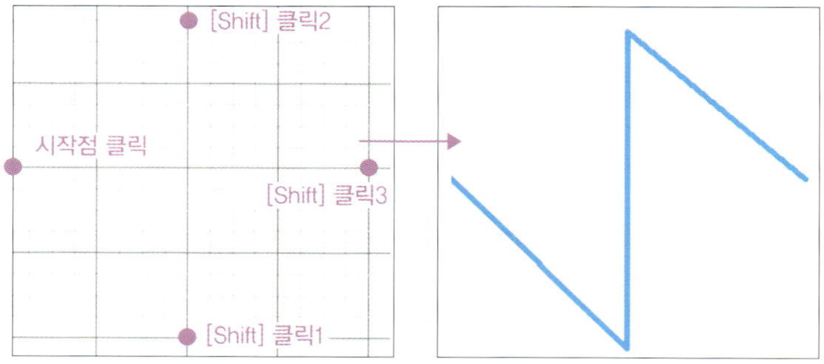

▲ 연결 직선 그리기
(격자 보기: [Ctrl]+')

연필 도구로 실선과 점선 그리기

연필 도구에서는 브러시 패널을 이용해서 다양한 실선과 점선을 그릴 수 있다.

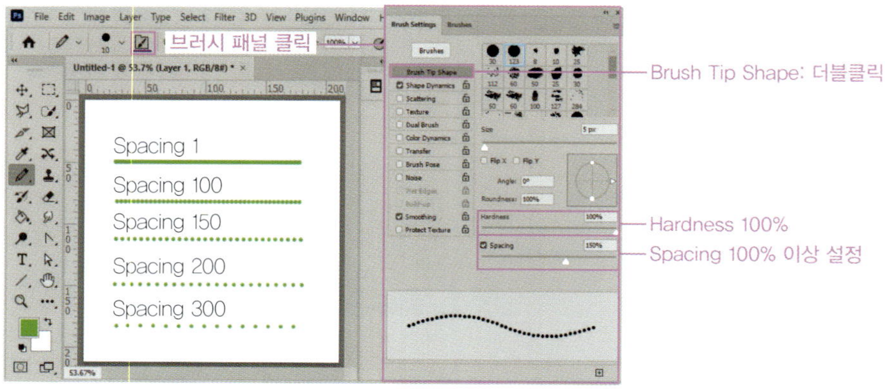

11.3 색상 교체 도구(Color Replacement Tool) B

색상 교체 도구는 이미지의 음영은 그대로 두고 색상을 변경하고자 할 때 쓴다.
바꾸고자 하는 색을 전경색으로 선택하고, 이미지에 브러시 도구로 문지르면 색상이 변경된다.

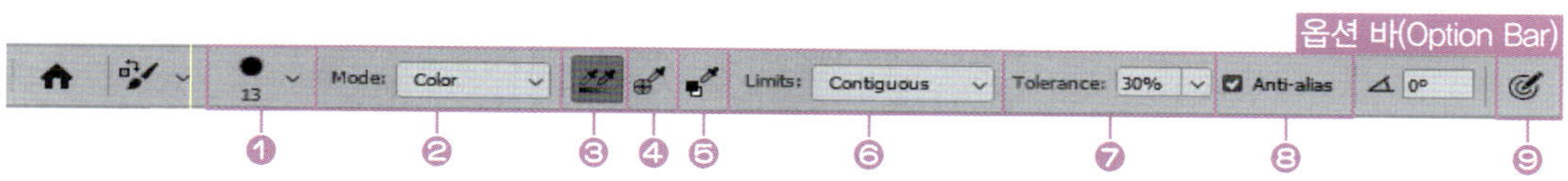

❶ Brush Preset picker: 브러시의 크기와 모양을 조절하고 브러시의 경계를 부드럽게 하는 정도를 나타냄

❷ Mode: 브러시 색상과 혼합하여 특수 효과를 표현하며, 총 29개의 페인팅 모드가 있음

❸ Continuous: 전체 이미지에 전경색을 적용

❹ Once: 처음 클릭한 색상에만 전경색을 적용

❺ Background Swatch: 배경색으로 지정한 부분만 전경색으로 적용

❻ Limits: 이미지에 적용할 색상의 범위를 결정

❼ Tolerance: 전경색을 적용할 허용 범위를 설정

❽ Anti-alias: 체크 시 컬러가 대체될 때 경계 부분을 부드럽게 설정

❾ Always use Pressure for Size, When off, Brush Preset controls pressure: 태블릿으로 작업할 때 펜의 압력에 따라 브러시 크기를 조절

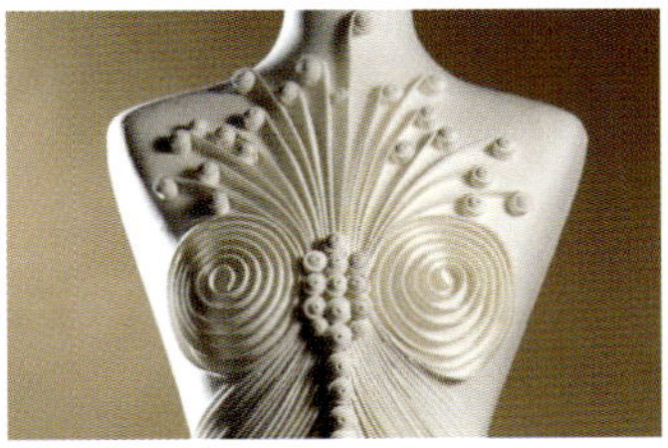

▲ 원본 이미지

▲ 색상 교체 도구로 이미지 수정하기

▲ 완성 이미지

11.4 혼합 브러시 도구(Mixer Brush Tool)

B

혼합 브러시 도구는 선택한 브러시로 색상을 혼합시켜 주는 도구이다. 이미지를 유화의 느낌으로 표현하고자 할 때 유용하게 쓰인다.

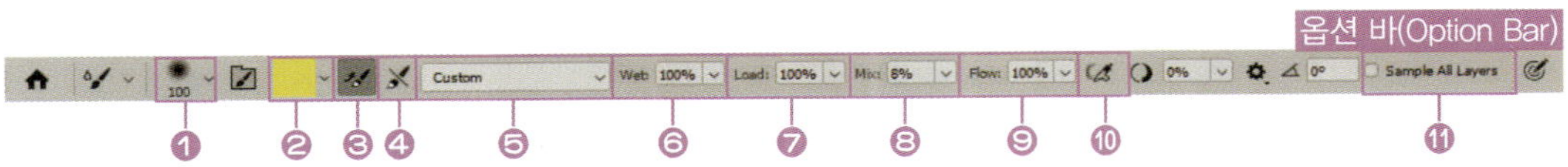

❶ Brush Preset picker: 브러시의 크기와 모양을 조절하고 브러시의 경계를 부드럽게 하는 정도를 나타냄

❷ Current brush load: 혼합할 브러시의 색상을 설정할 수 있으며, 이 색으로 드래그하는 곳이 혼합됨

❸ Load the brush after each stroke: 브러시로 한 번 혼합한 후 나온 색상을 불러올지 이전 색상을 그대로 사용할지 결정

❹ Clean the brush after each stroke: 해당 이미지의 색으로만 혼합되는 옵션이며, 붓을 씻는다는 개념

❺ Useful mixer brush combinations: 자주 사용하는 설정의 조합

❻ Wet: 캔버스에 선택하는 페인트 양을 조절하며, 값이 높을수록 옅어짐

❼ Load: 불러오는 페인트 양을 지정하며 비율이 낮을수록 페인트 획이 빨리 건조되어짐

❽ Mix: 이미지 색과 페인트 브러시 비율을 조절

❾ Flow: 브러시 색상이 스며드는 정도를 조절하며, 값이 작을수록 적용되는 색상이 연해짐

❿ Enable airbrush-style build-up effects: 클릭하면 브러시를 에어브러시로 사용할 수 있음

⓫ Sample All Layers: 작업하는 이미지 레이어 모두를 적용할지 설정하는 옵션

▲ 원본 이미지에 선택 색상이 섞임

▲ 원본 이미지 색상과 배경색만 섞임

▲ 원본 이미지 색상과 선택 색상 모두 섞임

혼합 브러시 도구(Mixer brush Tool)를 사용한 이미지 리터칭

▼ 원본 이미지

▲ 혼합 브러시 도구로 리터치하여 완성한 작품

▼ 원본 이미지

▲ 혼합 브러시 도구로 리터치하여 완성한 작품

▼ 원본 이미지

▲ 혼합 브러시 도구로 리터치하여 완성한 작품

Chapter 12

스탬프 도구 (Stamp Tool)

스탬프 도구(Stamp Tool)

Chapter 12

스탬프 도구의 종류에는 스탬프 도구와 패턴 스탬프 도구가 있다.

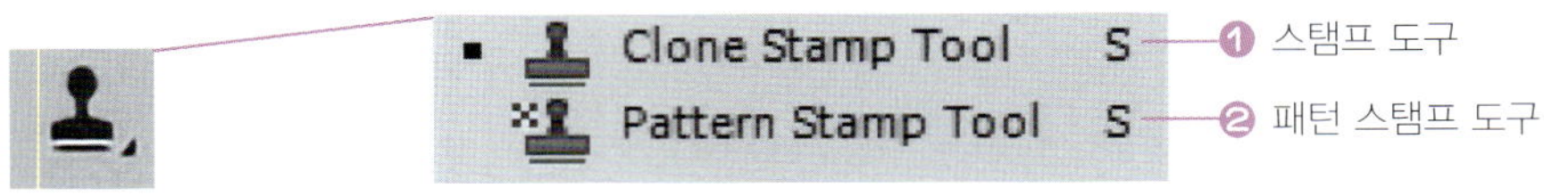

스탬프 도구
(Stamp Tool)

12.1 스탬프 도구(Stamp Tool) S

스탬프 도구는 이미지에서 원하는 부분을 복제하여 도장으로 찍어내듯 여러 개로 만들고 싶을 때 사용한다. 먼저 스탬프 도구를 클릭한 후 복사하고자 하는 이미지에 반드시 [Alt] 키를 누르고 선택한다. 선택되어진 이미지를 원하는 곳으로 마우스 커서를 갖다 대면 미리 보기 되어지고 그대로 클릭하면 이미지가 복사된다. 그 상태에서 주변을 클릭하면 복사되어진 이미지의 주변도 같이 복사된다.

▲ 원본 이미지

▲ 스탬프 도구를 이용하여 오브젝트를 복사한 이미지

스탬프 도구(Stamp Tool) 활용하기

옵션 바(Option Bar)

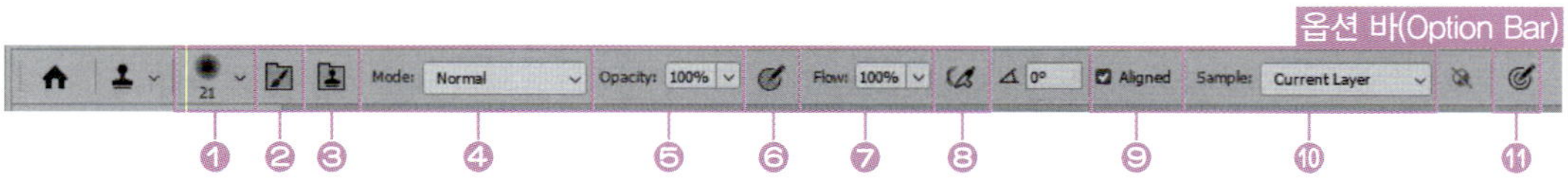

❶ Click to open the Brush Preset picker: 복사하고자 하는 이미지의 크기에 맞춰 브러시의 크기 및 모양을 선택

❷ Toggle the Brush Settings panel: Brush 패널에서 세부 조정이 가능

❸ Toggle the Clone Source panel: 복사한 이미지의 정보를 저장하고 관리할 수 있는 패널

❹ Mode: 복사된 이미지가 기존 이미지에 합성되는 방식을 결정

❺ Opacity: 복제할 이미지의 투명도를 조절

❻ Always use Pressure for Opacity, When off, Brush Preset controls pressure: 압력에 따라 불투명도를 조절하는 아이콘이며, 태블릿으로 작업할 때 기능이 잘 나타남

❼ Flow: 브러시가 적용되는 경계선의 불투명도를 조절

❽ Enable airbrush-style build-up effects: 에어브러시 기능을 설정

❾ Aligned: 선택한 부분과 복사하려는 부분의 위치를 일정한 간격으로 유지시켜 주는 기능

❿ Sample: 복사할 이미지가 있는 레이어를 선택

⓫ Always use Pressure for Size, When off, Brush Preset controls pressure: 압력에 따라 크기를 조절하는 아이콘이며, 태블릿으로 작업할 때 기능이 잘 나타남

예제 1 스탬프 도구(Stamp Tool) 실행하기

Step 1 이미지 불러오고, 스탬프 도구 실행하기

메뉴에서 [File]-[Open]을 클릭하여 원하는 이미지를 불러온 후 스탬프 도구를 클릭한다.

Step 2 스탬프 브러시 종류 및 크기 조절하기

스탬프 도구 옵션에서 스탬프 브러시 설정 창을 이용해서 복사하고자 하는 이미지에 맞게 브러시 종류와 크기를 조절한다.

Step 3 스탬프 도구로 이미지 복사해서 붙여넣기

이미지에 맞게 브러시 설정 후 반드시 [Alt] 키를 먼저 누르고 이미지를 클릭하여 선택해 준다. 복사하고자 하는 곳을 선정하고 마우스를 가까이 하면 복사할 이미지가 미리 보이고, 복사할 부분에 클릭하면 이미지가 복사된다.

Step 4 복사 영역 확장하기

복사된 이미지 옆으로 마우스를 가까이 하면 복사했던 이미지를 주변도 확장해서 복사할 수 있도록 미리 보여준다. 그대로 클릭하여 문지르면 복사 영역이 확장된다.

예제 2 스탬프 도구(Stamp Tool)를 이용하여 오래된 사진 복원하기

스탬프 도구를 이용하면 오래된 사진도 복구할 수 있고 오염된 부분도 지울 수 있다. 복구하고자 하는 부분 근처의 이미지를 복사하여 붙여 넣는 방법으로 보정해 가면, 깨끗한 이미지의 사진이 완성된다.

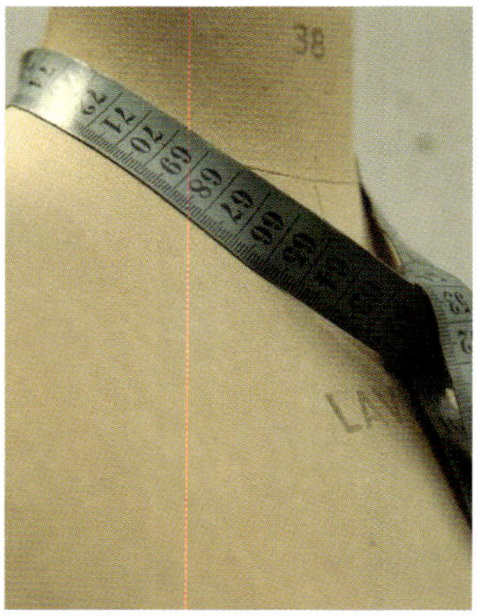

▲ 원본 이미지

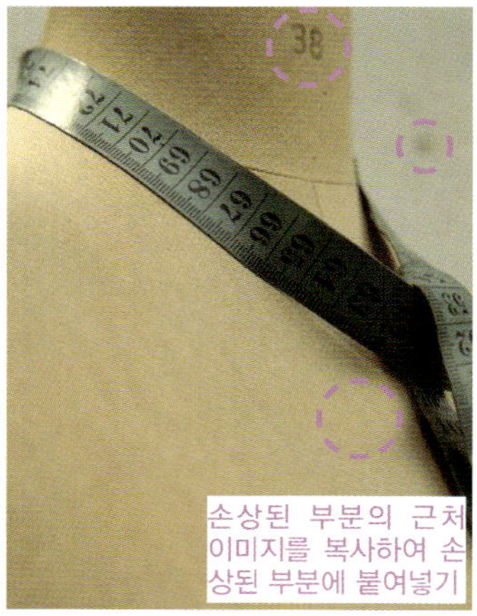

▲ 보정 중인 이미지

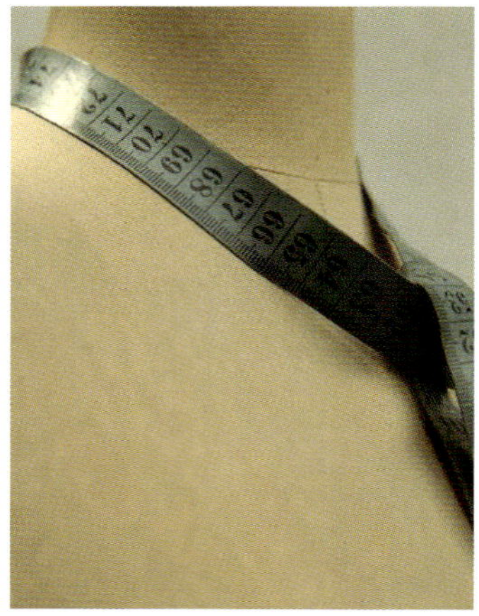

▲ 완성된 이미지

12.2 패턴 스탬프 도구(Pattern Stamp Tool)

S

패턴 스탬프 도구는 포토샵에서 지원하는 패턴이나 사용자가 등록한 패턴을 드래그하여 이미지에 적용할 수 있다. 예를 들어, 이 기능을 사용하면 사진 속에서 모델이 입고 있는 드레스에 무늬(Pattern)를 손쉽게 바꿀 수 있다. 특히, 패션 디자인의 패턴 활용에 있어서 매우 유용한 도구이다.

▲ 원본 이미지

▲ 패턴을 적용하고 싶은 영역을 선택 후 브러시로 적용 중인 모습

▲ 완성된 이미지

패턴 스탬프 도구(Pattern Stamp Tool) 활용하기

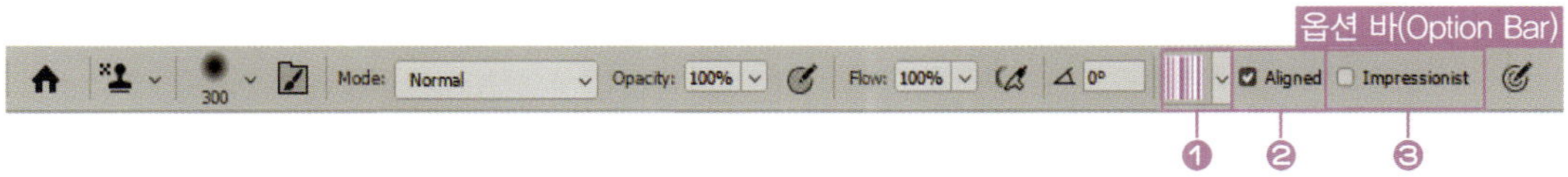

❶ Pattern: 적용할 패턴을 선택하는 패널

❷ Aligned: 선택한 부분과 복사하려는 부분의 위치를 일정한 간격으로 유지시켜 주는 기능

❸ Impressionist: 이 옵션을 선택하면 적용되는 패턴이 뭉개져서 나타남

예제 3 마키 도구를 이용하여 패턴 디자인하기

마키 도구를 이용하여 패턴 디자인을 하고 등록하기

Step 1 새 캔버스 열기

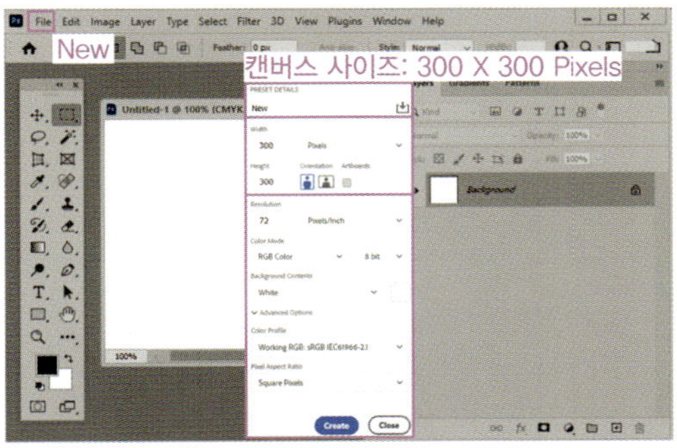

메뉴에서 [File]–[New] 혹은 [Ctrl]+N 키를 눌러 새 캔버스를 실행한다. 캔버스 사이즈는 가로 300 X 세로 300 Pixels로 설정한다.

Step 2 패턴 디자인

새 캔버스에 마키 도구를 이용하여 패턴을 디자인한다.

Step 3 새 패턴 등록하기 [메뉴]–[Edit]–[Define Pattern]

도구 상자에서 사각형 마키 도구를 이동하여 패턴을 선택한다.

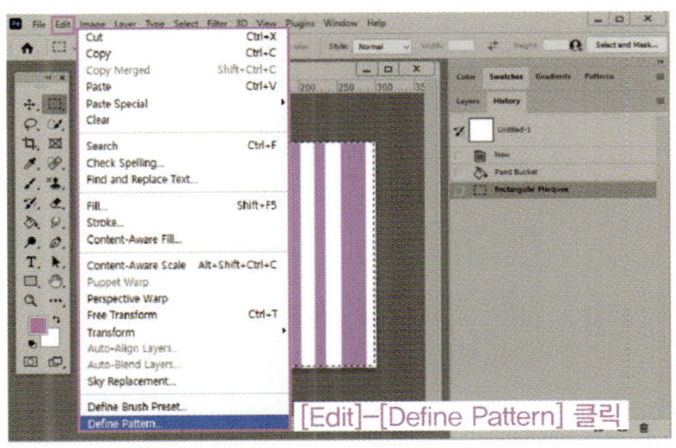

메뉴에서 [Edit]–[Define Pattern]을 클릭하여 새 패턴으로 등록한다.

Step 4 패턴 이름 입력하기

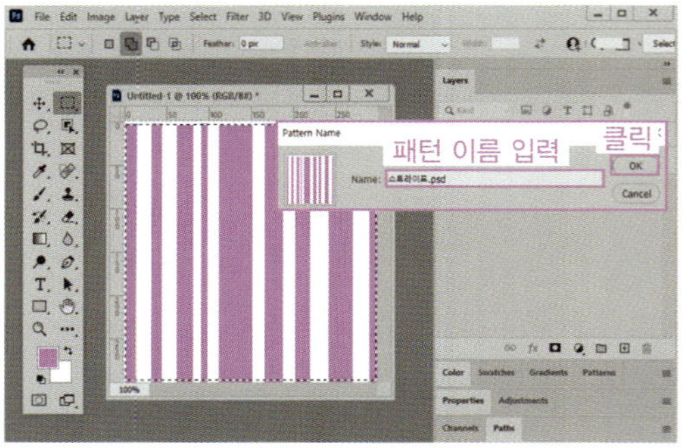

[Define Pattern]을 선택하면 Pattern Name 대화 상자가 나타나며 여기에 패턴의 이름을 입력하고 [OK] 버튼을 클릭한다.

Step 5 패턴 스탬프 도구로 패턴 확인하기

패턴이 정상적으로 저장되었는지 확인하기 위해 패턴 스탬프 도구를 실행하고 옵션에서 Pattern 패널을 클릭하여 패턴 리스트에서 확인한다.

예제 4 패턴 스탬프 도구 실행하기

패턴 디자인을 하여 패턴 리스트에 등록 후 원하는 이미지 영역에 패턴을 적용한다. 원본 이미지에 선택 도구로 패턴이 적용될 부분을 선택한 후, 패턴 스탬프 도구를 클릭하여 선택 부분 안에 붓질하면 패턴이 자연스럽게 적용되는 것을 확인할 수 있다.

Step 1 이미지 불러오기

메뉴에서 [File]-[Open]을 클릭하여 원하는 이미지를 불러온다.

Step 2 패턴 디자인

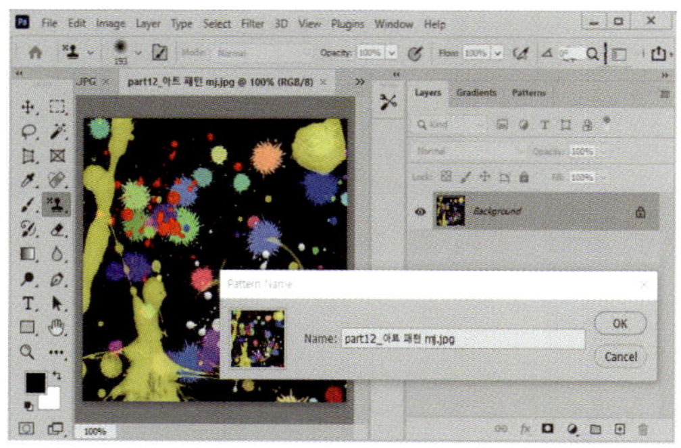

패턴을 디자인한 후 [Edit]-[Define Pattern]을 클릭하여 새 패턴으로 등록한다.

Step 3 패턴 스탬프 도구로 패턴 적용하기

패턴을 적용하고 싶은 영역을 퀵 셀렉션 도구로 선택한 후 패턴 스탬프 도구로 패턴을 적용한다.

Step 4 완성된 이미지

Chapter **13**

히스토리 브러시 도구 (History Brush Tool)

▲ 원본 이미지

▲ Tight Short(20 px) Brush Size(100 px)

▲ Tight Medium(20 px)

▲ Tight Long(20 px)

▲ Loose Medium(20 px)

▲ Loose Long(20 px)

▲ Dab(20 px)

▲ Tight Curl(20 px)

▲ Tight Curl Long(20 px)

▲ Loose Curl(20 px)

▲ Loose Curl Long(20 px)

▲ Dab(20 px)+Tight Curl(20 px)

Chapter 14

지우개 도구
(Eraser Tool)

지우개 도구(Eraser Tool) Chapter 14

14.1 지우개 도구(Eraser Tool) E

지우개 도구는 이미지를 자유롭게 지울 수 있는 도구로써, 도구를 선택한 후 드래그하면 드래그 한 부분이 지워진다. 지우개 도구의 종류에는 지우개 도구, 배경 지우개 도구, 매직 지우개 도구가 있다.

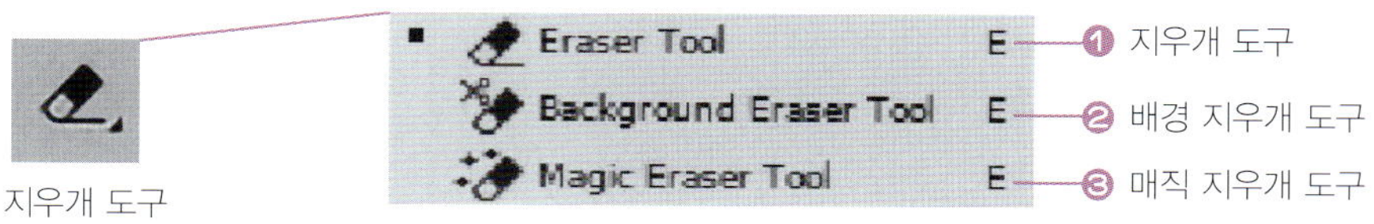

지우개 도구
(Eraser Tool)

❶ 지우개 도구(Eraser Tool): 이미지를 자유롭게 삭제할 때 사용

❷ 배경 지우개 도구(Background Eraser Tool): 배경 이미지를 선택하여 삭제할 때 사용

❸ 매직 지우개 도구(Magic Eraser Tool): 비슷한 색상 값을 가진 이미지를 동시에 자동 삭제할 때 사용

▲ 원본 이미지

▲ 지우개 도구

▲ 배경 지우개 도구

▲ 매직 지우개 도구

지우개 도구(Eraser Tool) 활용하기

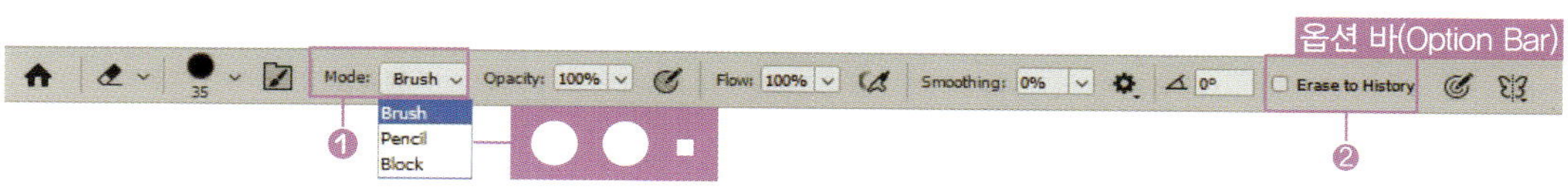

❶ Mode: 지우개 도구가 사용되는 모드를 설정

- Brush: 브러시 도구의 사용법과 같이 이미지가 지워지는 모드이며, Opacity와 Flow가 활성화됨
- Pencil: 연필 도구의 사용법과 같이 이미지가 지워지는 모드이며, Brush와 달리 안티 알리아스(Anti-alias)가 지원되지 않음

- Block: 작은 정사각형 블록과 같이 일정한 크기로 이미지가 지워지는 모드이며, Opacity와 Flow가 활성화되지 않음

❷ Erase to History: 히스토리 브러시 도구와 같이 이미지에 적용된 효과를 지워줌

- 그 외 주요 기능은 브러시 도구의 옵션 바와 같음

14.2 배경 지우개 도구(Background Eraser Tool) E

배경 지우개 도구는 배경과 배경이 아닌 부분을 구분하여 지우는 도구로, 도구가 자동으로 배경과 오브젝트를 구분하여 쉽게 배경을 지울 수 있다. 또한 이미지의 레이어 상태가 Background일 때 이 도구를 사용하면 이미지가 Layer로 바뀌는 특징이 있다.

▲ 원본 이미지를 열었을 때의 레이어

▲ 배경 지우개 도구를 사용할 때의 레이어의 변화

배경 지우개 도구(Background Eraser Tool) 활용하기

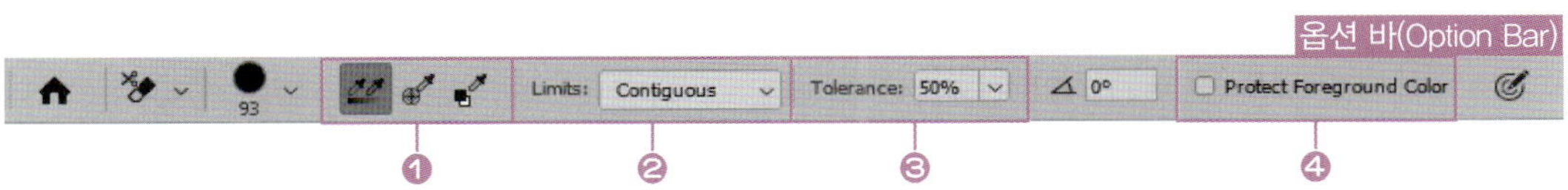

❶ Sampling: 이미지에서 지울 색상을 선택할 수 있는 기능

- Continuous : 마우스가 이동하는 부분이 지워짐
- Once : 마우스로 처음 선택한 부분의 색을 기준으로 이미지가 지워짐
- Background Swatch : 배경색(Background Color)으로 지정된 색상만 지워짐

❷ Limits: 배경 지우개 도구로 지우고자 하는 범위를 설정할 수 있는 기능

- Discontiguous: 마우스로 선택한 부분의 색상과 비슷한 색상 영역을 지워줌
- Contiguous: 마우스로 선택한 부분의 색상과 인접한 색상 영역도 연속적으로 지워줌
- Find Edges: 선택한 부분 색상의 경계를 구분하여 지워줌

❸ Tolerance: 값이 높을수록 선택되는 색상 범위가 넓어지므로, 값이 적을수록 배경과 오브젝트의 구분이 쉬움

❹ Protect Foreground Color: 전경색은 지워지지 않고 보호되며 다른 색을 지워주는 옵션

예제 1 배경 지우개 도구를 이용하여 배경을 지운 후 다른 배경 합성하기

▲ 원본 이미지

▲ 배경 지우개 도구를 이용하여 배경을 지운 이미지

▲ 다른 배경을 합성하여 완성한 이미지

14.3 매직 지우개 도구(Magic Eraser Tool)

E

매직 지우개 도구는 동일한 색상을 한 번에 지울 수 있는 편리한 도구로, 이미지를 클릭하면 클릭한 부분과 연결된 동일 색상 영역이 한 번에 지워진다.

매직 지우개 도구(Magic Eraser Tool) 활용하기

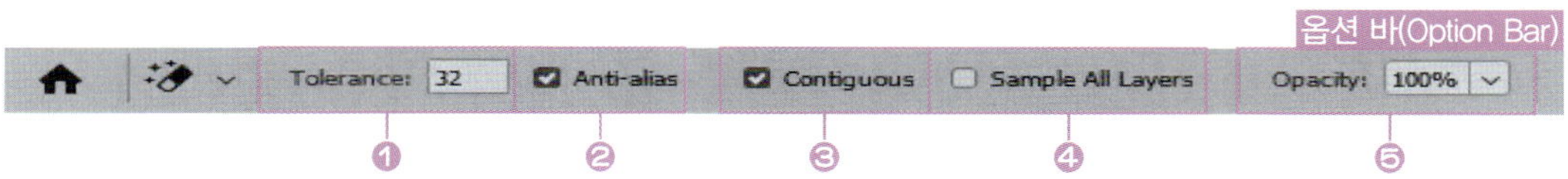

❶ Tolerance: 값이 클수록 선택되는 색상 범위가 넓어지므로 더 많은 범위를 지울 수 있음

❷ Anti-alias: 지워진 부분의 경계를 부드럽게 해주는 기능

❸ Contiguous: 이 항목을 해제하면 이미지 전체에서 선택된 특정 색상 값의 영역을 모두 지워주는 기능

❹ Sample All Layers: 체크시 모든 레이어에 해당 효과를 적용함

❺ Opacity: 지워진 영역의 투명도를 조절해 주는 기능

▲ 원본 이미지

▲ 매직 지우개 도구로 보라색 풍선을 클릭하여 지워진 이미지

Chapter 15

그레디언트 도구 (Gradient Tool)

그레디언트 도구(Gradient Tool)

Chapter 15

15.1 그레디언트 도구(Gradient Tool)와 페인트 버킷 도구(Paint Bucket Tool)

그레디언트 도구 및 페인트 버킷 도구, 3D 머티어리얼 드롭 도구를 색상 채우기 도구라고 한다. 이미지에 특정한 색상이나 패턴 등을 채울 때 주로 사용한다.

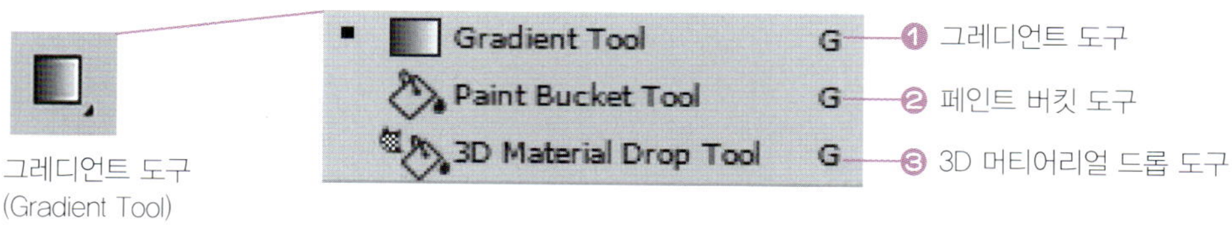

❶ 그레디언트 도구(Gradient Tool): 2가지 이상의 색상이 혼합되어진 그레디언트 색상을 이미지에 채울 때 사용

❷ 페인트 버킷 도구(Paint Bucket Tool): 컬러 피커의 전경색을 이미지에 채울 때 사용

❸ 3D 머티어리얼 드롭 도구(3D Material Drop Tool): 3D 오브젝트의 재질에 색상을 변경할 때 사용

15.2 그레디언트 도구(Gradient Tool) G

그레디언트 도구는 2가지 이상의 색상이 혼합되어진 그레디언트 색상을 이미지에 채울 수 있으며, 풍부한 색감을 표현하거나 그림자 등의 작업을 할 때 유용하게 사용된다.

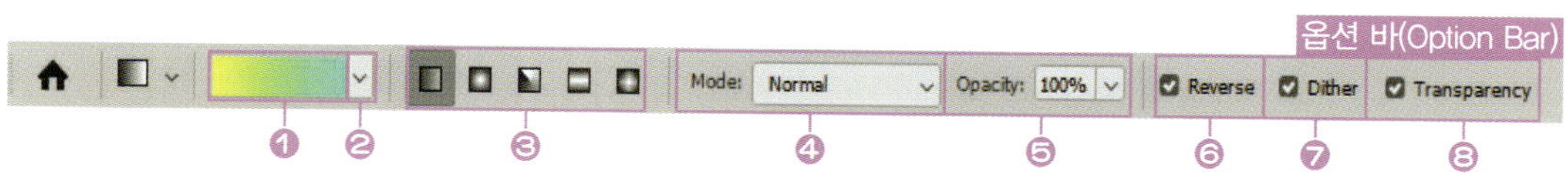

❶ Click to edit the gradient: 그레디언트의 색상 및 단계를 조절할 수 있는 그레디언트 대화 상자를 실행

❷ Click to open Gradient picker: 그레디언트 대화 상자에 저장된 그레디언트 Presets를 간편하게 보여주는 기능

❸ 그레디언트 종류: 선형(Linear), 원형(Radial), 앵글(Angle), 리플렉트(Reflected), 다이아몬드(Diamond) 중 그레디언트 모양을 선택

❹ Mode: 그레디언트 색상과 이미지 색의 블렌딩 모드를 설정

❺ Opacity: 그레디언트 투명도를 조절해 주는 기능

❻ Reverse: 그레디언트의 색상을 반전시켜 주는 기능

❼ Dither: 그레디언트의 색상 단계를 부드럽게 표현

❽ Transparency: 그레디언트의 투명도를 조절

▲ 원본 이미지

▲ 그레디언트를 적용할 부분만 선택하여 드래그

▲ 그레디언트 도구를 선택 후 ❶번 방향으로 드래그 한 모습

▲ 그레디언트 도구를 선택 후 ❷번 방향으로 드래그 한 모습

그레디언트(Gradient) 대화 상자 활용하기

그레디언트 도구의 옵션 바에서 [Click to edit the gradient] 메뉴를 클릭하면 그레디언트 대화 상자가 표시된다.

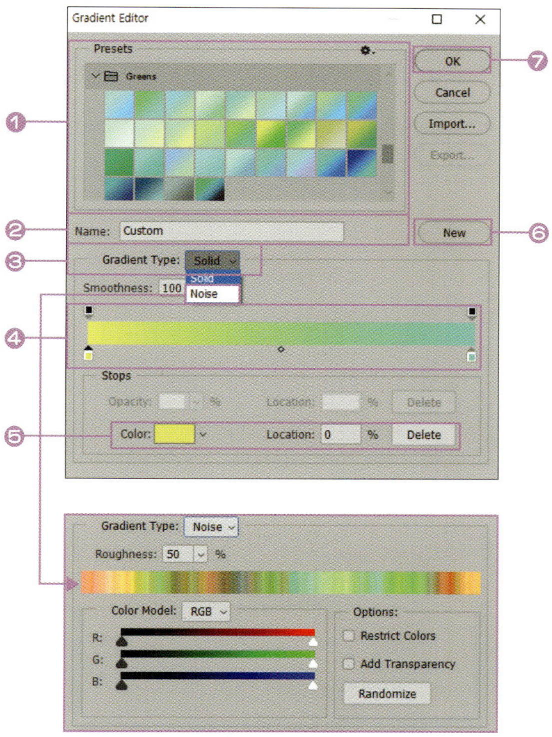

▲ Gradient Type을 Noise로 설정

❶ Presets: 다양한 그레디언트 샘플을 팔레트 형식으로 미리 보여주는 메뉴

❷ Name: 선택한 그레디언트의 이름을 설정할 수 있는 메뉴

❸ Gradient Type: 보통 타입의 Solid와 다양한 색상을 설정할 수 있는 Noise 중에서 그레디언트 형태를 지정할 수 있는 메뉴

❹ Gradient Bar: 그레디언트를 이루는 색상과 범위가 적용된 단추들이 표시되며, 이를 수정할 수 있는 메뉴

❺ Color: 그레디언트 바에 표시된 단추를 눌러서 컬러와 범위(Location)를 설정할 수 있는 메뉴

❻ New: 그레디언트 바를 통해 설정된 새로운 그레디언트를 프리셋 메뉴에 새로 등록할 수 있는 메뉴

❼ OK: 이 단추를 클릭하면 설정된 그레디언트를 적용시켜 주는 메뉴

▲ 그레디언트를 적용할 부분만 선택하여 드래그

▲ Noise 타입의 그레디언트를 적용한 이미지

그레디언트(Gradient)의 종류

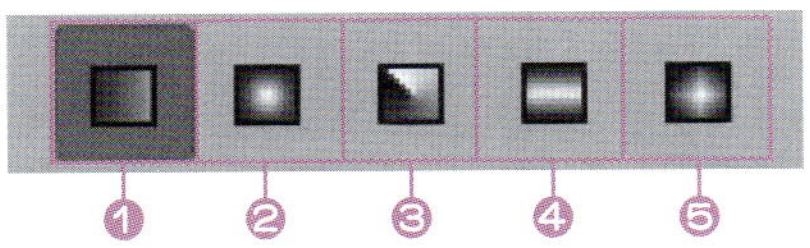

❶ Linear Gradient

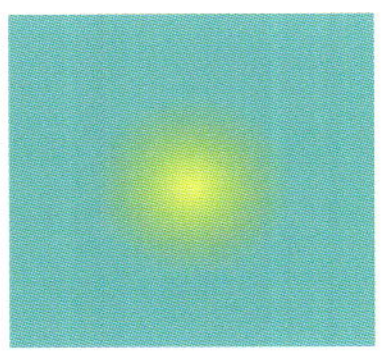

❷ Radial Gradien

❸ Angle Gradient

❹ Reflected Gradient

❺ Diamond Gradient

예제 1 그레디언트 도구(Gradient Tool)로 비눗방울 이미지 만들기

그레디언트 도구를 활용해서 원본의 이미지에 입체적인 구를 삽입하여 이미지 완성

Step 1 새 창을 열고 영역 선택

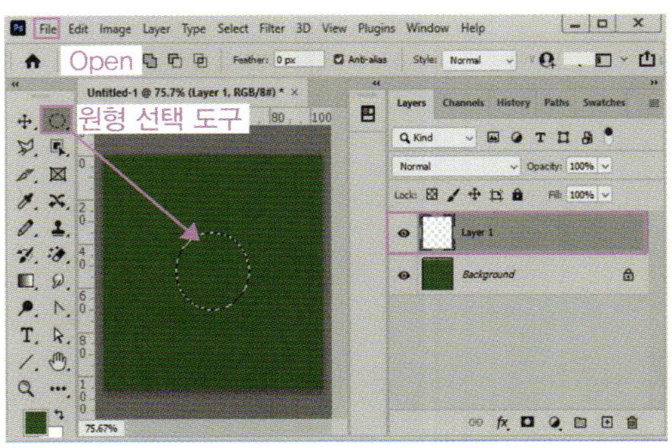

새 창을 열고 바탕색을 짙은 색으로 설정한다. 새 레이어를 만들고 원형 선택 도구로 비눗방울을 그린다.

Step 2 그레디언트 도구 대화 상자 실행

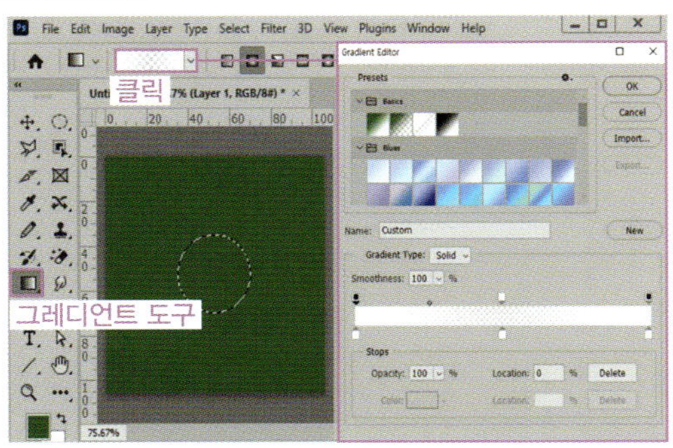

도구 상자에서 그레디언트 도구를 클릭한 후 상단의 옵션에서 Click to edit the gradient를 클릭하여 그레디언트 대화 상자를 실행한다.

Step 3 비눗방울 그레디언트 색상 만들기

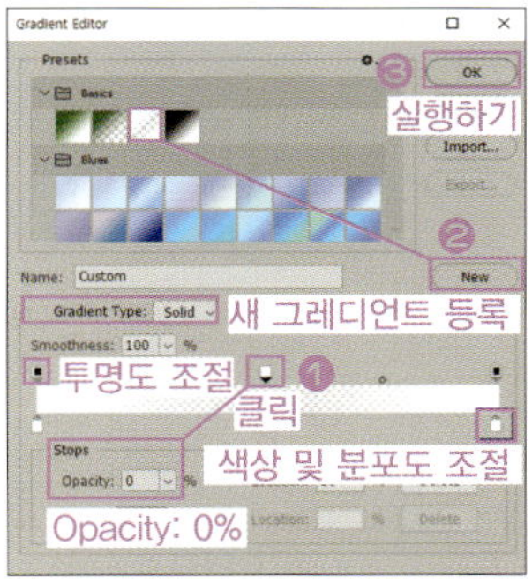

비눗방울 느낌이 날 수 있도록 그레디언트 대화 상자에서 색상 조절을 하여 그레디언트를 만들고, Presets 메뉴에 저장 후 실행(OK)한다.

Gradient Type: Solid

❶ 흰색, 투명, 흰색의 3단계 색상 단추 만들기
- 투명 단계의 색상은 그레디언트 바 위쪽 단추를 클릭하고, Stop 메뉴에 투명도(Opacity) 설정 값을 0%로 설정하면 투명해진다.

❷ New 버튼을 클릭하고 프리셋 메뉴에 새 그레디언트로 등록하기

❸ OK 버튼 클릭하여 실행하기

Step 4 비눗방울에 그레디언트 색상 채우기

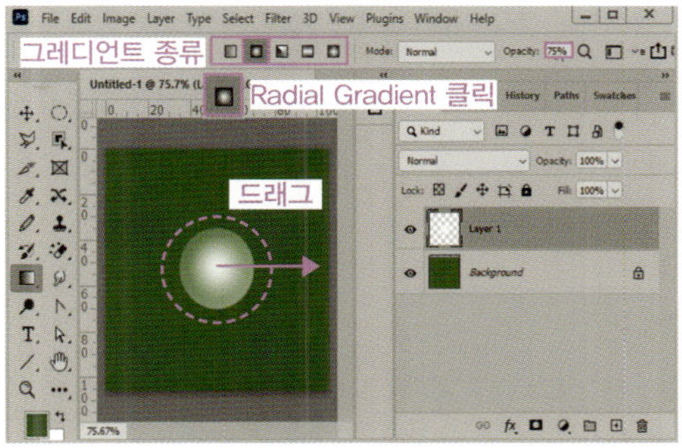

그레디언트 색상을 비눗방울 내부에 채우기 위해, 그레디언트 종류 중에서 원형 그레디언트(Radial Gradient)를 선택한 후 위의 이미지와 같이 드래그하여 색상을 채운다.

Step 5 비눗방울 이미지 확장

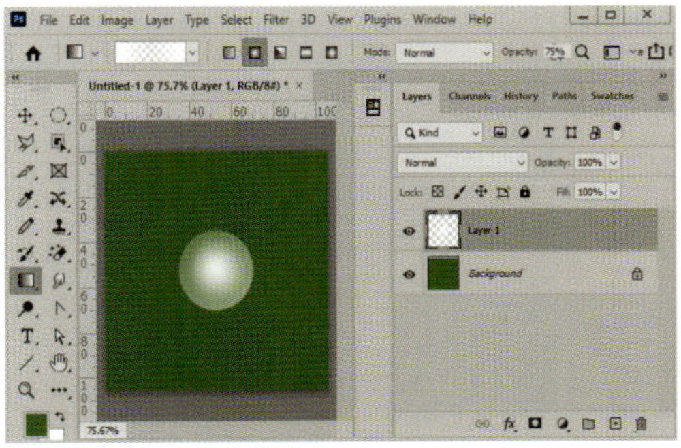

그레디언트 도구를 이용하여 비눗방울 이미지가 완성되었으며, 같은 방법으로 여러 개의 비눗방울을 만들어서 완성한다.

Step 6 비눗방울 이미지 완성

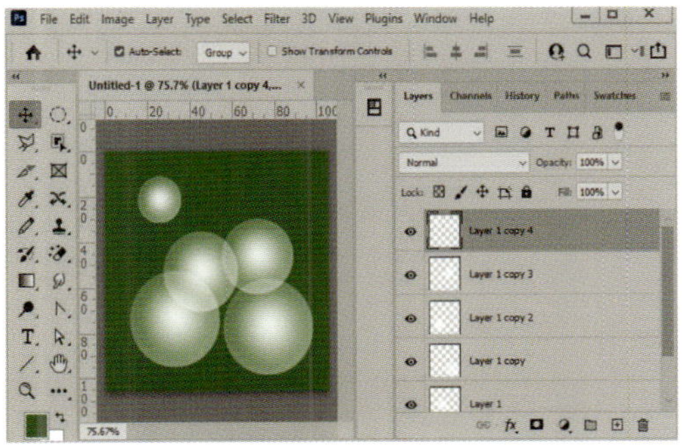

15.3 페인트 버킷 도구(Paint Bucket Tool)

G

페인트 버킷 도구는 이미지에서 같은 색상의 범위를 인식하여 그 영역에 색상이나 패턴을 한 번에 채울 수 있는 도구이다. 색상으로 채울 때에는 컬러 피커의 전경색을 기준으로 색상이 칠해지며, 패턴으로 채울 때는 옵션 바에서 설정할 수 있다.

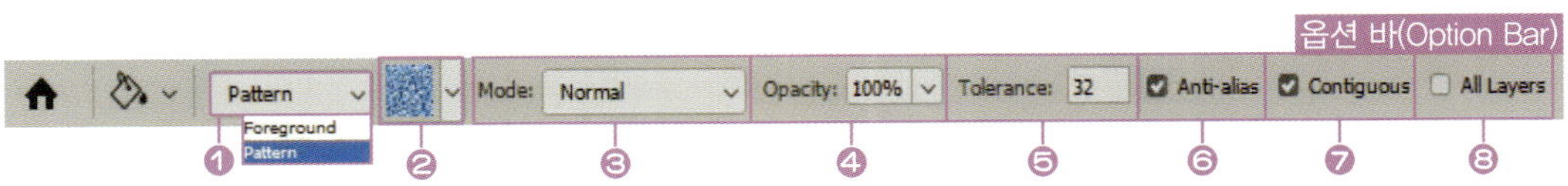

❶ Set source for fill area: 전경색(Foreground)과 패턴(Pattern) 중에서 선택

❷ Click to open Pattern picker: 패턴 모양을 미리 보여주며, 패턴 선택 옵션 창을 열어주는 기능

❸ Mode: 채우기를 표현하는 방법을 선택

❹ Opacity: 채우기의 투명도를 조절하는 기능

❺ Tolerance: 채우기의 범위를 지정하는 옵션으로 수치가 높을수록 채우는 영역이 넓어짐

❻ Anti-alias: 채우는 영역 가장자리 표면의 계단 현상을 완화시켜 주는 기능

❼ Contiguous: 클릭한 지점에 해당되는 이미지만 동일 색상 및 패턴을 채워주는 기능

❽ All Layer: 레이어 구분과 관계없이 클릭한 지점과 동일한 색상 및 패턴으로 채워주는 기능

TIP

포토샵에서 다양한 색상 및 패턴 채우는 방법

① Fill 대화 상자를 이용한 선택 영역 색상 및 패턴으로 채우기: [Shift]+F5

② 전경색(Foreground Color)으로 선택 영역 채우기: [Alt]+[Del]

③ 배경색(Background Color)으로 선택 영역 채우기: [Ctrl]+[Del]

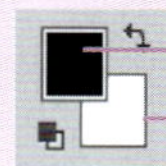

페인트 버킷 도구(Paint Bucket Tool) 활용하기

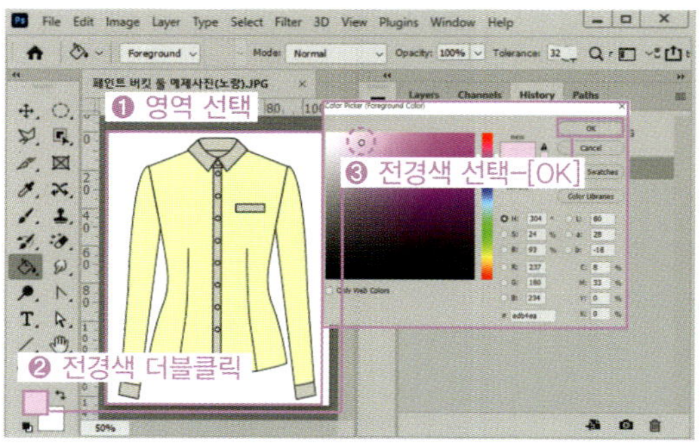

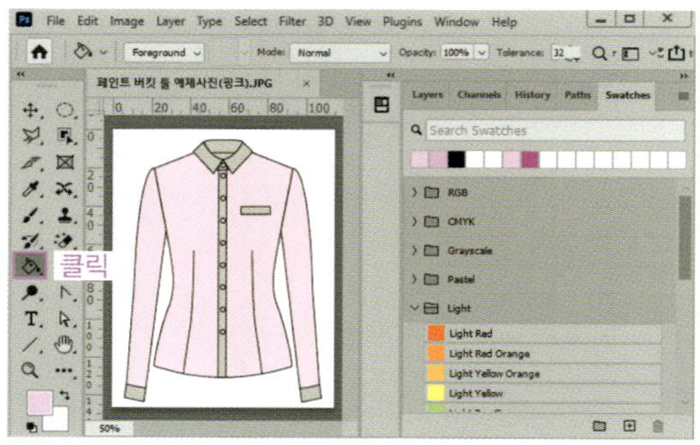

▲ 원본 이미지

▲ 페인트 버킷 도구를 이용하여 색상과 패턴이 적용된 이미지

Chapter 17

닷지 도구 (Dodge Tool)

닷지 도구(Dodge Tool)

Chapter 17

17.1 닷지 도구(Dodge Tool)

닷지 도구 및 번 도구, 스펀지 도구는 이미지의 밝기를 조절하거나 채도를 조절할 때 사용한다. 사진 이미지를 수정하는 가장 기본적인 도구들이며, 닷지 도구는 이미지에서 특정 영역을 브러시로 문질러 다른 영역보다 밝게 하는 도구이다.

❶ 닷지 도구(Dodge Tool): 마우스를 드래그하여 이미지를 밝게 할 때 사용

❷ 번 도구(Burn Tool): 마우스를 드래그하여 이미지를 어둡게 할 때 사용

❸ 스펀지 도구(Sponge Tool): 마우스를 드래그하여 이미지의 채도를 조절할 때 사용

닷지 도구(Dodge Tool) 활용하기

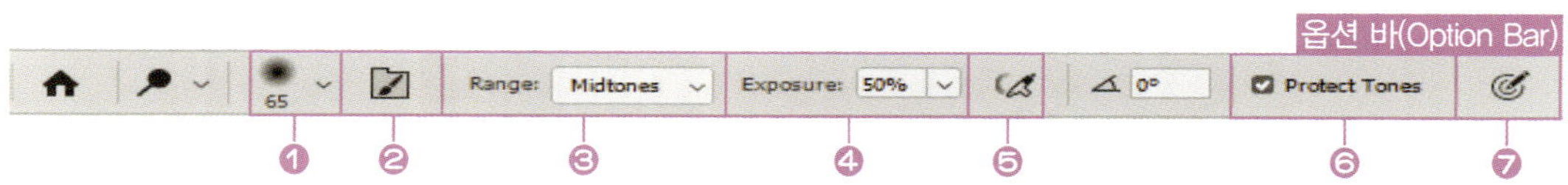

❶ Click to open the Brush Preset picker: 닷지 도구에 적용할 브러시의 크기 및 종류를 설정

❷ Toggle the Brush Settings panel: 닷지 도구에 적용할 브러시 패널이 나타나며 세부 조정이 가능

❸ Range: 이미지의 명암에 따라 닷지 도구가 적용되는 영역을 지정하는 기능

❹ Exposure: 닷지 도구가 적용되는 비율을 설정하며 수치가 높을수록 효과가 강하게 나타남

❺ Enable airbrush-style build-up effects: 에어브러시 기능으로 적용됨

❻ Protect Tones: 이 옵션을 선택하면 이미지의 밝기만 조절됨

❼ Always use Pressure for Size, When off, Brush Preset controls pressure: 압력에 따라 브러시 사이즈를 조절

예제 1 닷지 도구를 이용하여 조각상의 명암 조절하기

▲ 원본 이미지

▲ 닷지 도구(Dodge Tool)르 밝기를 조절한 이미지

예제 2 닷지 도구를 이용하여 배경의 명암 조절하기

▲ 원본 이미지

▲ 닷지 도구(Dodge Tool)로 배경을 어둡게 조절한 이미지

17.2 번 도구(Burn Tool)

번 도구는 닷지 도구와는 반대로 특정 영역을 어둡게 해주는 도구이다. 문지르면 문지를수록 특정 영역이 어두워진다. 번 도구의 옵션 바는 닷지 도구와 같다.

예제 3 번 도구를 이용하여 배경의 명암 조절하기

▲ 원본 이미지

▲ 번 도구(Burn Tool)로 밝기를 어둡게 조절한 이미지

17.3 스펀지 도구(Sponge Tool) O

스펀지 도구는 특정 영역 색상의 채도를 조절하여 주는 도구이다. 예를 들어, 파란색의 채도를 높여 이미지에 문지르면 선명한 파란색이 되고, 채도를 최대한 낮춰서 문지르면 흑백이 된다.

스펀지 도구(Sponge Tool) 활용하기

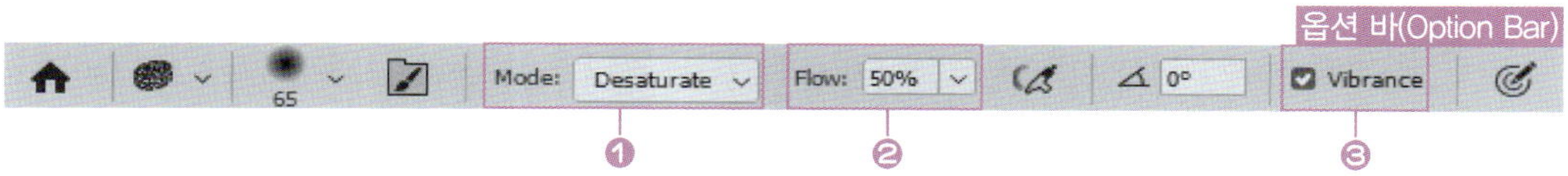

❶ Mode: 스펀지 도구로 적용할 채도를 조절하는 기능

- Saturate: 이미지가 가지고 있는 색의 채도를 높일 때 사용하는 모드
- Desaturate: 이미지가 가지고 있는 색의 채도를 낮추어 흑백 이미지로 변경할 때 사용하는 모드

❷ Flow: 스펀지 도구의 강약을 조절하는 기능이며, 수치가 높을수록 강하게 적용됨

❸ Vibrance: 세밀한 명암 톤을 유지하며 채도를 조절하는 기능

예제 4 스펀지 도구를 이용하여 신발의 채도 조절하기

▲ 원본 이미지

▲ Saturate Mode의 스펀지 도구로 작업한 이미지

▲ Desaturate Mode의 스펀지 도구로 작업한 이미지

예제 5 스펀지 도구를 이용하여 넥타이의 채도 조절하기

▲ 원본 이미지

▲ Saturate Mode의 스펀지 도구로 작업한 이미지

▲ Desaturate Mode의 스펀지 도구로 작업한 이미지

Chapter **18**

펜 도구
(Pen Tool)

펜 도구(Pen Tool)

Chapter 18

18.1 펜 도구(Pen Tool) p

펜 도구는 복잡하고 불규칙한 직선이나 곡선을 그리는 도구로써, 시작점과 다음점을 클릭하는 방법으로 패스(Path)에 포함되어 있는 방향선과 방향점을 조정하여 원하는 형태로 만들 수 있다. 또한 펜 도구를 이용하면 비트맵 이미지 기반의 프로그램인 포토샵에서 벡터 이미지 기반의 드로잉을 할 수 있다.

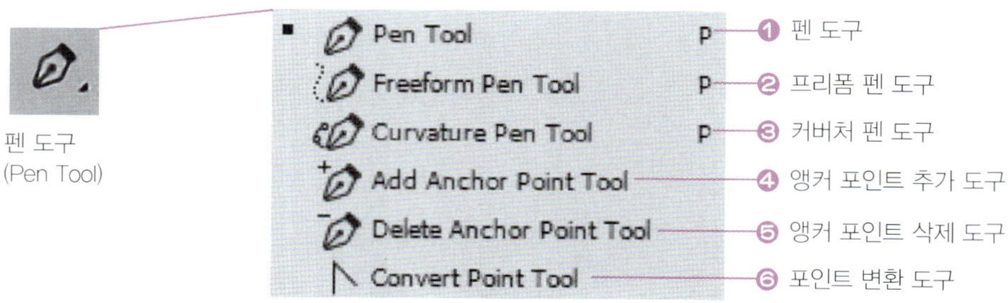

❶ 펜 도구(Pen Tool): 마우스를 클릭하여 앵커 포인트와 패스를 만들고 원하는 모양으로 드로잉할 수 있음

❷ 프리폼 펜 도구(Freeform Pen Tool): 연필로 그림을 그리듯 자유로운 패스를 그릴 수 있음

❸ 커버처 펜 도구(Curvature Pen Tool): 곡률 펜으로 곡선 패스를 생성

❹ 앵커 포인트 추가 도구(Add Anchor Point Tool): 만들어진 패스에 앵커 포인트를 추가할 때 사용

❺ 앵커 포인트 삭제 도구(Delete Anchor Point Tool): 만들어진 패스에 앵커 포인트를 삭제할 때 사용

❻ 포인트 변환 도구(Convert Point Tool): 앵커 포인트에서 직선 또는 곡선으로 변형할 때 사용

펜 도구(Pen Tool) 활용하기

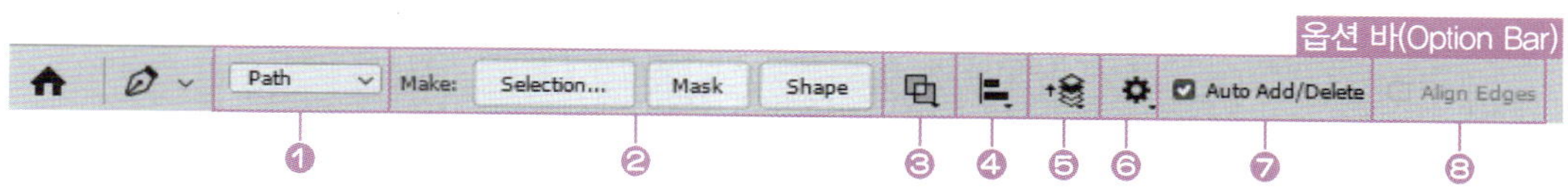

❶ Pick tool mode: 패스를 그릴 때 작업 모드를 선택하는 기능

- Shape: 도형을 셰이프 레이어로 만들 수 있는 모드
- Path: 패스로 만들어져 Path 패널에 수정하는 모드
- Pixels: 도형 도구에서만 활성화되며 레이어나 패스가 따로 생성되지 않는 모드

❷ Make: 패스를 원하는 용도로 선택해 주는 기능

- Selection: 선택한 패스를 선택 영역으로 지정
- Mask: 선택한 패스를 벡터 마스크로 지정
- Shape: 선택한 패스를 셰이프 레이어로 지정

❸ Paths Operations : 새로운 작업 패스가 기존 패스에 어떻게 적용될지 선택하는 기능

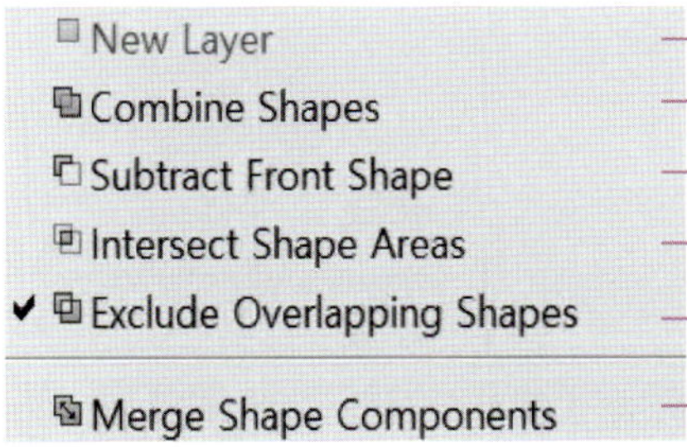

New Layer: 새 패스 레이어를 만듦. 'Shape'를 선택할 때만 나타남
Combine Shapes: 기존 패스에 새 패스를 추가
Substract Font Shape: 기존 패스에서 새 패스 영역을 삭제
Intersect Shape Areas: 기존 패스와 새 패스의 교차되는 영역만 남김
Exclude Overlapping Shapes: 교차되는 영역 외의 나머지 영역만 남김
Merge Shape Components: 기존 패스와 새 패스를 병합

❹ Path alignment : 패스의 위치나 간격을 정렬해 주는 기능

❺ Path arrangement : 패스의 상하 순서를 바꿀 수 있는 기능

❻ Set additional pen and path options : 패스 모양이 고무줄처럼 늘어나면서 그려지는 기능

❼ Auto Add/Delete: 이 항목을 체크하고 그려진 패스의 앵커 포인트 위로 마우스를 이동하면 자동으로 마우스 커서가 포인트 삭제 도구로 변경되어 앵커 포인트를 삭제할 수 있고, 마우스를 패스 위로 이동하면 포인트 추가 도구로 변경되어 앵커 포인트를 추가할 수 있는 옵션

❽ Align Edges: 그려진 패스 선에 맞춰 픽셀이 정렬되는 기능

패스(Path)의 구성 요소

패스는 앵커 포인트를 연결하여 구성되며 최초의 시작점과 끝점 사이에 앵커 포인트의 방향선과 방향점을 이용하여 직선과 자유로운 곡선을 그리는 방식이다. 이를 베지어(Bezier) 곡선이라고도 한다.
펜 도구를 이용해 다양한 도형을 그릴 때 사용하는 Shape Mode에서의 다양한 옵션으로 원하는 도형을 쉽게 그릴 수 있다.

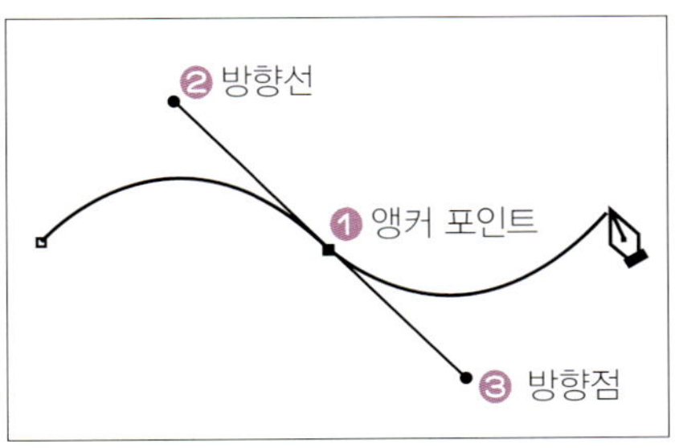

❶ 앵커 포인트: 곡선을 이루는 기준이 되는 점

❷ 방향선: 곡선의 형태를 조정할 수 있는 선

❸ 방향점: 방향선의 끝점으로, 방향선의 각도와 길이를 조절하는 점

Pick Tool Mode–Shpae 모드 활용하기

펜 도구를 이용해 다양한 도형을 그릴 때 사용하는 Shape Mode에서의 다양한 옵션으로 원하는 도형을 쉽게 그릴 수 있다.

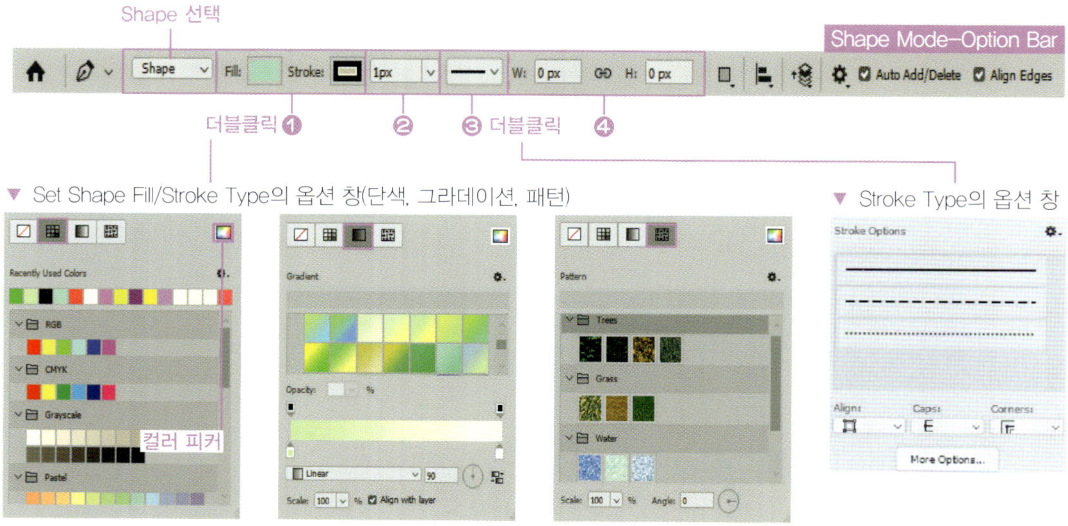

❶ Set Shape Fill/Stroke Type: 펜 도구로 그리는 도형의 면과 선을 채우는 요소를 변경할 수 있는 옵션. 채우기 없음과 단색, 그라데이션, 패턴 채우기 중 선택

❷ Stroke Width: 펜 도구로 그리는 도형의 선 굵기를 설정

❸ Stroke Type: 펜 도구로 그리는 도형의 선의 종류를 선택, 실선, 굵은 점선, 가는 점선 중 선택

❹ Width X Height: 펜 도구로 그리는 도형의 가로, 세로 크기를 표현해 주는 기능

펜 도구(Pen Tool)로 다양한 패스(Path) 그리기

예제 1 직선 그리기를 이용하여 사각형 그리기

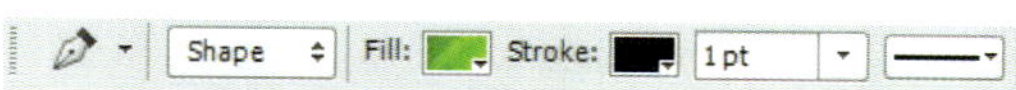

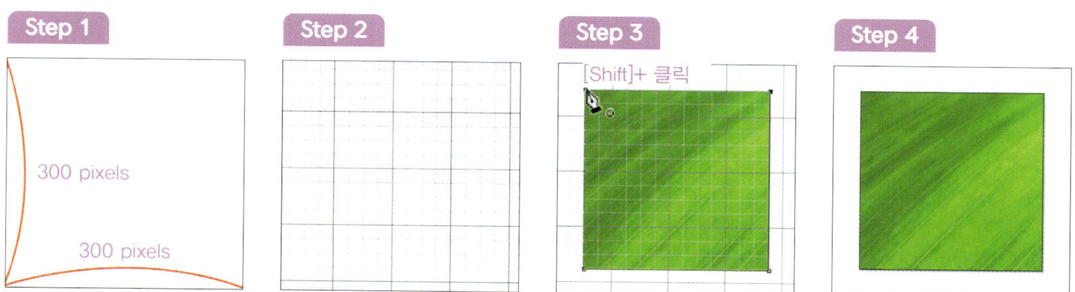

새 캔버스 불러오기: [Ctrl]+N

캔버스에 격자 넣기: [Ctrl]+["]

곧은 직선 그리기: [Shift]+클릭

캔버스에 격자 해제하기: [Ctrl]+["]

예제 2 직선 그리기를 이용하여 별 그리기

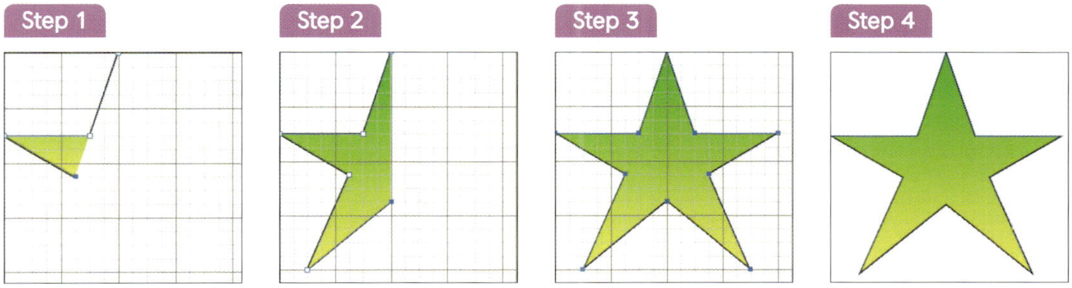

예제 3 곡선 그리기를 이용하여 병아리 그리기

곡선 그리기의 과정: 시작점과 끝점을 클릭한 다음, 끝점에서 마우스 커서를 드래그하면 방향선과 방향점이 나타나며 이를 조절하여 원하는 곡선을 만든다. 곡선을 끝낼 때에는 [Alt] 키를 누르고 끝점을 클릭하여 방향선과 방향점을 제거한다.

18.2 프리폼 펜 도구(Freeform Pen Tool)

프리폼 펜 도구는 연필로 그림을 그리듯 자유롭게 패스를 그릴 수 있는 도구지만, 정교한 작업을 하기에는 무리가 있다. 연필 도구와 비슷하지만, 앵커 포인트를 추가 또는 삭제하여 수정할 수 있다.

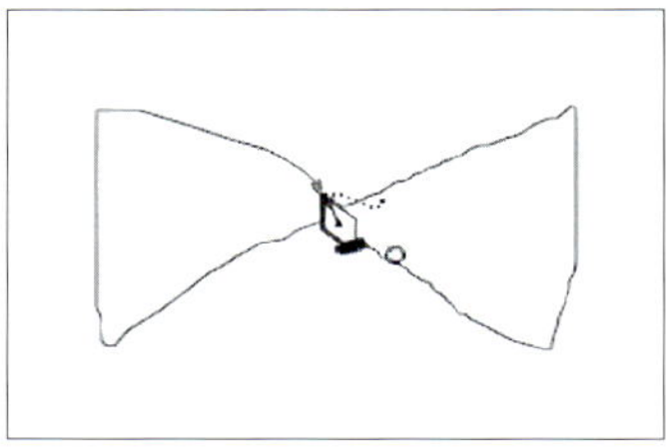
▲ 프리폼 펜 도구로 자유롭게 그린다.

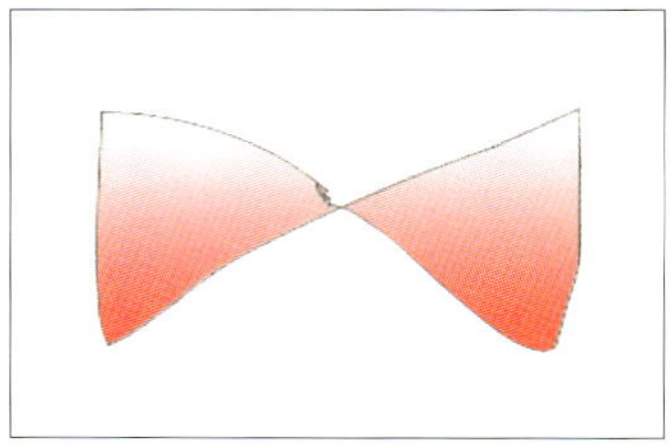
▲ 완성된 이미지

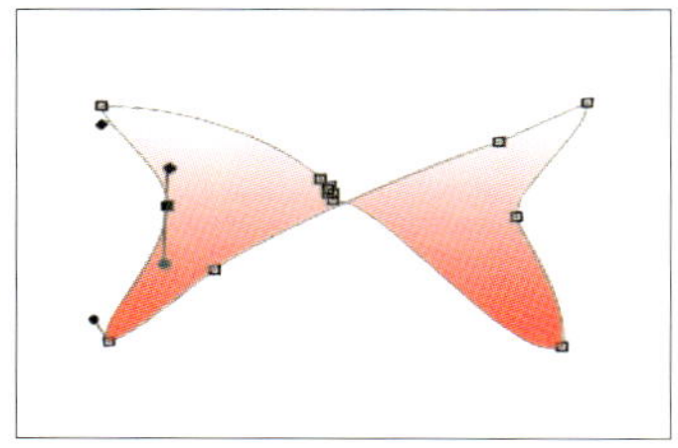
▲ 앵커 포인트 추가 도구로 수정

18.3 앵커 포인트 추가 도구, 앵커 포인트 삭제 도구

앵커 포인트 추가 도구(Add Anchor Point Tool)는 기존의 펜 도구로 그려진 패스(Path)에 새 포인트를 추가할 수 있는 도구이고, 앵커 포인트 삭제 도구(Delete Anchor Point Tool)는 기존의 앵커 포인트를 삭제할 수 있다. 기존의 곡선 앵커 포인트를 삭제하면 곡선을 직선으로 변경할 수 있다.

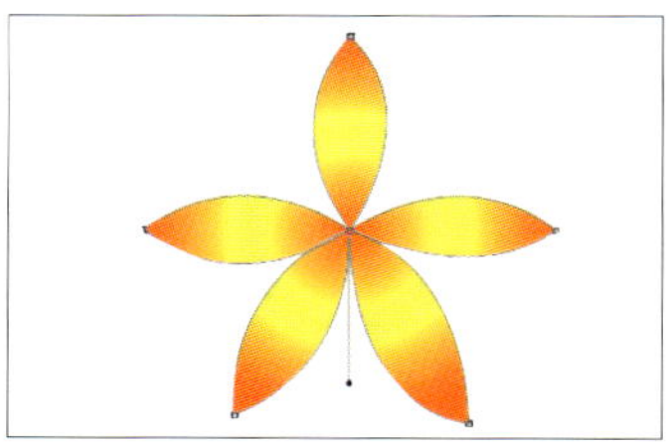
▲ 원본 패스 이미지

▲ 앵커 포인트 추가 도구로 수정된 패스

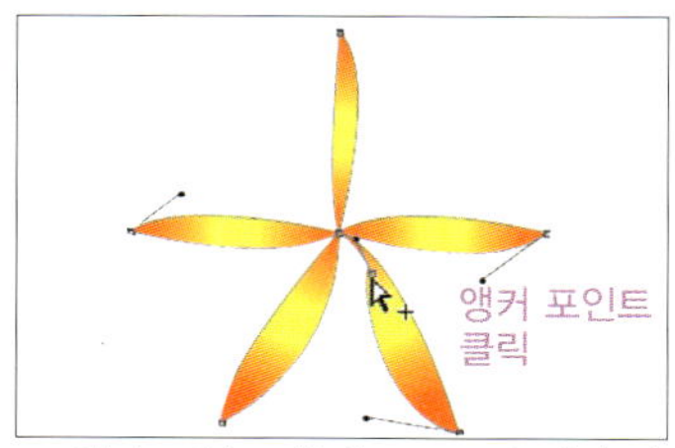

▲ 앵커 포인트 삭제 도구로 수정된 패스

18.4 포인트 속성 변환 도구(Convert Point Tool)

포인트 속성 변환 도구는 앵커 포인트의 속성을 변경하여 패스의 모양을 수정할 때 사용한다. 곡선 형태의 패스는 직선으로, 직선 형태의 패스는 곡선으로 변환할 때 유용하게 사용한다.

▲ 원본 패스 이미지

▲ 포인트 속성 변환 도구로 수정된 패스(직선→곡선)

▲ 완성된 이미지

18.5 패스 패널(Path Panel)

패스 패널은 선택 영역을 패스로 만들거나 패스를 선택 영역으로 만들 때 사용하는 패널로 패스를 이용한 다양한 기능들을 적용할 수 있다. [메뉴]–[Window]–[Paths]를 클릭하면 화면에 패스 패널 창이 나타난다.

▲ 선택 도구로 패스 만들 부분을 선택한다.

▲ Path Panel에서 Make work path from selection을 클릭하면 선택 영역이 Path로 만들어진다.

패스 패널(Path Panel)

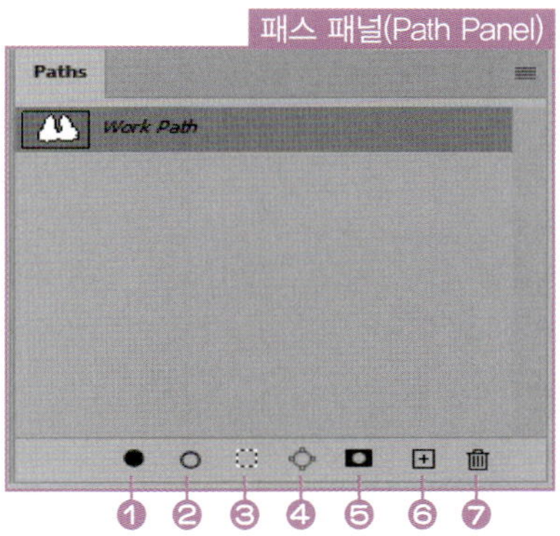

❶ Fill Path: 선택한 패스의 내부를 전경색으로 채우는 기능

❷ Stroke Path: 선택한 패스의 외곽선을 따라 전경색의 선을 만들어 주는 기능. 선의 두께는 브러시 도구의 옵션 바에서 설정한 두께가 적용

❸ Load Path: 선택한 패스를 선택 영역으로 전환하는 기능. 반복적으로 선택 영역을 사용해야 할 경우 패스로 저장해 놓고 이 기능을 이용하면 편리하게 작업이 가능

❹ Make Work Path: 현재의 선택 영역을 패스로 전환하는 기능

❺ Add a Mask: 선택한 패스 영역을 벡터(Vector) 마스크로 추가

❻ Create New Path: 작업 중인 패스 영역을 새로운 패스로 만들어 주거나 복사해 주는 기능

❼ Delete Path: 불필요한 패스를 삭제

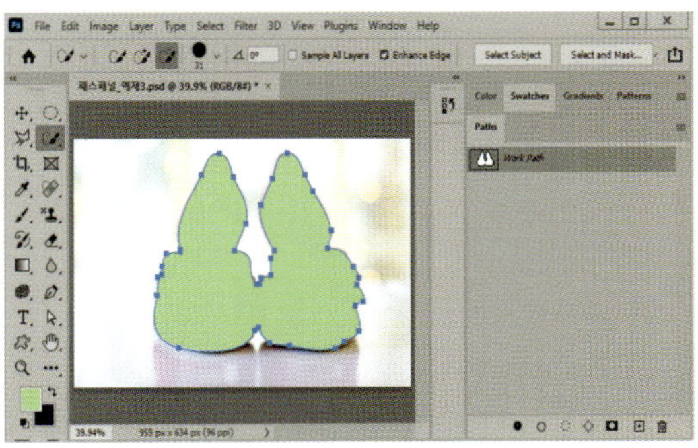

▲ Fill Path를 적용한 Path 영역

▲ Stroke Path를 적용한 Path 영역

▲ Load Path를 적용한 Path 영역을 복사해서 붙여 넣은 모습

▲ Work Path를 완성된 Path로 등록하는 모습

▲ Path를 복사하는 모습

▲ Path가 복사 완료된 모습

Chapter 19

문자 도구 (Type Tool)

문자 도구(Type Tool)

Chapter 19

19.1 문자 도구(Type Tool) T.

T

문자 도구는 이미지나 새 파일에 문자를 입력할 수 있는 도구이다. 이미지만으로 전달하기 어려운 부분을 문자를 이용하여 표현하면 전달이 쉽기 때문에 포토샵에서 가장 많이 사용하는 도구 중 하나이다.

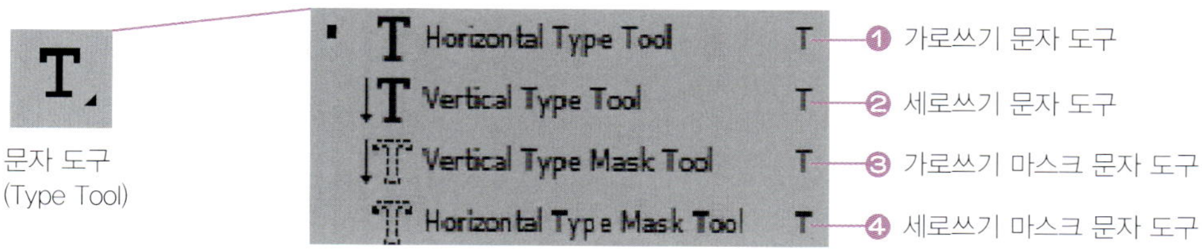

❶ 가로쓰기 문자 도구(Horizontal Type Tool): 문자를 가로 방향으로 입력할 수 있음

❷ 세로쓰기 문자 도구(Vertical Type Tool): 문자를 세로 방향으로 입력할 수 있음

❸ 가로쓰기 마스크 문자 도구(Horizontal Type Mask Tool): 가로 방향으로 입력한 문자의 외곽을 선택 영역으로 표시

❹ 세로쓰기 마스크 문자 도구(Vertical Type Mask Tool): 세로 방향으로 입력한 문자의 외곽을 선택 영역으로 표시

▲ 가로쓰기 문자 도구

▲ 세로쓰기 문자 도구

▲ 가로쓰기 마스크 문자 도구

▲ 가로쓰기 마스크 문자 도구로 선택한 문자 영역을 위로 옮긴 모습

펜 도구(Pen Tool)

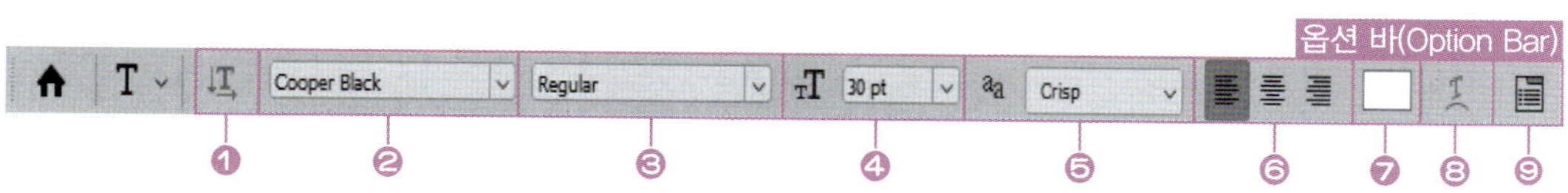

❶ Toggle text orientation: 가로로 입력한 문자는 세로로, 세로로 입력한 문자는 가로로 방향을 바꿔주는 기능

❷ Search for and select fonts: 문자 모양을 바꿔주는 글꼴을 선택

❸ Set the font style: 글꼴의 스타일을 선택. 글꼴의 종류에 따라 Narrow, Narrow Italic, Narrow Bold, Narrow Bold Italic, Regular, Italic, Bold, Bold Italic, Black 유형의 속성 중 선택할 수 있음

❹ Set the font size: 문자의 크기를 지정. 0.01~1296 픽셀 범위까지 설정이 가능

❺ Anti-aliasing: 문자의 외곽선에 안티 알리아스(Anti-alias)를 적용하는 방법을 선택

- None: 문자의 외곽선이 번짐 없이 뚜렷함
- Shape: 문자의 외곽선이 부드럽고 선명함
- Crisp: 문자의 외곽선이 안쪽으로 부드러워짐
- Strong: 문자의 외곽선이 바깥쪽으로 부드러워짐
- Smooth: 문자의 외곽선이 매우 부드러워짐

❻ Algin text: 해당 아이콘을 누르면 문자를 왼쪽, 가운데, 오른쪽으로 정렬해 주는 기능

❼ Set the text color: 전경색이 기본 문자 색상이며 더블클릭 시 나타난 컬러 피커에서 색상을 선택해서 문자의 색상을 바꿀 수 있는 기능

❽ Create Warped text: 문자를 다양하게 변형, 왜곡시킬 수 있는 기능

❾ Togle the Character and Paragraph panels: Character 패널과 Paragraph 패널을 동시에 불러오는 간편한 기능

문자 방향 바꾸기

(Font: Arial Black)

▲ 가로쓰기 문자 틀로 작성한 문자

▲ 문자를 선택한 후, 옵션 바의 문자 방향 바꾸기 아이콘 클릭

▲ 가로에서 세로로 방향이 바뀐 문자

글꼴 유형(Font Style)

(Font: Arial)

▲ Regular

▲ Bold

▲ Italic

▲ Bold Italic

문자 정렬(Text Align)

(Font: Arial Bold Italic)

▲ Left align text

▲ Center text

▲ Right align text

19.2 캐릭터 패널(Character Panel)

캐릭터 패널은 문자와 관련된 추가 기능들이 모여 있는 패널로 문자를 편리하게 수정할 수 있는 패널이다. [메뉴]-[Window]-[Character]를 선택하거나, 문자 도구의 옵션 바에서 Toggle the Character and Paragraph Panels 아이콘을 클릭하면 나타난다.

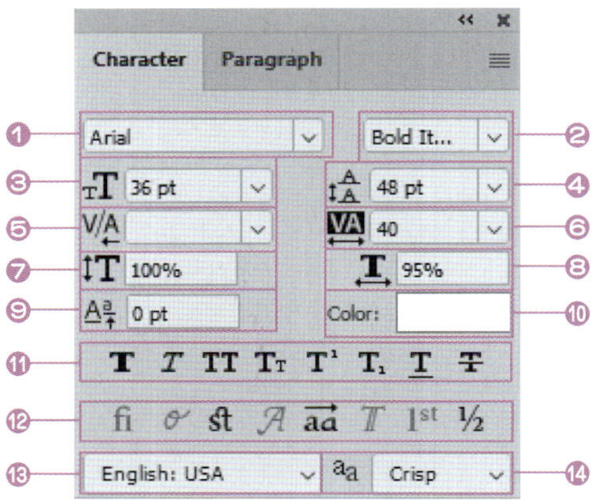

❶ Search for and select fonts: 문자 모양(Font)을 지정

❷ Set the font style: 글꼴의 스타일을 선택

❸ Set the font size: 문자 크기를 선택

❹ Set the leading: 문자의 줄 간격을 조정

❺ Set the kerning between two characters: 두 문자 사이의 간격을 조절. 두 문자 사이에 커서를 두고 조절

- Metrics: 글자 간격을 최적화한 자동 맞춤

❻ Set the tracking for the selected characters: 선택한 여러 문자 사이의 간격을 조절

❼ Vertically scale: 문자의 세로 길이를 확대 및 축소

❽ Horizontally scale: 문자의 가로 길이를 확대 및 축소

❾ Set the baseline shift: 선택한 문자의 세로 위치를 설정하여 크기가 다른 문자의 정렬에 사용

❿ Set the text color: 문자의 색상을 설정

⓫ Text style: 선택한 문자의 굵기, 기울임과 같은 다양한 스타일을 예시와 같이 적용

⓬ Open type text: 선택한 문자의 글꼴에 따라 문자에 장식적인 모양을 적용

⓭ Set the language on selected characters for hyphenation and spelling: 입력된 문자의 기준이 되는 언어

⓮ Set the anti-aliasing method: 문자의 외곽선의 부드러움을 조절

19.3 패러그래프 패널(Paragraph Panel)

패러그래프 패널은 문자 도구로 입력된 문장의 단락을 정렬, 수정하는 패널이다.
[메뉴]-[Window]-[Paragraph]를 선택하거나, 문자 도구의 옵션 바에서 Toggle the Character and Paragraph Panels 아이콘 을 클릭하면 나타난다.

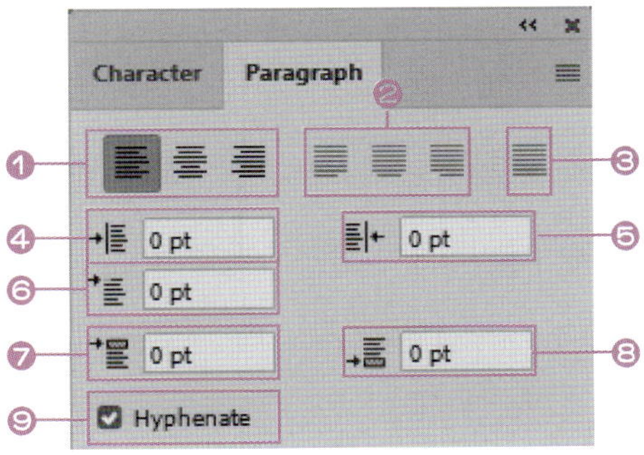

❶ Algin text: 차례대로 문장을 왼쪽, 가운데, 오른쪽으로 정렬

※ 문장이 세로일 경우에는 차례대로 위쪽, 가운데, 아래쪽 맞춤으로 바뀜 

❷ Algin text both sides: 단락 끝부분의 여백을 왼쪽, 가운데, 오른쪽으로 정렬

❸ Justify all: 단락 끝부분의 여백을 양쪽으로 혼합 정렬

❹ Indent left margin: 문장의 왼쪽 여백을 조정

❺ Indent right margin: 문장의 오른쪽 여백을 조정

❻ Indent first line: 문장의 첫 줄 들여쓰기를 조정

❼ Add space before paragraph: 문단의 위쪽 여백을 조정

❽ Add space after paragraph: 문단의 아래쪽 여백을 조정

❾ Hyphenate: 단어가 길어서 아래 행으로 넘어갈 경우 자동으로 하이픈 표시를 해줌

19.4 워프 텍스트(Warp Text)

문자에 변형이나 왜곡 등 다양한 효과를 주는 기능이다. 문자 도구를 사용하여 문자를 입력한 후, 전체를 선택하여 문자 도구의 옵션 바에서 Create warped text 아이콘을 누르거나 메뉴에서 [Type]-[Warp Text]를 클릭하면 Warp Text 대화 상자가 나타나고 Style에서 알맞은 Warp 모양을 선택하면 된다.

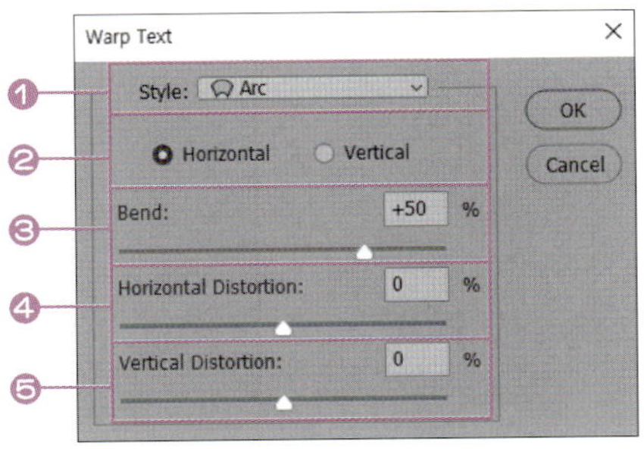

❶ Style: 원하는 Warp 스타일을 선택

❷ Horizontal/Vertical: 적용되는 방향을 선택

❸ Bend: 휘어지는 강도를 조절

❹ Horizontal Distortion: 좌우로 굴절되는 강도를 조절

❺ Vertical Distortion: 상하로 굴절되는 강도를 조절

Warp Style 미리 보기

Arc
Arc Lower
Arc Upper

Arch
Bulge
Shell Lower
Shell Upper

Flag
Wave
Fish
Rise

Fisheye
Inflate
Squeeze
Twist

(Font: Arial Bold)

▲ 원본 문자 이미지

▲ Arc

▲ Arc Lower

▲ Arc Upper

▲ Arch

▲ Bulge

▲ Shell Lower

▲ Shell Upper

▲ Flag

▲ Wave

▲ Fish

▲ Rise

▲ Fisheye

▲ Inflate

▲ Squeeze

▲ Twist

Warp Text를 활용해서 이미지에 문자 입력하기

▲ 원본 이미지

▲ 문자 입력하기(Font: Arial Black)

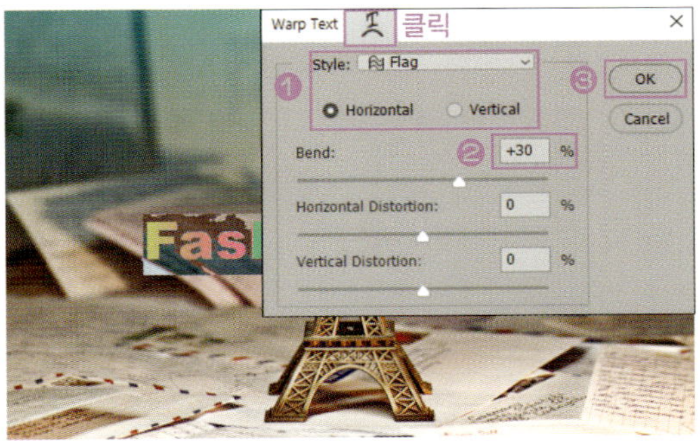

▲ 문자를 드래그하여 선택하고, Warp Text 대화 창을 열어 위와 같이 입력한 다음 OK 버튼을 클릭한다.

▲ 문자에 Warp(Flag) 효과를 더해서 완성한 이미지

예제 1 패스(Path)를 이용하여 이미지에 문자 입력하기

펜 도구(Pen Tool)를 이용해서 이미지 위에 Path를 그리고 문자를 입력하여 케이크를 완성한다.

Step 1 이미지 불러오기

메뉴에서 [File]-[Open]을 클릭하여 문자가 삽입될 이미지를 불러온다.

Step 2 펜 도구로 퍼스 그리기

도구 상자에서 펜 도구를 클릭한 후 이미지에 문자를 삽입할 곳에 패스(Path)를 그려 넣는다.

Step 3 패스 위에 문자 입력하기

패스(Path)가 그려진 다음, 문자 도구를 클릭하고 마우스 커서를 패스 위로 이동시키면 모양으로 마우스 커서가 변하는데 이때 클릭한다.

왼쪽 그림과 같이 패스 위를 클릭하고 문자를 입력한다. (Font: Snap ITC)

Step 4 문자 색상 변경하기

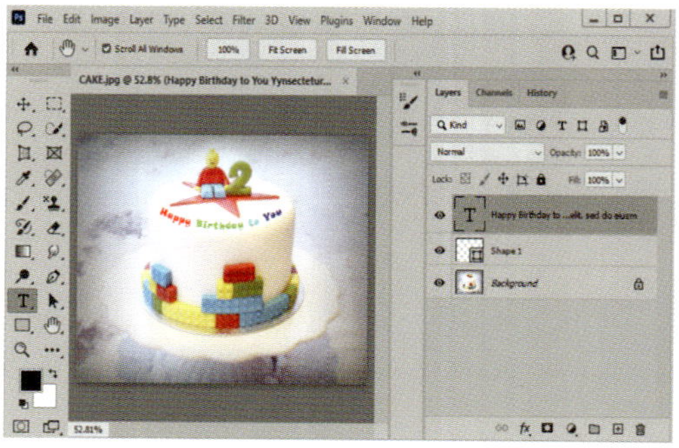

입력된 문자를 이미지와 어울리는 색상으로 변경하기 위해 변경시킬 문자를 드래그하고 마우스를 스와치 패널로 이동해서 해당 색상을 클릭하면서 색상을 바꾼다.

Step 5 이미지 완성하기

문자색을 바꾼 후 레이어 크기 변형 도구([Ctrl]+T)를 사용하여 문자의 크기를 조절하고 케이크를 완성한다.

예제 2 문자에 그레디언트 색상 입히기

Step 1 이미지 불러오고 문자 입력하기

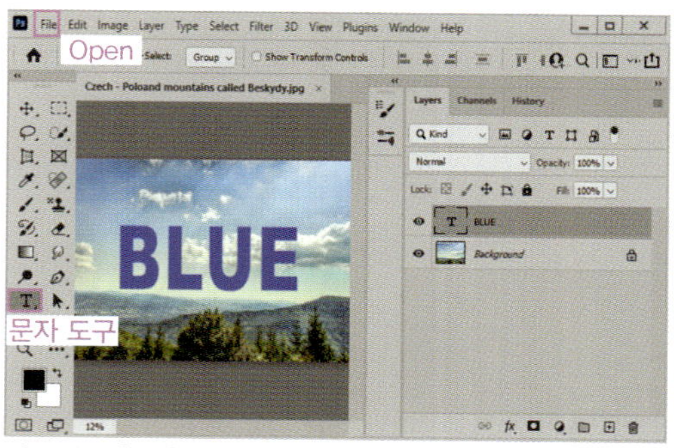

메뉴에서 [File]-[Open]을 클릭하여 원하는 이미지를 불러온 후, 문자 도구를 이용하여 문자를 입력한다.

Step 2 문자를 선택 영역으로 만들기

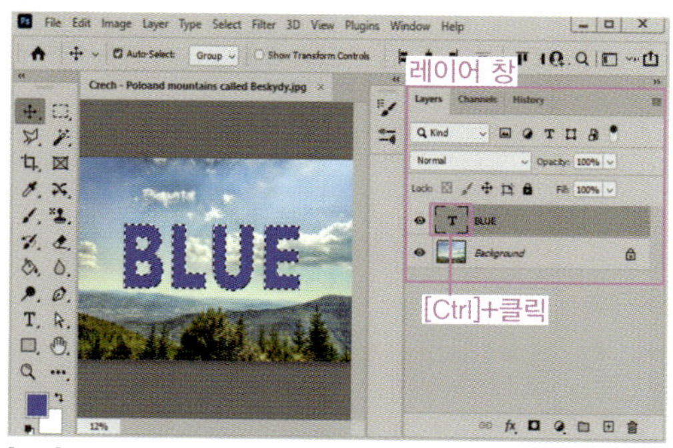

[Ctrl] 키를 누르면서 레이어 창의 T 아이콘을 클릭하면 문자가 선택 영역으로 표시된다.

Step 3 레이어 스타일에 그레디언트 적용하기(Gradient Overlay)

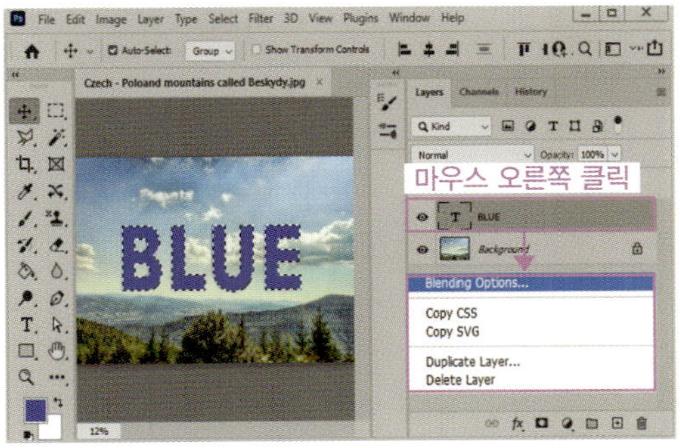

레이어 창에서 문자 레이어를 선택 후 마우스 오른쪽 버튼을 클릭하면 옵션 창이 나타나고 Blending Options을 클릭하면 Layer Style 대화 상자가 나타난다.

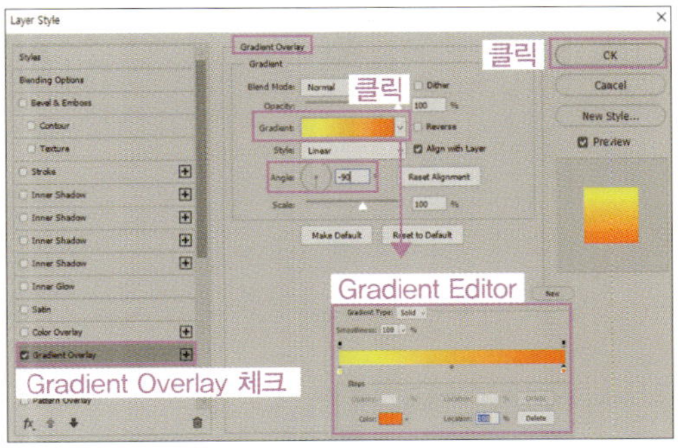

Layer Style 대화 상자에서 Gradient Overlay를 체크하고, Gradient 색상을 클릭하면 나타나는 Gradient Editor에서 원하는 그레디언트 색상을 정하고 OK 버튼을 클릭한다.

Step 4 선택 영역 해제하기([Ctrl]+D)

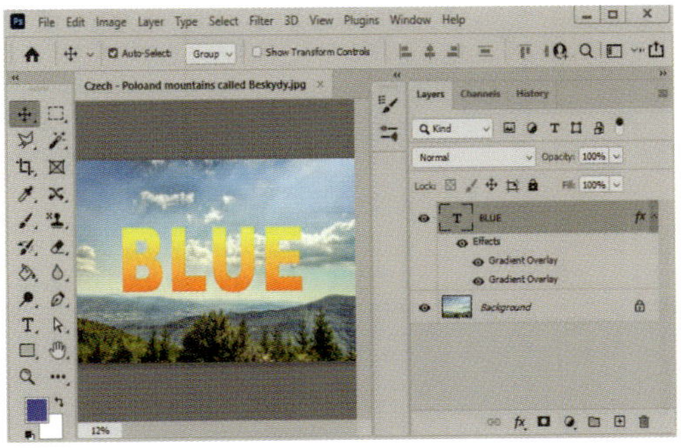

문자 영역에 그레디언트가 잘 적용되었는지 확인한 다음 [Ctrl]+D를 클릭하여 선택 영역을 해제한다.

Step 5 이미지 완성하기

19.5 마스크 문자 도구(Mask Type Tool)

가로쓰기 마스크 문자 도구(Horizontal Type Mask Tool)와 세로쓰기 마스크 문자 도구(Vertical Type Mask Tool)는 쓰여진 문자가 선택 영역으로 지정되는 도구이다. 문자 도구와 입력 방식은 동일하나 실제 문자가 입력되지 않아 레이어가 생성되지 않으며, 문자 형태만 마스크로 남겨지는 도구이다. 이 선택 영역을 활용하여 다양한 문자 디자인이 가능하다.

예제 3 가로쓰기 마스크 문자 도구로 입체 문자 만들기

▲ 원본 이미지

▲ 가로쓰기 마스크 문자 도구로 문자를 작성한 이미지

▲ 작성된 문자가 선택 영역으로 선택된 모습

▲ 선택 영역이 된 문자를 복사한 후 붙여 넣은 모습

▲ 복사한 문자에 Layer Style을 적용하여 입체적으로 만든 문자(Bevel & Emboss, Drop Shadow)

▲ 원본 이미지에 문자를 합성한 이미지

예제 4 세로쓰기 마스크 문자 도구로 입체 문자 만들기

▲ 원본 이미지

▲ 세로쓰기 마스크 문자 도구로 문자를 작성한 이미지

▲ 작성된 문자가 선택 영역으로 선택된 모습

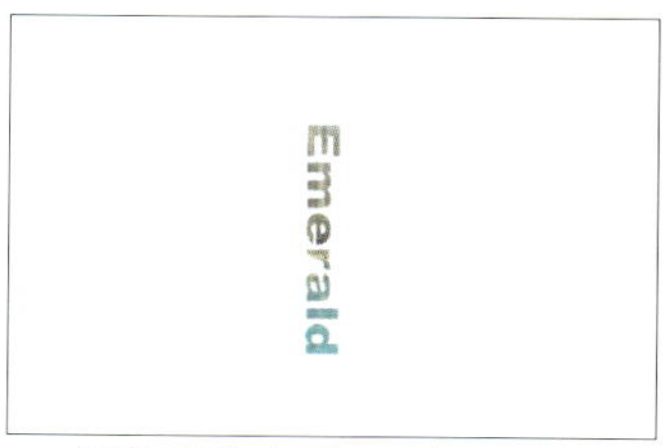

▲ 선택 영역이 된 문자를 복사해서 새 레이어에 붙여 넣은 모습

▲ 다른 이미지에 복사한 문자에 문자를 복사한 이미지

▲ Layer Style을 적용해서 입체적으로 만든 문자(Bevel & Emboss, Stroke, Drop Shadow)

Chapter 20

패스 선택 도구 (Path Selection Tool)

패스 선택 도구(Path Selection Tool)

Chapter 20

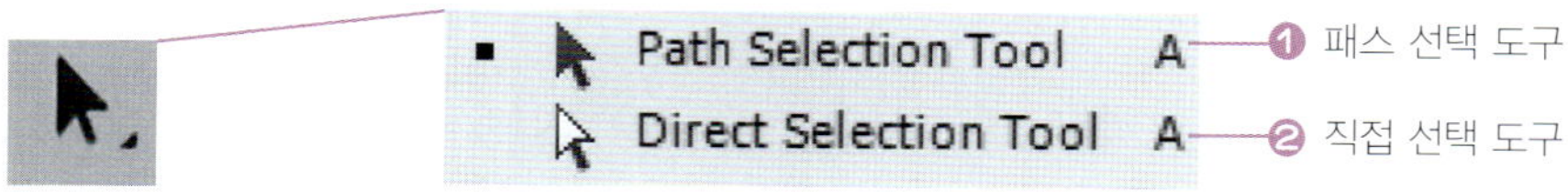

패스 선택 도구
(Path Selection Tool)

20.1 패스 선택 도구(Path Selection Tool)

A

패스 선택 도구는 패스로 이루어진 개체의 전체를 선택하고 이동할 때 사용하는 도구이다. 도구 상자에서 패스 선택 도구를 선택 후 패스 위를 클릭하면 선택되고 마우스로 특정 영역을 드래그하면 드래그한 영역 안의 모든 패스를 함께 선택할 수 있다.

▲ 패스(Path)로 이루어진 원본 이미지

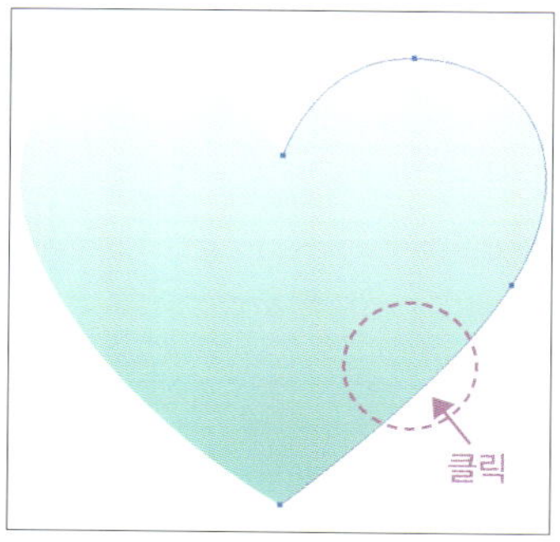

▲ 패스 선택 도구를 선택한 후 패스 위를 클릭한다.

▲ 패스 선택 도구로 패스를 선택한 이미지

20.2 직접 선택 도구(Direct Selection Tool)

A

직접 선택 도구는 패스의 특정 부분을 선택하고 수정할 때 사용하는 도구이다.
앵커 포인트나 선분을 하나씩 선택할 수 있어 패스로 이루어진 개체를 정교하게 수정할 수 있다.

▲ 패스(Path)로 이루어진 원본 이미지

▲ 직접 선택 도구를 선택한 후 수정을 원하는 패스 위를 클릭하여 드래그한다.

▲ 직접 선택 도구로 패스를 수정한 이미지

예제 1 직접 선택 도구(Direct Selection Tool)

▲ 패스(Path)로 이루어진 원본 이미지

▲ 직접 선택 도구를 선택한 후 수정을 원하는 패스 위를 클릭하여 드래그한다.

▲ 직접 선택 도구로 패스를 수정한 이미지

예제 2 직접 선택 도구(Direct Selection Tool)

▲ 패스(Path)로 이루어진 원본 이미지

▲ 직접 선택 도구를 선택한 후 수정을 원하는 패스 위를 클릭하여 드래그한다.

▲ 직접 선택 도구로 패스를 수정하고 도형 도구로 꽃심을 그려서 완성한 이미지

예제 3 직접 선택 도구(Direct Selection Tool)

▲ 패스(Path)로 이루어진 원본 이미지

▲ 직접 선택 도구를 선택한 후 수정을 원하는 패스 위를 클릭하여 드래그한다.

▲ 직접 선택 도구로 패스를 수정한 이미지

Chapter 21

도형 도구 (Shape Tool)

도형 도구(Shape Tool) Chapter 21

21.1 도형 도구(Shape Tool) U

도형 도구(Shape Tool)는 다양한 형태의 도형 및 이미지를 만들 때 사용한다. 도형 도구는 6개의 다각형 도구를 제공하며 포토샵에서 기본적으로 제공되는 사용자 지정 도형 도구가 있다.

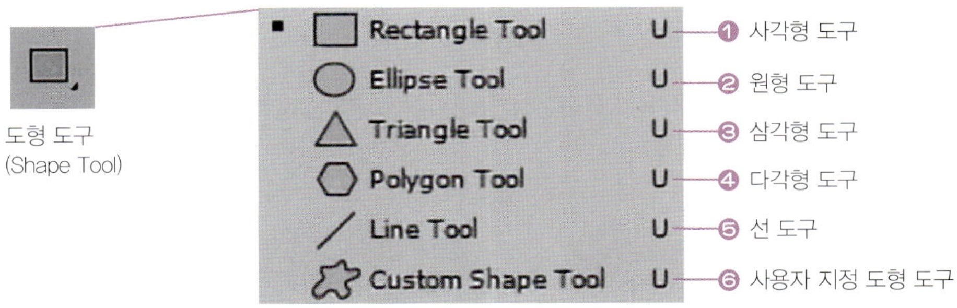

❶ 사각형 도구(Rectangle Tool): 사각형 도형을 만들 수 있음

❷ 원형 도구(Ellipse Tool): 원형 도형을 만들 수 있음

❸ 삼각형 도구(Triangle Tool): 삼각형 도형을 만들 수 있음

❹ 다각형 도구(Polygon Tool): 다각형 도형을 만들 수 있음

❺ 선 도구(Line Tool): 선을 그릴 수 있음

❻ 사용자 지정 도형 도구(Custom Shape Tool): 포토샵에서 제공하는 다양한 이미지 및 도형을 만들 수 있음

21.2 사각형 도구(Rectangle Tool) U

사각형 도구를 이용하여 정사각형, 직사각형, 모서리가 둥근 사각형 등의 사각형 도형을 만들 수 있다.

▲ 사각형 도구를 이용한 캐릭터 디자인

▲ 모서리 값을 조정하여 만든 여러 가지 둥근 사각형

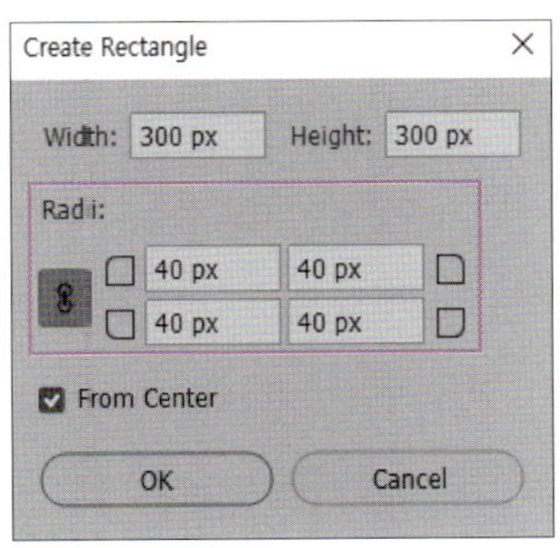

21.3 원형 도구(Ellipse Tool)

원형 도구를 사용해서 여러 형태의 원형 도형을 만들 수 있다. [Shift] 키를 누른 채 원형을 그리면 정원형이 그려지고 [Alt] 키를 누른 채 원형을 그리면 중심에서부터 시작하는 원형을 그릴 수 있다.

21.4 삼각형 도구(Triangle Tool)

삼각형 도구를 이용하여 정삼각형, 직삼각형, 끝이 둥근 삼각형 등의 다양한 삼각형 도형을 만들 수 있다.

21.5 다각형 도구(Polygon Tool)

다각형 도구를 사용해서 삼각형, 오각형, 육각형, 별 모양 등 다양한 형태의 다각형을 만들 수 있다. 다각형 도구를 선택한 후 캔버스에 더블클릭하면 나타나는 다각형 대화 상자에서 변의 값(Sides)을 조절하여 다양한 다각형을 만들 수 있다.

▲ 원형 도구를 이용한 캐릭터 디자인

▲ 변의 값을 조정해서 만든 여러 가지 다각형

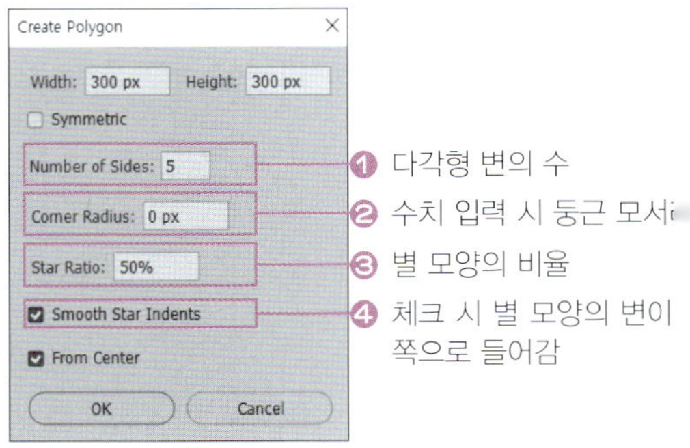

▲ 다각형 대화 상자

21.6 선 도구(Line Tool)

선 도구를 이용해서 다양한 굵기의 선을 그릴 수 있다. 선 도구 대화 상자에서 굵기(Width)를 1~1000 px까지 설정 가능하며 [Shift] 키를 누른 채 선을 그리면 정직선을 그릴 수 있다.

21.7 사용자 지정 도형 도구(Custom Shape Tool)

옵션 바에서 Shape 버튼을 클릭하면 나타나는 사용자 지정 도형 피커(Custom Shape Picker)를 사용해서 포토샵에서 제공하는 다양한 디자인의 도형을 직접 골라서 그릴 수 있다.

▲ 선 도구를 이용해 만든 다양한 선

▲ 사용자 지정 도형 도구의 다양한 도형

▲ 사용자 지정 도형 도구를 이용한 디자인

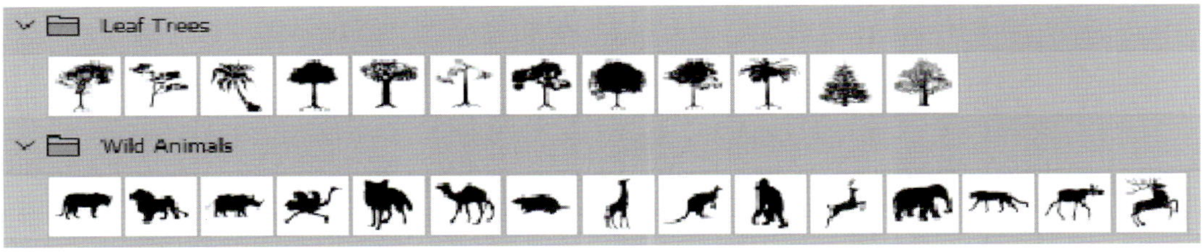

▲ 사용자 지정 도형 도구가 제공하는 도형 디자인

도형 도구(Shape Tool) 활용하기

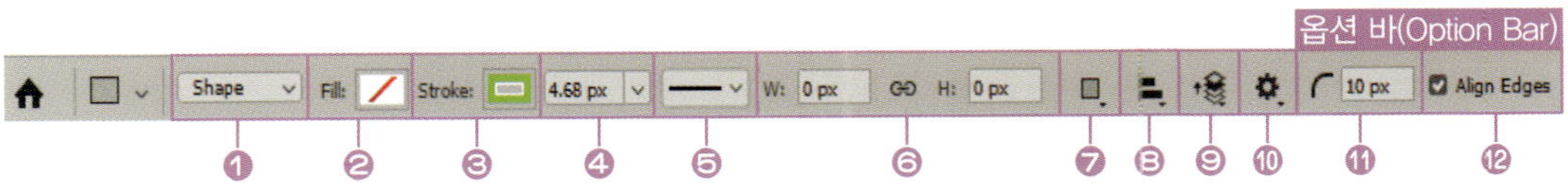

❶ Pick tool mode: 도형 도구의 모드를 지정하는 옵션. Shape, Path, Pixels의 모드를 지원함

- Shape: 도형에 선과 면을 지정하여 넣을 수 있는 모드. 레이어 창에는 Shape 레이어로 표시
- Path: 도형의 외곽선이 Path로 나타나며 Path 패널에 'Work Path'로 표시
- Pixels: 전경색을 기준으로 영역이 채워지며 레이어와 패스는 만들어지지 않음

❷ Fill: 도형에 색상을 채우는 방식을 선택하는 옵션. 색상 없음(No Color), 단색(Solid Color), 그레디언트(Gradient), 패턴(Pattern)으로 도형을 채우는 방식을 설정할 수 있음

❸ Stroke: 도형의 외곽선에 적용될 색상 등을 설정하는 옵션. Fill에서 제공하는 No Color, Solid Color, Gradient, Pattern을 동일하게 제공

❹ Set shape stroke width: 외곽선의 두께를 지정하는 옵션. 직접 입력하거나 슬라이드 바를 통해 조절할 수 있음

❺ Set shape stroke type: 외곽선의 유형을 지정하는 옵션. 실선, 굵은 점선, 가는 점선의 유형이 선택 가능함

❻ Width/Height: 도형의 가로(Width), 세로(Height) 길이를 조정

❼ Path operations: 여러 개의 도형을 그릴 때 도형의 형태를 조정해줌

- Combine Shapes: 기존의 도형에 새로운 도형의 영역을 더해줌

- Subtract Front Shape: 기존의 도형에서 새로운 도형의 영역을 빼줌
- Intersect Shape Areas: 기존의 도형과 새로운 도형의 교차된 부분만 표시
- Exclude Overlapping Shapes: 기존의 도형과 새로운 도형이 교차되지 않는 부분만 표시

❽ Path alignment: 도형들의 위치를 규칙에 맞게 정렬해 주는 옵션

❾ Path arrangement: 도형들의 순서를 지정해 주는 옵션

❿ Set additional shape and path options: 도형과 패스의 크기와 비율을 조절하는 옵션

⓫ Set radius of rounded corners: 둥근 사각형의 모서리 값 조정

⓬ Align Edges: 도형 외곽의 픽셀이 번지는 현상을 방지하는 옵션

Option Bar: Path Operations

▲ Combine Shapes

▲ Substract Front Shape

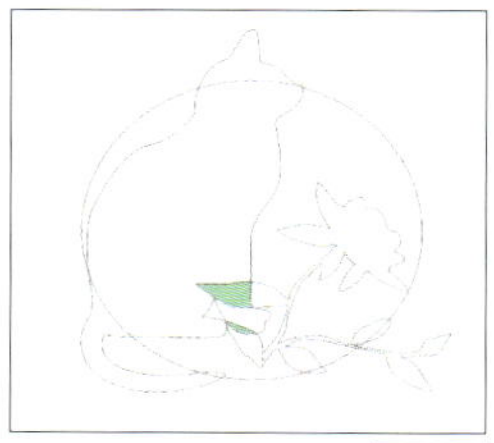

▲ Intersect Shape Areas

▲ Exclude Overlapping Shapes

예제 1 도형 도구를 이용한 웹페이지 버튼 만들기

도형 도구(Shape Tool)를 이용해서 웹페이지를 만드는 데 필요한 이미지를 만들 수 있다.

Step 1 새 캔버스 불러오기

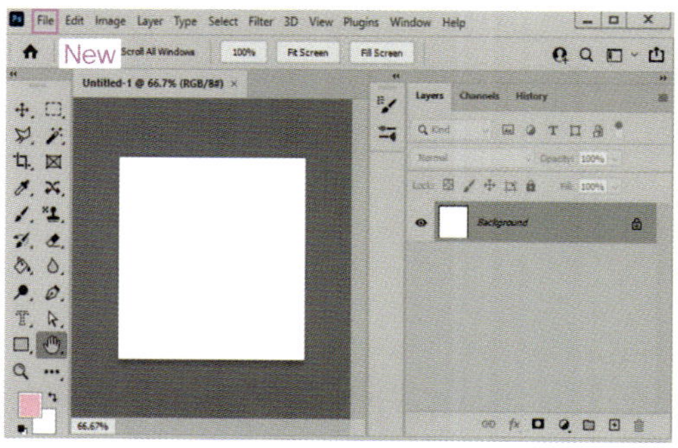

메뉴에서 [File]-[New]를 클릭하여 사이즈(300 X 300 pixel)의 새 캔버스를 불러온다.

Step 2 버튼 모양 도형 그리기

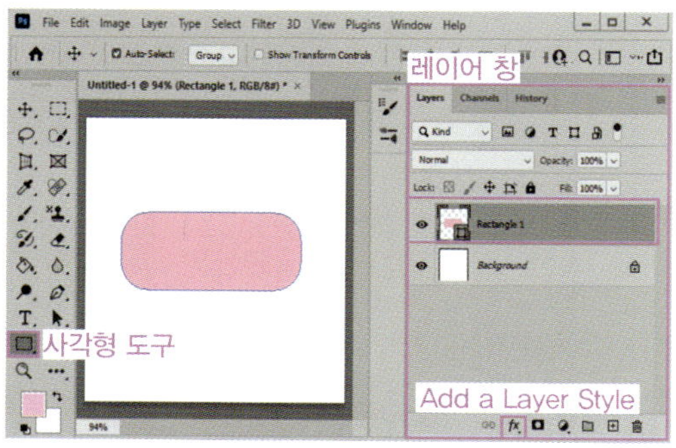

도구 상자에서 사각형 도구를 선택하고 메뉴 바에서 둥근 사각형의 모서리 값을 30 px로 하여 둥근 사각형을 그린다. 버튼 모양의 도형에 입체적인 효과를 주기 위해 레이어 창에서 Add a Layer Style 아이콘을 클릭한다.

Step 3 도형 입체화하기(Layer Style)

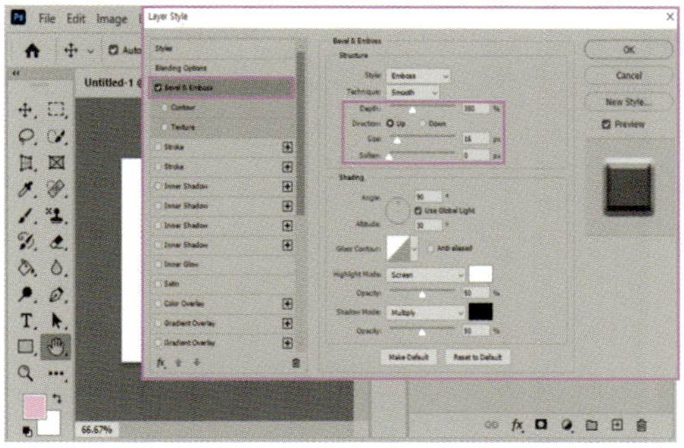

Layer Style에서 [Bevel & Emboss]를 선택하면 위와 같은 옵션 창이 나타난다. 여기서 [Depth]와 [Size]를 적절히 조절하여 원하는 입체감을 도형에 준다.

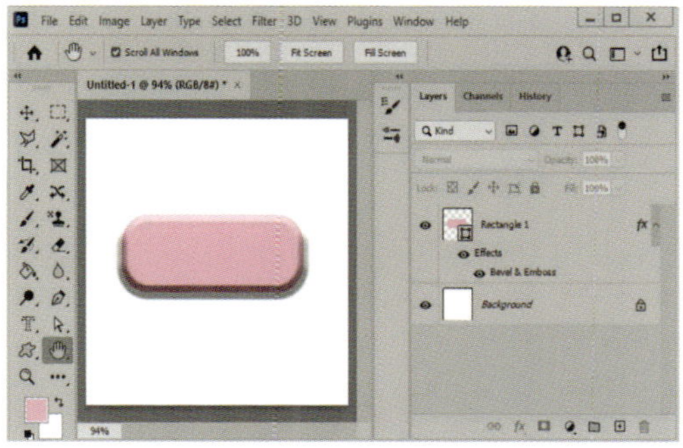

왼쪽의 Layer Style과 같이 설정하면 위와 같이 버튼에 입체감이 생성된다.

Step4 펜 도구로 마우스 클릭 도형 그려 넣기

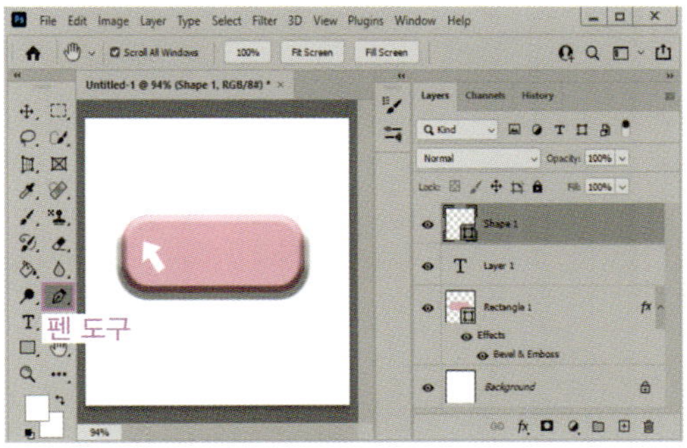

버튼에 마우스 클릭 도형을 펜 도구로 그린다. 이때 도형의 색상은 옵션 창의 Fill과 Stroke로 설정한다.

Step 5 문자 입력하기

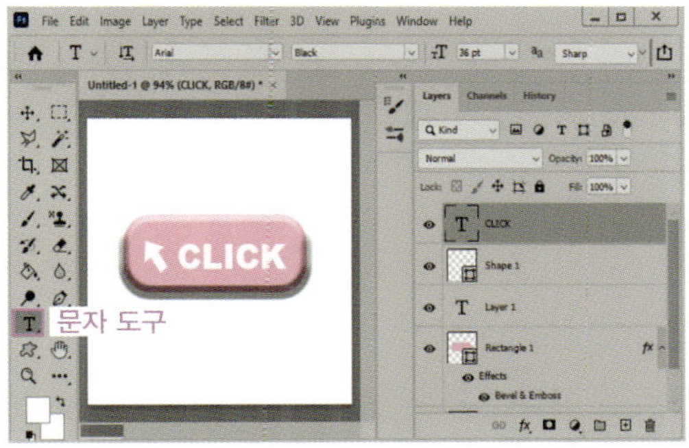

버튼에 원하는 글자를 입력하기 위해 도구 상자에서 문자 도구를 선택한 후 글자를 입력한다. (Font: Arial Black)

Step 6 문자 입체화하기(Blending Options)

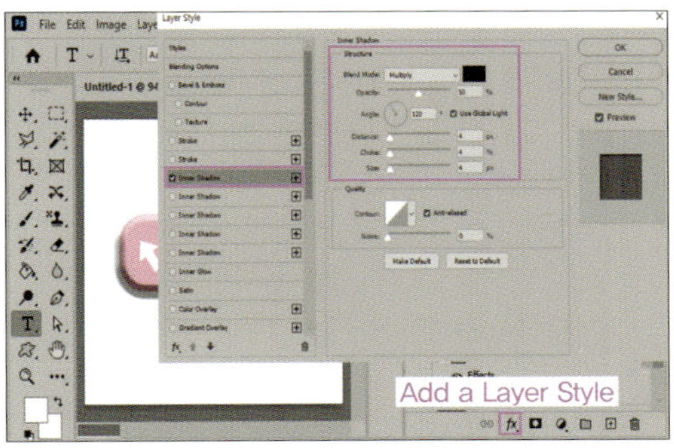

입력된 글자에 입체감을 주기 위해 레이어 창에서 Add a Layer Style 아이콘을 클릭한 후 [Inner Shadow]를 선택하여 글자 안쪽에 그림자 효과를 준다.

Step 7 완성하기

입력된 글자에 [Inner Shadow] 효과가 주어지면 웹페이지 버튼 이미지가 완성된다.

Chapter **22**

마스크
(Mask)

마스크(Mask)

Chapter 22

마스크란 이미지에 창을 만들고 그 창을 통해 다른 이미지를 들여다 볼 수 있는 원리의 고급 합성 기능이다. 즉 그림이나 글자의 일부분만 보이게 하여 원하는 부분을 합성하는 방법으로, 대표적인 마스크(Mask) 기능에는 레이어 마스크와 클리핑 마스크가 있다.

22.1 레이어 마스크(Layer Mask)

레이어 마스크는 레이어의 일부분을 가려 하위 레이어와 자연스럽게 합성할 수 있는 마스크 기능이다. 레이어 패널에서 합성을 원하는 레이어를 선택 후, 레이어 마스크 아이콘(Add Layer Mask)을 클릭하거나 [메뉴]–[Layer]–[Layer Mask]를 선택해 레이어 마스크를 적용한다.

▲ 레이어 마스크를 이용하여 이미지를 합성한 이미지

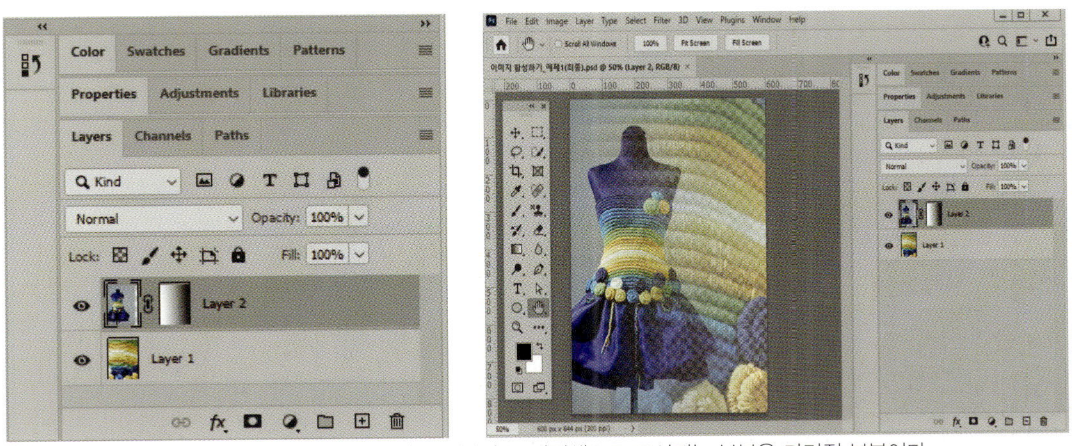

▲ 마스크에서 흰색으로 표시되는 부분은 보이는 부분이고, 검정색으로 표시되는 부분은 가려질 부분이다.
레이어 마스크를 해제할 때는 레이어 마스크가 적용된 부분을 클릭하여 레이어 패널 아래의 휴지통 아이콘을 클릭하거나, [Delt] 키를 눌러 레이어를 삭제한다.

예제 1 레이어 마스크(Layer Mask)로 이미지 합성하기

Step 1 원하는 사진(배경) 불러오기

메뉴에서 [File]-[Open]을 클릭하여 배경이 될 이미지를 불러온다.

Step 2 합성할 사진 붙여넣기

메뉴에서 [File]-[Open]을 클릭하여 합성할 사진을 불러온 후, 배경이 되는 사진에 드래그하여 붙여 넣는다.

Step 3 사진 정렬하기

합성할 사진을 Free Transform([Ctrl]+T)을 이용하여 합성이 자연스럽도록 사진의 위치와 크기를 조절해 준다.

Step 4 레이어 마스크 실행하기

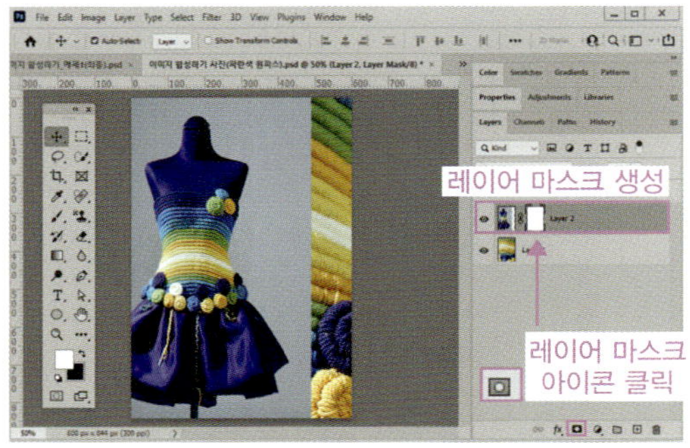

합성할 사진을 선택 후 레이어 창의 레이어 마스크 아이콘을 클릭하여 레이어 마스크를 만들어 준다. 레이어의 하얀 부분이 실제 레이어가 보여지는 부분이다.

Step 5 자연스러운 합성 효과 주기(그레디언트 도구)

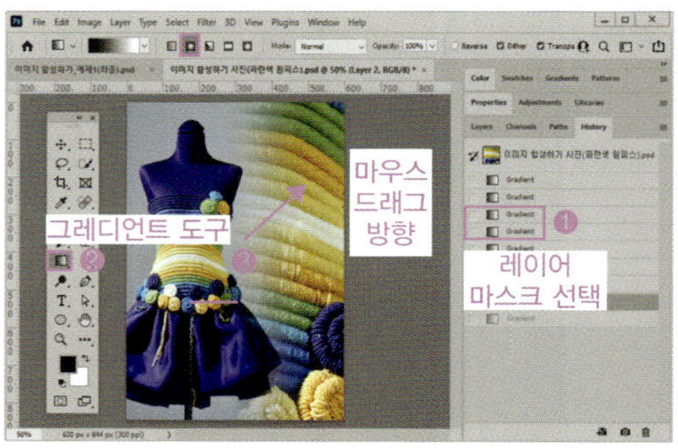

레이어 마스크의 하얀 부분을 클릭 후 도구 상자에서 원형 그라데이션 도구를 선택한다. 사진의 가장자리에서 밀어주듯이 마우스를 드래그해 준다.

Step 6 완성

Step 5의 작업을 반복하면 자연스럽게 사진이 합성된다.

예제 2 브러시 도구를 이용하여 레이어 마스크 활용하기

Step 1 배경에 레이어 마스크 실행하기

메뉴에서 [File]-[Open]을 클릭하여 원하는 이미지를 불러온 후, 레이어 마스크 아이콘을 클릭하여 레이어 마스크를 만들어 준다.

Step 2 가이드라인 그리기

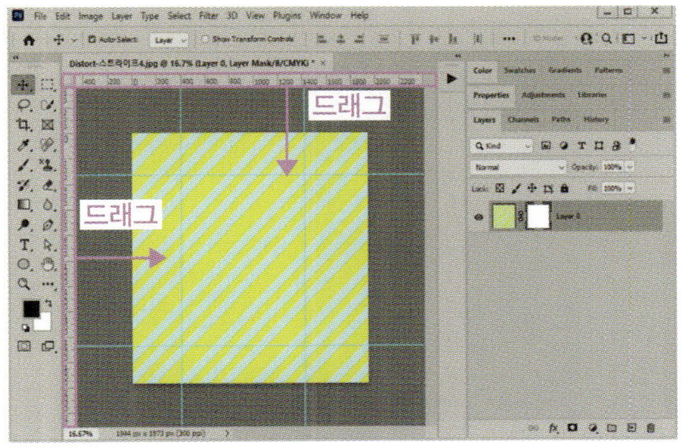

사진에 합성될 부분을 정확히 표현하기 위해 가이드라인을 설정해 준다. 창의 윗부분과 왼쪽에 위치한 줄자를 드래그하면 가이드라인이 생겨난다.

Step 3 레이어 마스크 창 나타내기

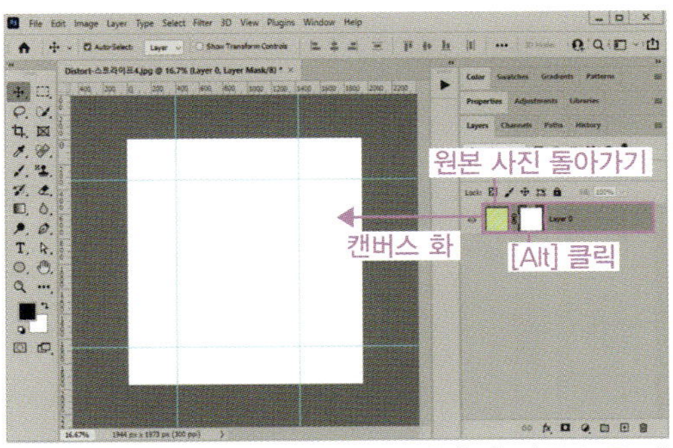

레이어 창에서 레이어 마스크 부분을 [Alt] 키를 누른 채 클릭하면 레이어 마스크 창이 나타난다. 레이어 마스크 창에서 원본 사진으로 돌아가고 싶을 때에는 레이어 창에서 사진 부분을 클릭하면 된다.

Step 4 브러시 도구로 합성 부분 그리기

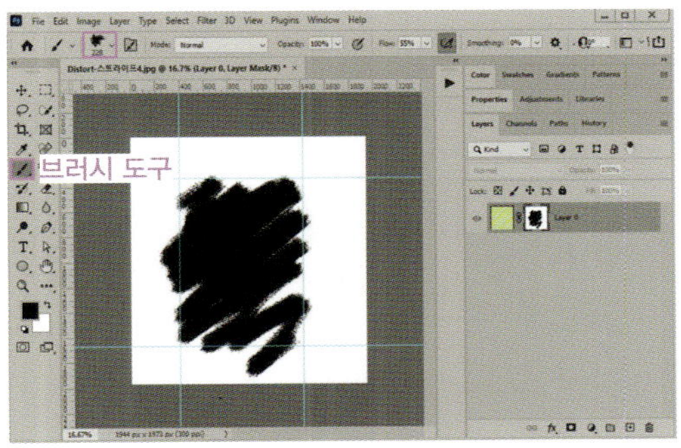

레이어 마스크 창에 브러시 도구를 사용하여 합성되어질 부분을 칠해 주면 그 부분만 투명화된다. 레이어 마스크 창에서 사용할 수 있는 색상은 Gray Tone이며 Black에 가까울수록 투명해진다.

Step 5 사진 합성하기

원본 사진으로 돌아가면 위의 그림과 같이 브러싱된 부분이 투명해진 것을 확인할 수 있다. 이 상태에서 다른 사진을 불러와서 하위 레이어로 만들어 주면 투명해진 부분으로 사진이 보인다.

Step 6 완성하기

사진을 원하는 위치에 놓고 이미지를 완성한다.

22.2 클리핑 마스크(Clipping Mask)

클리핑 마스크는 상위 레이어에 특수 도형이나 원하는 윤곽의 하위 레이어를 추가하여, 하위 레이어의 형태에 상위 레이어가 보여질 수 있도록 하는 마스크 기능이다. 단축키로는 [Alt]+[Ctrl]+G를 사용한다.

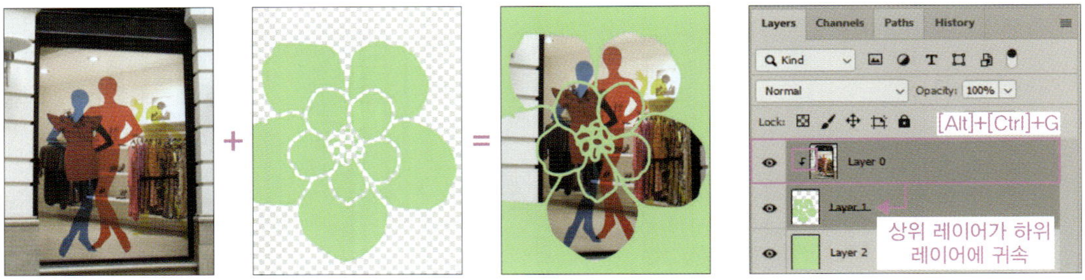

▲ 클리핑 마스크를 이용하여 이미지를 합성한 모습

예제 3 클리핑 마스크(Clipping Mask) 활용해서 사진 자르기

클리핑 마스크와 도형 도구(Shape Tool)를 이용해서 사진을 원하는 도형의 모양처럼 자를 수 있다.

Step 1 사진 불러오기

메뉴에서 [File]-[Open]을 클릭하여 원하는 이미지를 불러온 후 사진 위에 도형을 그리기 위해 새 레이어를 생성한다. 이때 만약 사진이 Background 상태로 표시된다면 반드시 더블클릭하여 레이어 상태로 바꿔주어야 한다.

Step 2 새 레이어에 도형 그리기

새 레이어를 선택하고, 도구 상자에서 사용자 지정 도형 도구를 선택한 후 원하는 도형을 사진 위에 그린다. 이때 도형의 Mode는 Pixels로 반드시 설정한다. 그 다음 사진 레이어가 도형 레이어 위로 올 수 있도록 레이어를 정렬한다.

Step 3 레이어 정렬 후 귀속하기

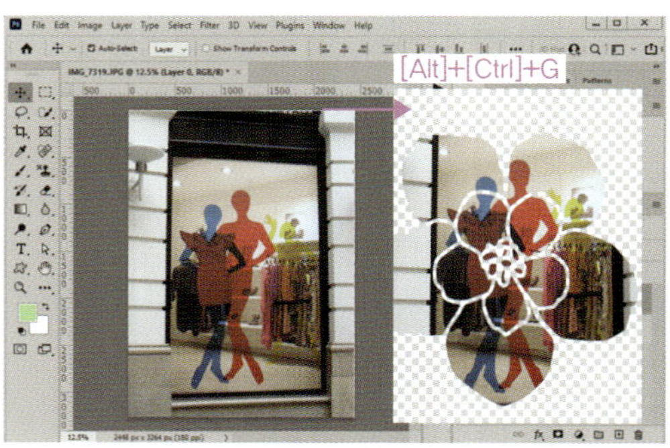

레이어 순서가 위의 그림처럼 되었다면, 사진 레이어를 선택한 상태에서 단축키 [Alt]+[Ctrl]+G를 눌러준다. 위의 그림과 같이 도형 모양으로 사진이 잘려진 것을 확인할 수 있다.

Step 4 도형과 같이 편집된 사진 완성

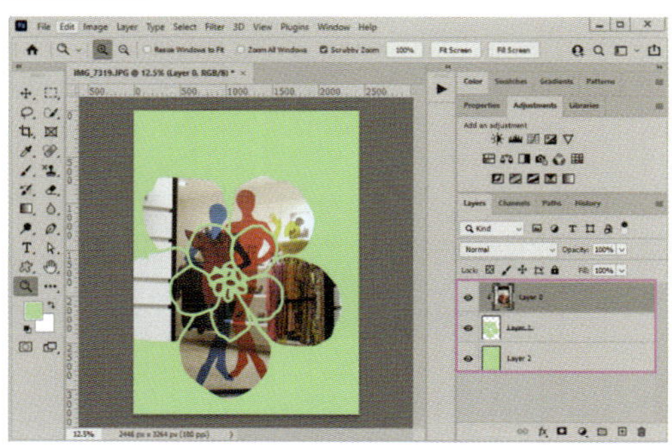

위의 모양처럼 사진이 도형에 맞게 잘라지고 레이어 모양도 달라지게 된다. 이때 레이어는 따로 움직여지므로 레이어를 링크하거나 서로 합치는 것이 좋다(Link Layer, Merge Layer).

예제 4 클리핑 마스크(Clip Mask)로 각 글자마다 다른 이미지 합성하기

Step 1 새 캔버스에 문자 입력하기

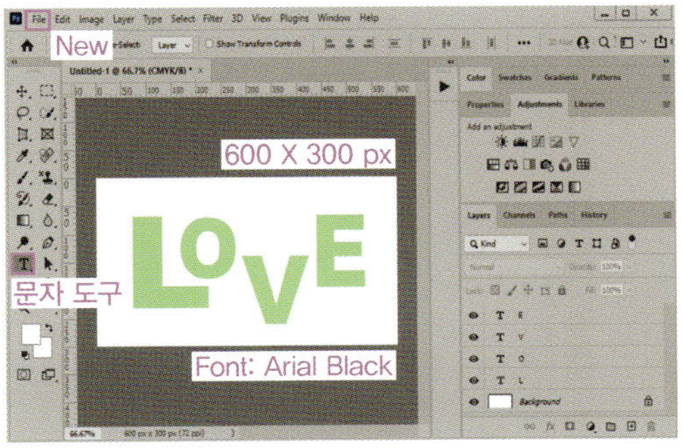

메뉴에서 [File]-[New]를 클릭하여 새 캔버스(300 X 600 px)를 열고 문자 도구로 문자를 입력한다.

Step 2 합성할 사진 붙여 넣고, 레이어 위치 정렬하기

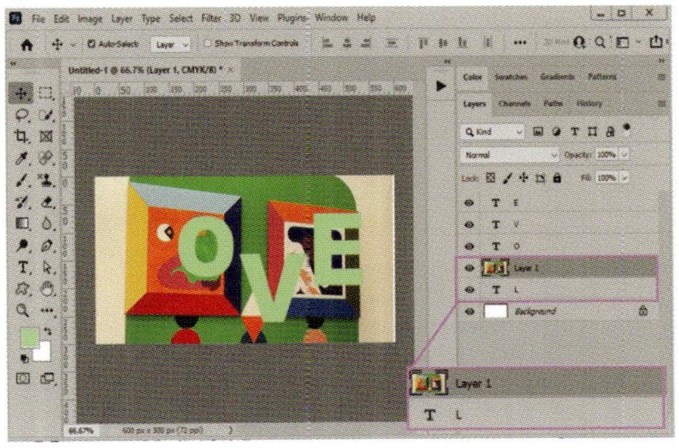

'L'에 합성할 사진을 불러오고, 'L'의 바로 위 레이어에 오도록 레이어 위치를 조정한다.

Step 3 클리핑 마스크 실행하기

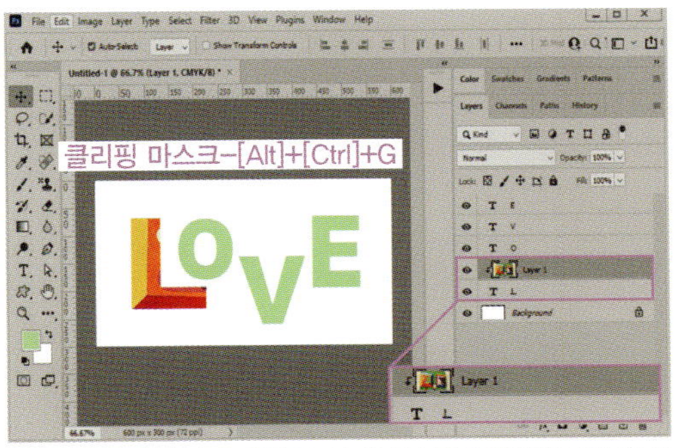

위와 같이 레이어가 정렬된 상태에서 단축키 [Alt]+[Ctrl]+G를 눌러 클리핑 마스크(Clipping Mask)를 실행한다. 이미지가 합성된 문자가 완성된다.

Step 4 나머지 문자에 클리핑 마스크 실행하기

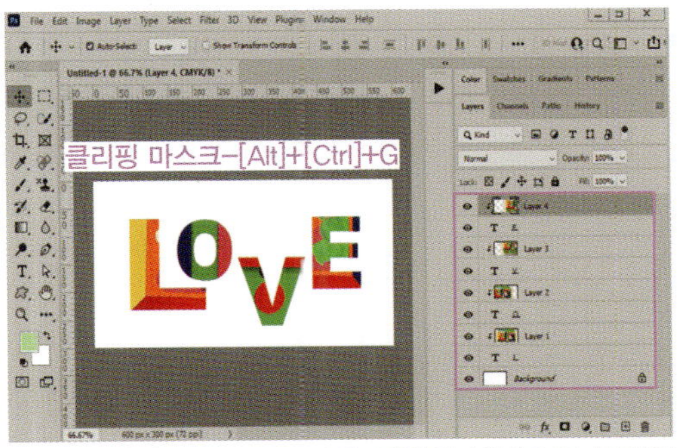

다른 문자에도 STEP 2, 3와 동일한 방법으로 클리핑 마스크를 실행하여 다른 이미지가 합성된 문자를 완성시킨다.

Step 5 문자에 레이어 스타일 적용하기

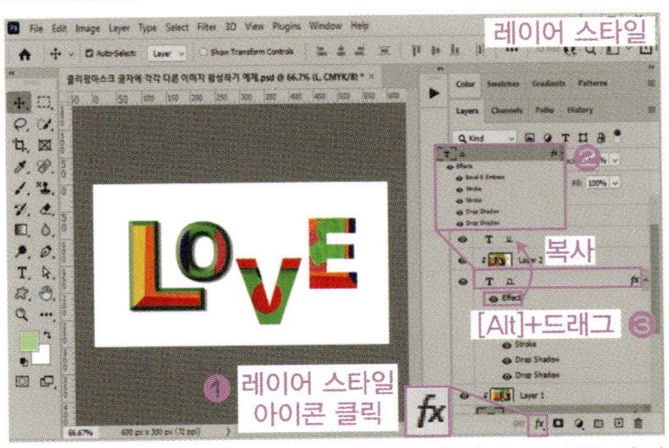

'L' 문자를 선택 후 레이어 창에서 레이어 스타일 아이콘을 클릭한다. Stroke, Bevel & Emboss, Drop Shadow로 위와 같이 글자를 장식한다. 적용된 레이어 스타일은 [Alt] 키를 누르고 드래그하면 다른 문자에도 같은 레이어 스타일을 적용할 수 있다.

Step 6 완성하기

각 글자마다 다른 이미지를 합성하여 레이어 스타일로 글자 디자인하기를 완성한다.

Chapter **23**

블렌딩 모드 (Blending Mode)

블렌딩 모드(Blending Mode)

Chapter 23

블렌딩 모드란, 선택된 레이어와 아래에 있는 레이어의 이미지를 합성하는 명령으로서, 레이어 창의 상단에 위치해 있다. 여러 가지 다양한 색상으로 이미지를 조절하며, 각각의 레이어마다 별도로 적용 가능하다.

23.1 블렌딩 모드(Blending Mode)

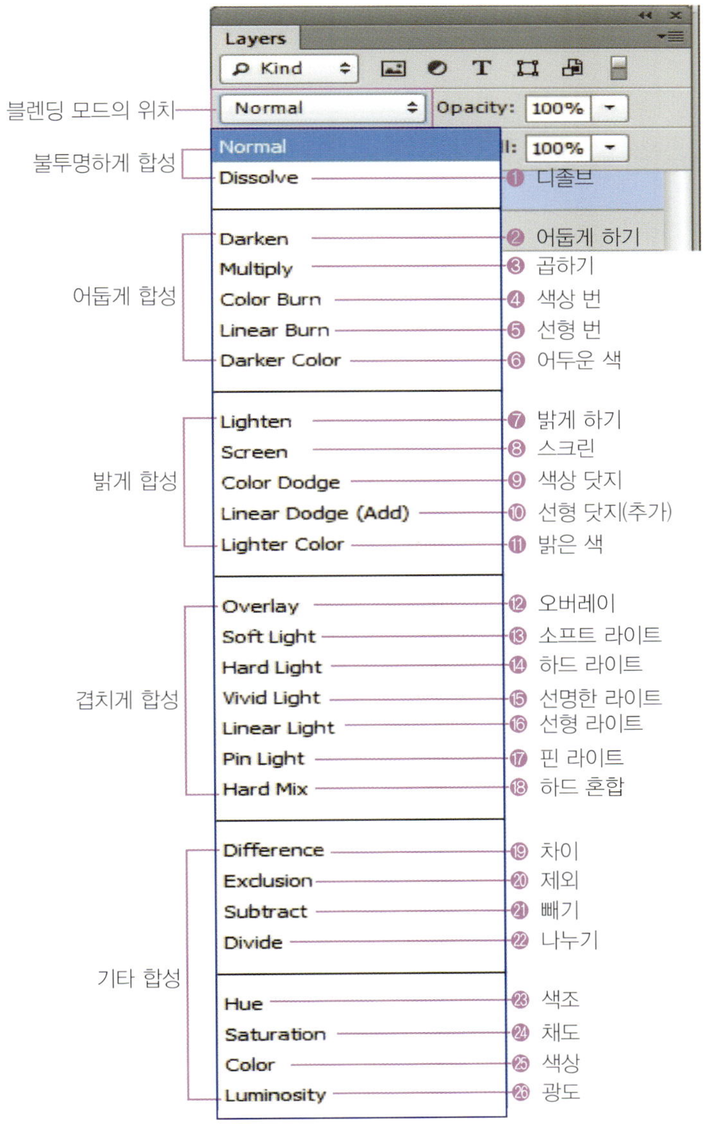

① 디졸브: 임의의 픽셀로 전환하여 모래와 같은 흩뿌리는 방식으로 표현. 투명도(Opacity)를 낮출수록 픽셀이 많아짐

② 어둡게 하기: 밝은 부분은 투과하고 어두운 부분만 강조해서 표현

③ 곱하기: 어두운 색은 겹쳐서 표시되고 밝은 색은 투명하게 표현

④ 색상 번: 색상 대비를 강하고 어둡게 표현

⑤ 선형 번: 흰색을 제외한 모든 색의 명도를 낮춰서 어둡게 표현

⑥ 어두운 색: 채널 값이 낮은 색을 표현

⑦ 밝게 하기: 어두운 부분은 투과하고 밝은 부분만 더 밝게 표현

⑧ 스크린: 두 이미지의 밝은 부분이 병합되어 밝은 부분을 더 밝게 표현

⑨ 색상 닷지: 색이 밝아지고 채도가 높아져서 색을 반사시키는 듯한 효과

⑩ 선형 닷지(추가): 검은색을 제외한 모든 색의 명도를 높여서 밝게 표현

⑪ 밝은 색: 두 이기지 중 밝은 색을 표현. Multiply와 Screen의 혼합 단계

⑫ 오버레이: 밝은 부분은 더 밝게, 어두운 부분은 더 어둡게 표현

⑬ 소프트 라이트: 부드러운 조명을 비추는 것처럼 색을 부드럽게 만들어 줌

⑭ 하드 라이트: 강한 조명을 비추는 것처럼 색을 강하게 표현

⑮ 선명한 라이트: 혼합색상이 50% 회색보다 밝으면 밝아지고, 어두우면 더 어둡게 표현

⑯ 선형 라이트: 혼합색상이 50% 회색보다 밝으면 명도가 높아지고, 어두우면 명도가 낮아짐

⑰ 핀 라이트: 혼합색상이 50% 회색보다 밝으면 어두운 픽셀로 대체되고 어두우면 밝은 픽셀로 대체됨

⑱ 하드 혼합: 원색으로 바꾸어 강렬한 색상 대비를 표현

⑲ 차이: 어두운 색은 반전색으로, 밝은 색은 보색으로 표현

⑳ 제외: Difference와 비슷하나 색의 반전이 약함

㉑ 빼기: 각 채널의 색상 정보의 기본색에서 혼합색을 빼고 표현

㉒ 나누기: 각 채널의 색상 정보의 기본색에서 혼합색으로 나누어 표현

㉓ 색조: 위쪽 레이어는 색상만 합성, 아래쪽 레이어는 명도와 채도가 합성

㉔ 채도: 위쪽 레이어는 채도만 합성, 아래쪽 레이어는 색상과 명도가 합성

㉕ 색상: 위쪽 레이어는 색상과 채도가 합성, 아래쪽 레이어는 명도만 합성

㉖ 광도: Color 모드와 반대로 표현. 위쪽 레이어는 명도만 합성, 아래쪽 레이어는 색상과 채도가 합성

23.2 블렌딩 모드(Blending Mode)로 이미지 합성하기

▲ Normal: 아무 효과 없이 표현

▲ Dissolve(Opacity: 70%): 모래를 흩뿌리는 방식으로 표현. Opacity(투명도)가 낮을수록 잘 보임

▲ Darken: 밝은 부분은 투과하고 어두운 부분만 강조

▲ Multiply: 어두운 색은 겹쳐서 표시되고 밝은색은 투명하게 표현

▲ Color Burn: 색상 대비를 강하고 어둡게 표현

▲ Linear Burn: 흰색을 제외한 모든 색의 명도를 낮춰서 어둡게 표현

▲ Darker Color: 채널 값이 낮은 색을 표현

▲ Lighten: 어두운 부분은 투과하고 밝은 부분만 더 밝게 표현

▲ Screen: 두 이미지의 밝은 부분이 병합되어 밝은 부분을 더 밝게 표현

▲ Color Dodge: 색상이 밝아지고 채도가 높아져서 색을 반사시키는 듯한 효과

▲ Linear Dodge(Add): 검은색을 제외한 모든 색의 명도를 높여서 이미지를 밝게 표현

▲ Lighter Color: 두 이미지 중 밝은 색을 표현

▲ Overlay: 밝은 부분은 더 밝게, 어두운 부분은 더 어둡게 표현

▲ Soft Light: 부드러운 조명처럼 색을 부드럽게 표현

▲ Hard Light: 강한 조명처럼 색을 강하게 표현

▲ Vivid Light: 혼합색상이 50% 회색보다 밝으면 밝게, 어두우면 어둡게 표현

▲ Linear Light: 혼합색상이 50% 회색보다 밝으면 명도가 높아지고, 어두우면 명도가 낮아짐

▲ Pin Light: 혼합색상이 50% 회색보다 밝으면 어두운 픽셀로, 어두우면 밝은 픽셀로 대체됨

▲ Hard Mix: 원색으로 바꾸어 강렬한 색상 대비로 표현

▲ Difference: 어두운 색은 반전색, 밝은 색은 보색으로 표현

▲ Exclusion: Difference와 비슷하나 색상의 반전이 약함

▲ Subtract: 기본 색상에서 혼합색을 빼고 표현

▲ Divide: 기본 색상에서 혼합색으로 나누어 표현

▲ Hue: 위쪽 레이어는 색상만, 아래쪽 레이어는 명도와 채도가 합성되어 표현

▲ Saturation: 위쪽 레이어는 채도만, 아래쪽 레이어는 색상과 명도가 합성되어 표현

▲ Color: 위쪽 레이어는 색상과 채도를, 아래쪽 레이어는 명도만 합성되어 표현

▲ Luminosity: 위쪽 레이어는 명도만, 아래쪽 레이어는 색상과 채도가 합성되어 표현

예제 1 블렌딩 모드(Blending Mode)로 메모지 만들기

Step 1 메모지 배경 불러오기

메뉴에서 [File]-[Open]을 클릭하여 메모지 배경을 불러온다.

Step 2 이미지 불러오고 위치 정하기

메모지에 장식할 이미지를 불러오고, 위치와 크기 등을 단축키 [Ctrl]+T(Free Transform)를 클릭하여 조절한다.

Step 3 블랜딩 모드(Pin Light) 실행하기

이미지 레이어를 선택 후, 레이어 창의 블랜딩 모드를 클릭하여 'Pin Light' 옵션을 선택한다. 위와 같이 선택한 레이어에 Pin Light 효과가 적용된 것을 확인할 수 있다.

Step 4 경계선 삭제하기

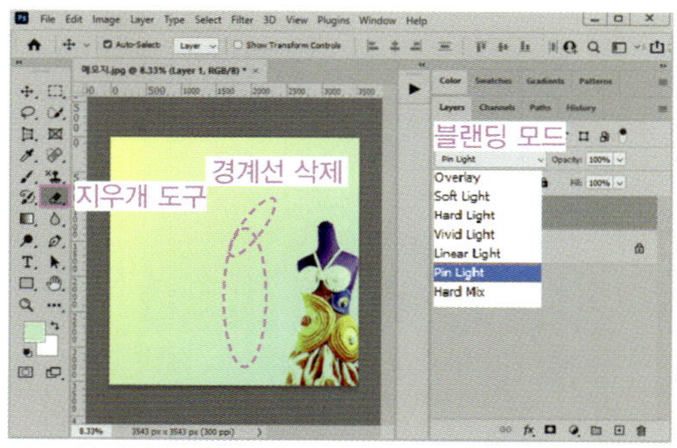

도구 상자에서 지우개 도구를 선택하여 합성된 레이어의 경계선을 지워서 합성을 자연스럽게 한다.

Step 5 펜 도구로 선 그리기

도구 상자에서 펜 도구를 선택 후, 합성된 레이어 주변으로 메모할 공간에 선을 그려주고, 사각 도형 도구로 외곽선을 점선으로 그려준다.

Step 6 완성하기

문자 도구로 글자를 입력하고 글자에 Inner Shadow와 Drop-Shadow 효과를 주면 메모지가 완성된다.

23.3 블렌딩 모드(Blending Mode)의 종류

완성된 메모지의 블렌딩 모드 종류에 따른 변화 비교 예시는 다음과 같다.

▲ Normal

▲ Multiply

▲ Overlay

▲ Luminosity

Chapter **24**

채널 (Channels)

채널(Channels)

Chapter 24

채널은 이미지의 색상과 선택 영역의 정보를 저장하는 장소로, 이미지의 합성이나 보정 작업을 할 때 유용하게 쓸 수 있는 기능이다.

24.1 채널(Channels)의 종류

❶ 색상 채널: 이미지를 구성하는 색상 정보를 저장하는 채널이다.

❷ 알파 채널: 사용자가 지정한 영역을 저장한 채널을 말하며, 저장한 채널은 사용자가 원할 때 불러올 수 있다.

❸ 스팟 채널: 별도로 지정한 색상을 하나의 채널로 만들어 이미지에 적용하는 채널로, 독특한 색감을 연출할 수 있다.

24.2 채널(Channels) 패널의 옵션

채널의 패널은 메뉴에서 [Window]-[Channels]를 클릭하면 화면에 나타난다.
RGB 컬러 모드에서는 Red, Green, Blue의 채널로 구성되고 CMYK 컬러 모드에서는 Cyan, Yellow, Magenta, Black 채널로 이루어진다.

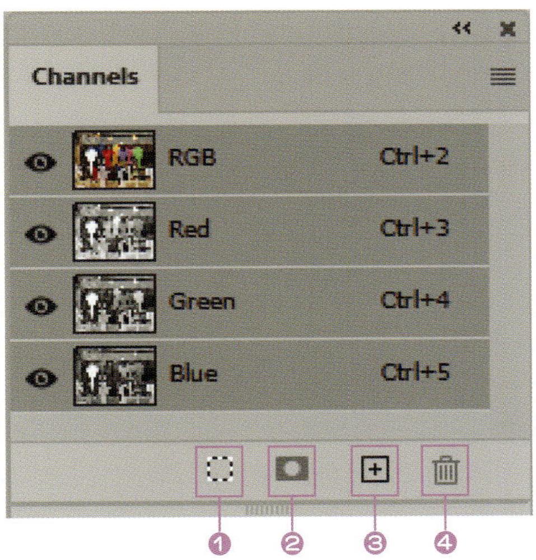

※ 메뉴의 [Edit]-[Preferences]-[Interface]에서 'Show Cannels in Color'를 체크하면 채널의 섬네일 이미지를 컬러로 볼 수 있다.

❶ Load channel as selection: 채널을 선택 영역으로 만듦

❷ Save selection as channel: 선택 영역을 채널로 저장

❸ Create new channel: 새로운 알파 채널을 만듦

❹ Delete current channel: 선택한 채널을 삭제

색상 채널

색상 채널은 이미지의 색상 정보를 기준으로 만들어지는 채널이므로 이미지 모드에 의해 달라진다. 또한 채널은 이미지의 색상 정보를 담고 있는 하나의 독립된 이미지이므로 채널의 수가 많아지면 파일의 용량도 커진다.

[메뉴]–[Image]–[Mode]에서 작업 모드를 변경할 수 있다.

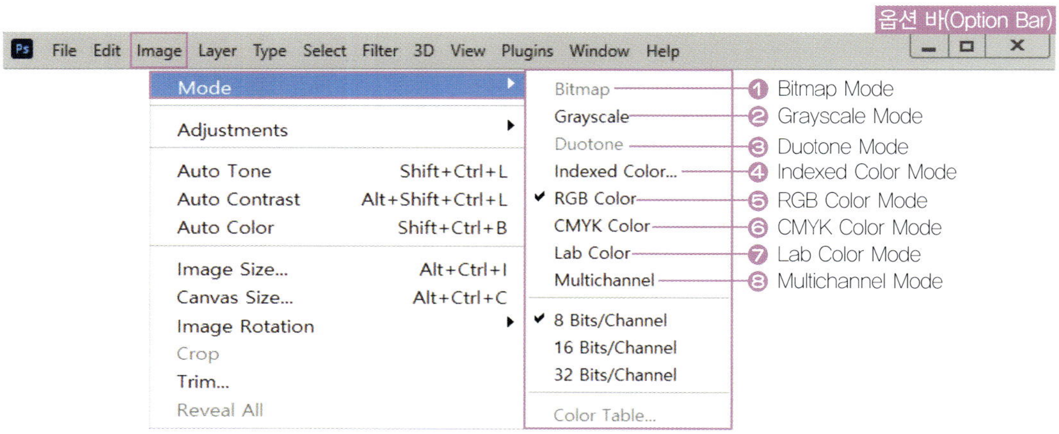

❶ Bitmap Mode: 이미지를 흰색과 검은색으로만 표현하는 모드로, 용량은 작으나 표현력이 떨어져 활용도가 낮다.

❷ Grayscale Mode: 이미지를 흑백으로 출력할 때 사용하며 이미지가 Grayscale Mode일 때 Bitmap Mode와 Duotone Mode를 사용할 수 있다.

❸ Duotone Mode: Grayscale Mode에서 1개 이상의 색상을 추가하여 이미지 색상을 변경해서 나타낸다.

❹ Indexed Color Mode: 56 컬러 이하 색상으로 이미지를 표현하는 모드로써 파일 용량이 작고 RGB Color 모드에서 사용된 색상만을 재구성하기 때문에 이미지를 크게 손상시키지 않고 나타낸다.

❺ RGB Color Mode: Red, Green, Blue를 혼합해서 색을 만들며 주로 웹 이미지 작업을 할 때 사용한다.

❻ CMYK Color Mode: 시안(Cyan), 마젠타(Magenta), 옐로(Yellow), 블랙(Black)을 원색으로 하며, 감산혼합으로 명도가 낮아지게 하는 혼합이다. CMYK Color Mode는 색을 섞으면 명도가 낮아지는 것을 이용하여 흰색을 제외한 모든 색을 표현할 수 있으며, RGB Color Mode보다 표현하는 색은 적지만 작업물의 색상이 실제 인쇄물과 색상이 같기 때문에 인쇄나 출력을 목적으로 하는 편집이나 디자인 작업에 적합하다.

❼ Lab Color Mode: 색상의 명도를 나타내는 'Lightness' 채널, Green과 Magenta 두 가지 보색으로 나타나는 'a' 채널, Blue와 Yellow 두 가지 보색으로 나타나는 'b' 채널로 구성되어 있다. RGB나 CMYK Color Mode보다 색상 표현 범위가 넓으므로 모드를 변환할 때 사용하면 급격한 색상 변화를 방지할 수 있다.

❽ Multichannel Mode: 하나의 이미지를 여러 개의 채널로 구성하여 작업하며, 특수한 색상이나 독특한 느낌의 이미지를 표현할 수 있다. Multichannel Mode로 변경하면 채널 패널에 시안(Cyan), 마젠타(Magenta), 옐로(Yellow)의 채널로 구성된다.

24.3 채널(Channels) 패널의 여러 가지 기능

▲ 원본 이미지

▲ Bitmap Mode(50% Threshold)

▲ Grayscale Mode

▲ Duotone Mode

▲ Indexed Color Mode

▲ RGB Color–Red 채널

▲ RGB Color–Green 채널

▲ RGB Color–Blue 채널

▲ CMYK Color–Cyan

▲ CMYK Color–Magenta

▲ CMYK Color–Yellow

▲ CMYK Color–Black

▲ Lab Color–Lightness

▲ Lab Color–a

▲ Lab Color–b

▲ Lab Color–Lightness+a

▲ Lab Color–Lightness+b

▲ Multichannel Mode

예제 1 듀오 톤으로 분위기 있는 이미지 만들기

색상 채널의 듀오 톤 모드(Duotone Mode)를 활용하면 평범한 사진을 분위기 있게 꾸밀 수 있다.

Step 1 이미지 불러오기

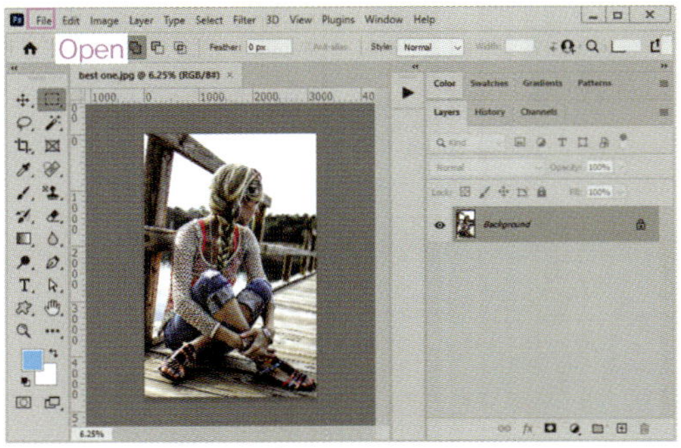

메뉴에서 [File]-[Open]을 클릭하여 원하는 이미지를 불러온다.

Step 2 이미지 모드 변경(Grayscale)

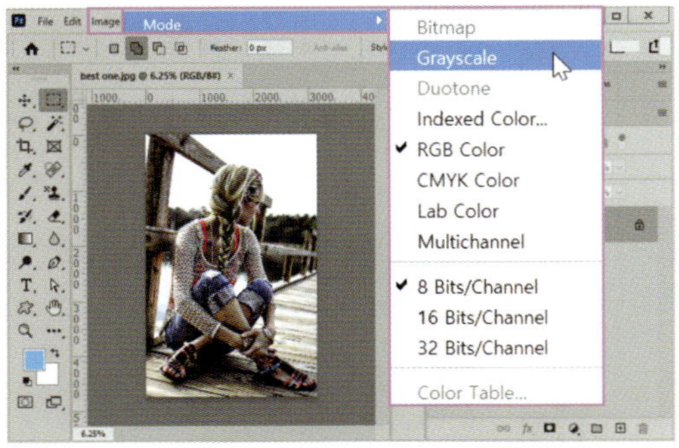

듀오 톤 모드(Duotone Mode)는 그레이스케일 모드에서만 변경되므로, 먼저 메뉴에서 [Image]-[Mode]-[Grayscale]을 클릭하여 이미지의 모드를 변경한다. 이때 [Discard] 메시지 창이 나타나면 [Discard]를 클릭해서 다음 단계로 넘어간다.

Step 3 이미지 모드 변경(Duotone)

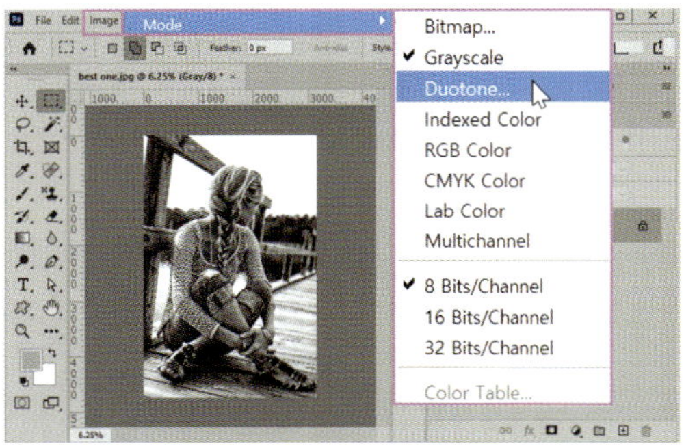

메뉴에서 [Image]-[Mode]-[Duotone]을 클릭한다. Step 4와 같이 듀오 톤 옵션 창이 나타나고, 옵션 창에서 컬러 및 커브 설정을 한 후 [OK] 버튼을 클릭하면 적용된다.

Step 4 듀오 톤 옵션 창에서 컬러 및 커브 설정

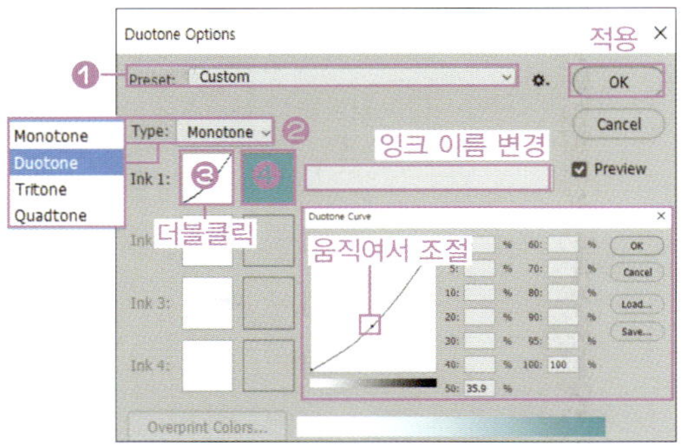

❶ Preset-자주 쓰는 듀오 톤들을 프로그램에 저장해 놓은 옵션
❷ Type-쓰임에 따라 잉크(Ink) 수를 조절할 수 있는 옵션
❸ Curve-옵션 창에서 그래프를 조절하여 색의 농도 조절
❹ Color-컬러 피커에서 Ink의 색상을 정할 수 있는 옵션

Step 5 RGB 모드로 전환 후, 이미지 저장하기

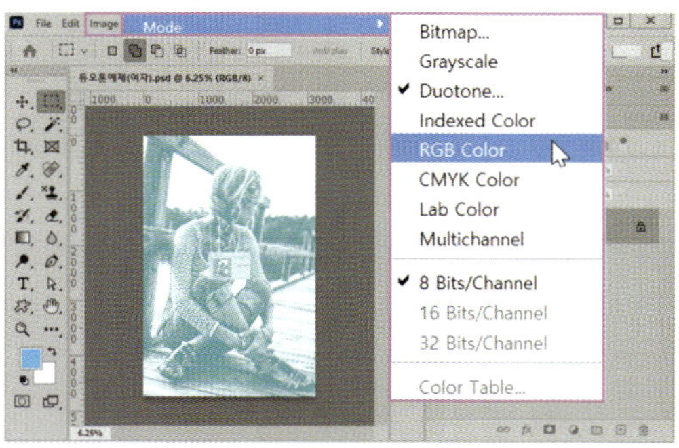

듀오 톤 모드 상태에서 저장을 하면 확장자가 JPG로 나타나지 않는다. 먼저 RGB Color Mode로 변환 후, 저장하면 JPG 이미지로 저장이 가능하다.

Step 6 완성하기

▲ 원본 이미지

▲ 듀오 톤 모드 이미지

24.4 알파 채널(Alpha Channel)

알파 채널은 기본적으로 만들어지는 색상 채널과는 달리 작업의 편의를 위해 임의로 추가할 수 있는 채널이다. 사용자가 자주 작업하는 영역을 선택한 후 알파 채널로 저장하면, 언제든지 영역을 재선택한 후 작업할 수 있는 편리한 기능이다. 알파 채널에 여러 가지 값이나 Filter를 적용하면 다양하게 이미지를 변경시킬 수 있다.

예제 2 알파 채널 만들기

Step 1 이미지 불러오기

메뉴에서 [File]-[Open]을 클릭하여 원하는 이미지를 불러온다.

Step 2 원하는 영역 선택하기

선택 도구를 이용하여 알파 채널에 추가하기를 원하는 영역을 선택한다.

Step 3 선택 영역 알파 채널 추가하기

채널 패널에서 Save selection as channel 아이콘을 클릭하거나, 메뉴에서 [Select]-[Save Seletion]-[New Channel]을 설정하면 새 알파 영역이 추가된다.

Step 4 선택 해제 후 알파 채널로 선택하기

선택 영역을 해제([Ctrl]+D) 한 뒤, [Ctrl]을 누르고 채널 패널에서 'Alpha1'의 섬네일을 클릭하면 앞서 선택한 영역을 그대로 선택할 수 있다. 이를 활용하여 다양한 작업을 할 수 있다.

24.5 스팟 채널(Spot Channel)

인쇄 이미지를 만들 때 CMYK Color 조합으로는 만들 수 없는 색상을 표현할 때, 스팟 채널을 이용하면 새로운 색상의 이미지를 만들 수 있다.

▲ 원본 이미지

▲ 스팟 채널 이미지

예제 3 스팟 채널 만들기

Step 1 이미지 불러오기

메뉴에서 [File]-[Open]을 클릭하여 원하는 이미지를 불러온다.

Step 2 모드 변환하기

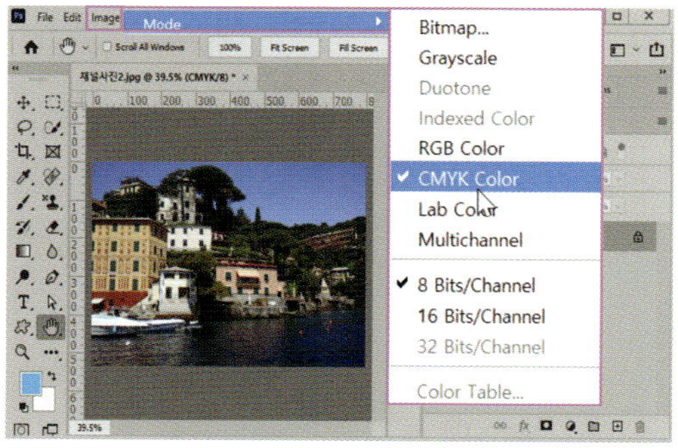

출력 이미지를 만들기 위해 모드를 CMYK Color Mode로 변환(메뉴바의 [Image]-[Mode]-[CMYK Color])한다.

Step 3 새 채널 만들기

채널 패널에서 Cyan 채널을 선택 후, 패널 아래의 Creat new channel 아이콘에 드래그하면 Cyan copy 채널이 생긴다.

Step 4 Cyan copy 채널

Cyan copy 채널의 이미지

Step 5 스팟 채널 색상 지정하기

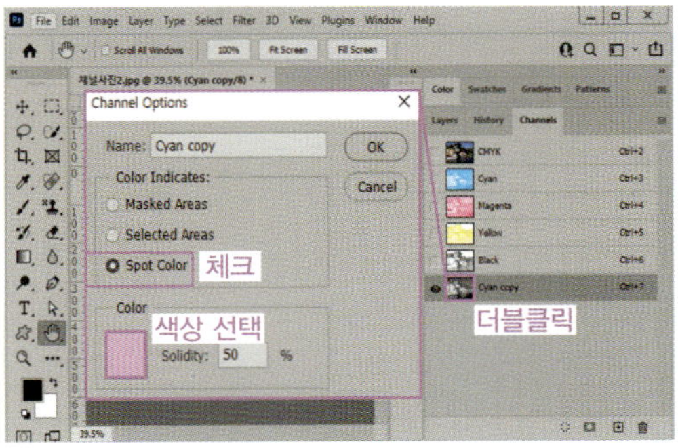

Cyan copy 채널의 섬네일 이미지를 더블클릭하면 Channel 옵션 창이 나타나고, Color Indicates에서 Spot Color를 체크한 뒤 색상을 선택해 주면 스팟 채널이 완성된다.

Step 6 스팟 채널 완성하기

Spot Color를 체크한 뒤 색상을 선택하면 선택한 색상으로 스팟 채널이 완성된다. Yellow와 Black 아이콘도 선택하여 스팟 채널을 완성한다.

Step 7 스팟 채널 저장하기

스팟 채널을 생성한 후 저장은 메뉴바의 [File]–[Save As]를 클릭한 후, 반드시 확장자 명은 Photoshop DCS 2.0 (*.EPS)로 지정하여 저장한다.

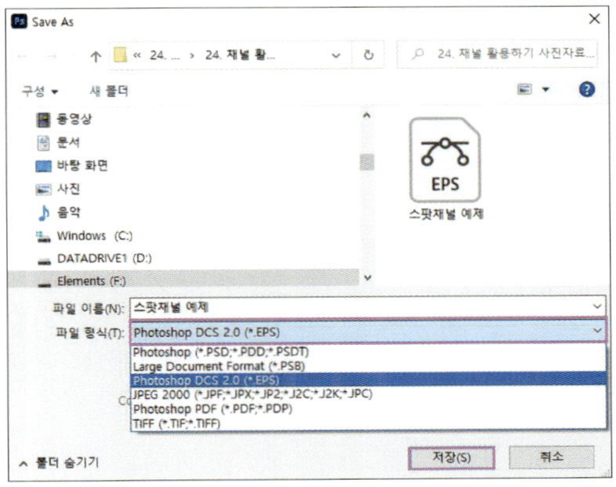

Chapter **25**

색상 보정 (Color Adjustments)

색상 보정(Color Adjustments)

Chapter 25

색상 보정은 이미지의 색상, 명도, 채도 등을 조절하여 색을 변환시키는 기능으로, 촬영한 사진에 여러 가지 보정 기능을 사용해서 흑백 사진 효과를 주거나 색감이 풍부한 사진으로 만들 수 있는 중요한 기능이다. 자동 보정 기능은 [메뉴]-[Image]에서, 나머지 기본 색상 보정은 [메뉴]-[Image]-[Adjustments]에서 조절 가능하다.

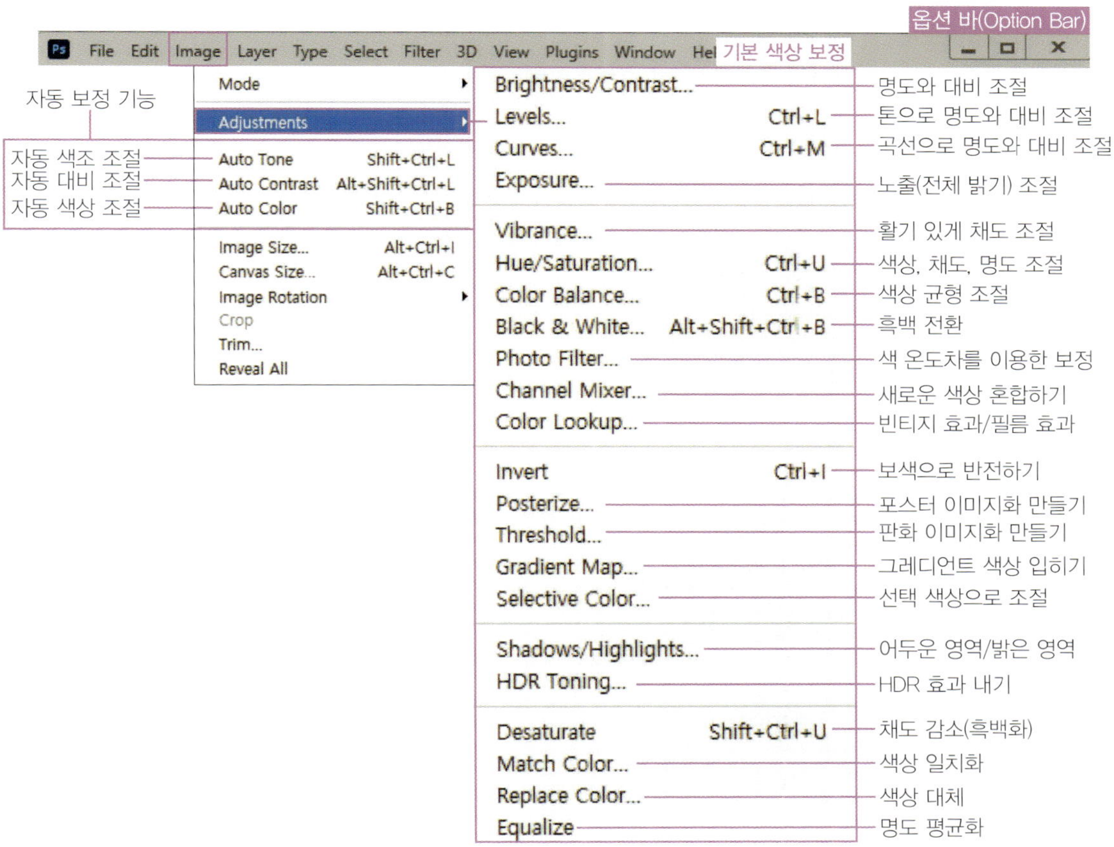

25.1 자동 보정 기능(Auto Adjustments)

자동 보정 기능은 포토샵 CS6 버전부터 특히 기능이 향상되어 자동으로 명도, 대비, 색상을 보정하여 이미지의 색감을 풍부하게 만들어 준다.

❶ Auto Tone([Shift]+[Ctrl]+L): 자동으로 색조를 보정하는 기능

❷ Auto Contrast([Alt]+[Shift]+[Ctrl]+L): 자동으로 색상 대비를 보정하는 기능

❸ Auto Color([Shift]+[Ctrl]+B): 자동으로 이미지 최적의 색상을 찾아 보정해 주는 기능

▲ 원본 이미지

▲ Auto Tone

▲ Auto Contrast

▲ Auto Color

25.2 명도와 대비 조절(Brightness/Contrast)

명도와 대비를 조절하여 색상의 선명도를 조절해 주는 기능으로 비교적 작업 기능은 간단하나, 밝은 영역과 어두운 영역을 무시하고 보정이 이루어지므로 섬세하지는 않다.

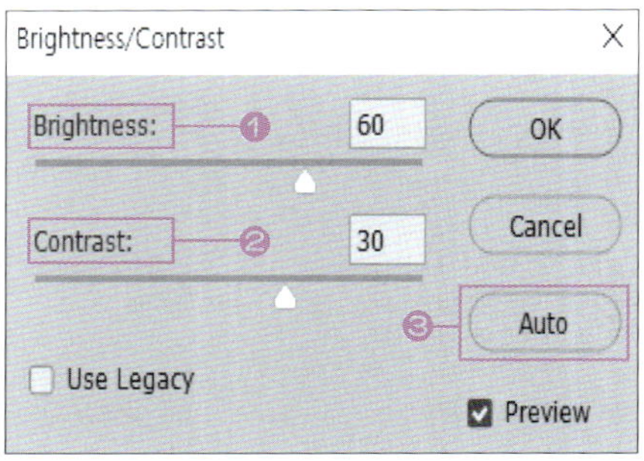

▲ Brightness/Contrast 옵션 창

❶ Brightness: 이미지의 밝기를 조정(입력 값은 -100부터 100까지 설정 가능)

❷ Contrast: 이미지 색상 대비를 조정(입력 값은 -100부터 100까지 설정 가능)

❸ Auto: 자동으로 명도와 대비를 조절해 주는 기능

▲ 원본 이미지

▲ Brightness(60)/Contrast(30)

25.3 톤으로 명도와 대비 조절(Levels) [Ctrl]+L

이미지의 명도와 대비를 조절할 때 사용하는 기능으로, 이미지를 보정하는 데 가장 유용한 기능 중 하나이다. 가장 어두운 부분(Shadow)과 중간 부분(Midtones), 가장 밝은 부분(Highlights)을 나눠서 보정할 수 있다.

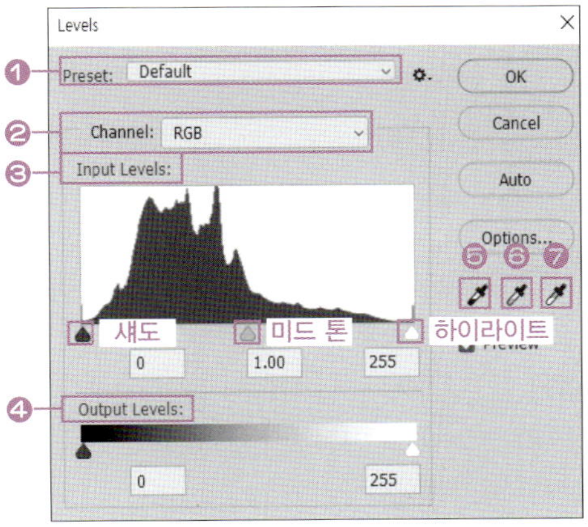

▲ Levels 옵션 창

❶ Preset: 미리 등록된 설정 값을 적용시킬 수 있는 기능

❷ Channel: 작업할 채널을 선택할 수 있는 기능

❸ Input Levels: 이미지가 가지고 있는 원래의 색상 톤을 기준으로 어두분 부분(Shadow), 중간 부분(Midtones), 밝은 부분(Highlights)으로 나누어 어둡고 밝은 정도를 보여주는 그래프 각각의 버튼(섀도, 미드 톤, 하이라이트)을 조절하여 어두운 부분은 더 어둡게, 밝은 부분은 더 밝게 조절할 수 있음

❹ Output Levels: 전체 명암을 조절할 수 있는 부분으로 슬라이더를 밝은 쪽으로 밀면 이미지가 밝아지면서 옅어짐

❺ Set Black Point: 클릭한 부분의 어두운 부분을 더 어둡게 해줌

❻ Set Gray Point: 클릭한 지점의 명도를 중간 톤으로 조절해줌

❼ Set White Point: 클릭한 부분의 밝은 부분을 더 밝게 해줌

▲ 원본 이미지

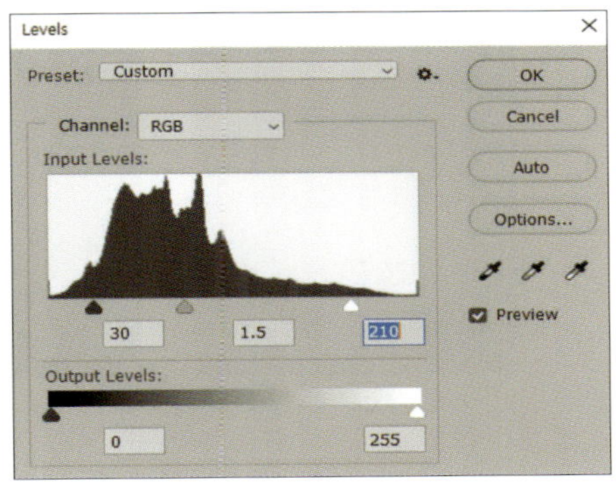

▲ Shadow(30)/Midtone(1.5)/Highlight(210)

25.4 곡선으로 명도와 대비 조절(Curves) [Ctrl]+M

이미지의 명도와 대비를 조절할 때 사용하는 기능으로, 옵션 창의 곡선 그래프를 조절하여 값을 조절한다. 곡선의 위치에 따라 가장 어두운 부분(Shadow)과 중간 부분(Midtones), 가장 밝은 부분(Highlights)으로 구분한다.

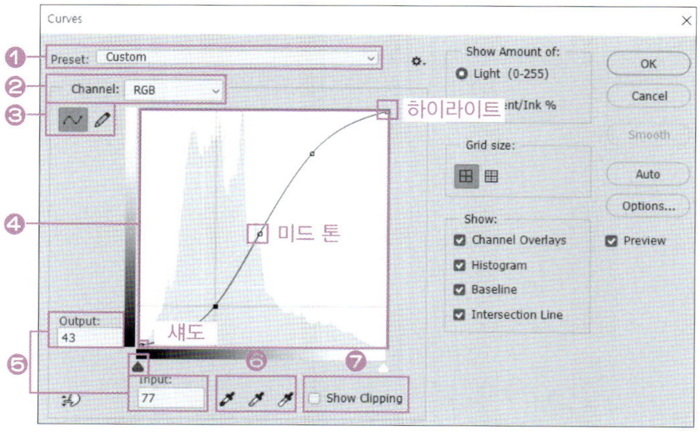

▲ Curves 옵션 창

❶ Preset: 미리 등록된 설정 값을 적용시킬 수 있는 기능

❷ Channel: 작업할 채널을 선택할 수 있는 기능

❸ Edit Points/Draw to Modify the curve: 곡선 수정을 포인트로 수정할지, 연필로 그려서 수정할지를 정하는 기능

❹ Curve: 하이라이트, 미드 톤, 섀도 포인트를 조절하여 명도와 대비를 조절(※ 곡선의 형태에 따른 명도와 대비 차이)

- 완만한 모양: 미드 톤 영역 증가, 전체적으로 밝게 표현됨
- S자 모양: 하이라이트와 섀도의 영역이 증가하여 색상 대비가 커지고 선명해짐

❺ Output/Input: 값이 표시되며, 포인트를 만들고 직접 수치 입력이 가능

❻ Eyedropper: 이미지에서 톤을 선택하여 부분을 보정하는 기능

❼ Show Clipping: 옵션 창에 표시될 영역을 조절

▲ 원본 이미지

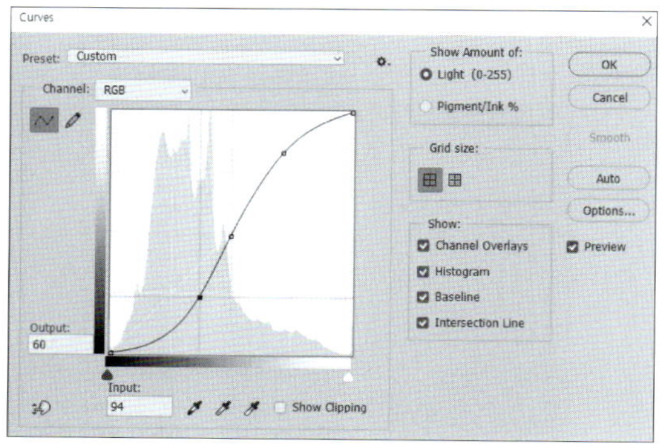

▲ S Curve: Output/Input

25.5 전체 밝기 조절(Exposure)

이미지의 노출 값을 조절하는 기능으로 전체 영역의 밝기를 보정한다.

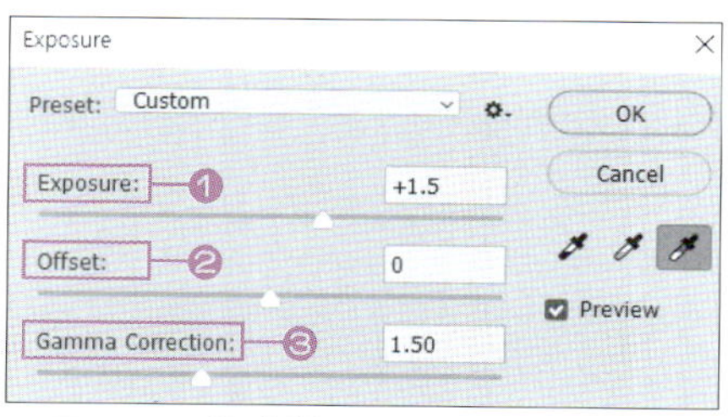

▲ Exposure 옵션 창

❶ Exposure: 전체적인 노출을 보정하는 기능

❷ Offset: 어두운 영역과 중간 톤 영역을 보정하는 기능

❸ Gamma Correction: 색조 값을 설정하는 기능

▲ 원본 이미지

▲ Exposure(1.5)/Offset(0)/Gamma Correction(1.5)

25.6 활기 있게 채도 조절(Vibrance)

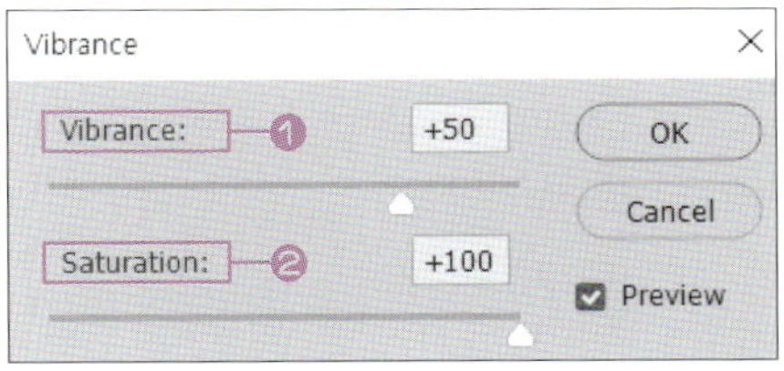

▲ Vibrance 옵션 창

기존 이미지 색상에 채도를 자연스럽게 수정하여 활기찬 느낌의 색상으로 보정해 준다. 채도가 낮은 색상을 높은 채도의 색상으로 만들어 전체 채도의 색상 클리핑을 방지해 준다.

❶ Vibrance: 채도가 낮은 색상을 조절하여 전체 채도의 색상 클리핑을 방지해줌

❷ Saturation: 현재 채도와 관계없이 모든 색상에 동일한 정도의 채도를 적용해줌

▲ 원본 이미지

▲ Vibrance(50)/Saturation(50)

25.7 색상, 채도, 명도 조절(Hue/Saturation/Lightness) [Ctrl]+U

이미지의 색상, 채도, 명도를 일괄적으로 조절할 때 사용하는 기능으로 사진 색상을 바꿀 때 유용하다.

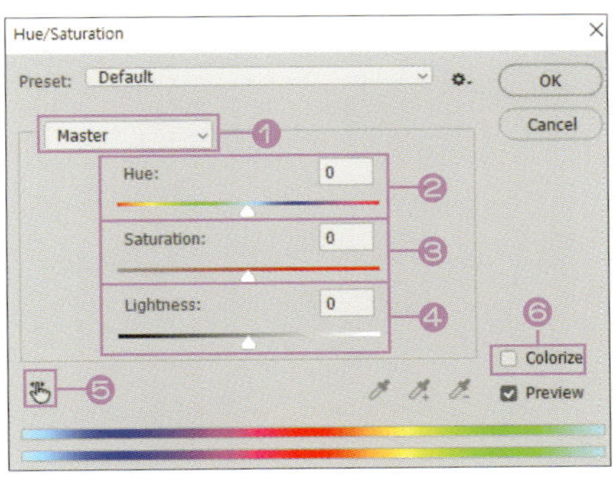

▲ Hue/Saturation/Lightness 옵션 창

❶ Edit: 편집할 색상을 선택하는 기능

❷ Hue: 색상을 조절하는 기능

❸ Saturation: 채도를 조절하는 기능

❹ Lightness: 명도를 조절하는 기능

❺ Click & Drag: 이미지 위의 색상을 클릭하거나 드래그하면 선택된 색상의 채널이 자동 선택되며, 그 색상에만 보정됨

❻ Colorize: 한 가지 색상 톤으로 바꾸어 놓고 색상, 채도, 명도를 조절하는 역할이며, 모노 톤으로 색상을 조절

▲ 원본 이미지

▲ Hue(−90)

▲ Saturation(50)

▲ Lightness(30)

25.8 색상 균형 조절(Color Balance) [Ctrl]+B

컬러 사진의 톤을 변화시킬 때 주로 사용하며 색감을 더하고 강조할 수 있다.

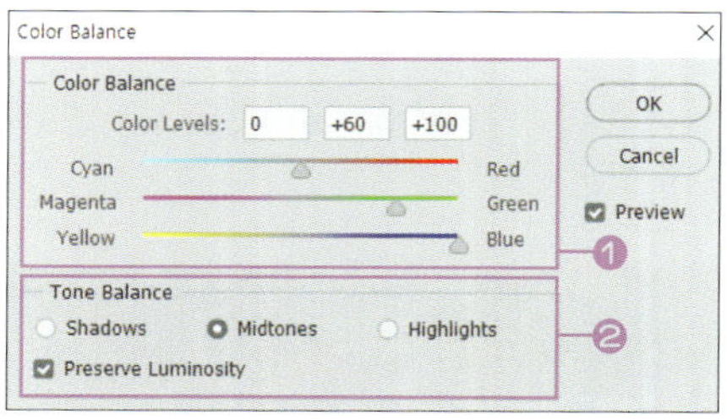

▲ Color Balance 옵션 창

❶ Color Balance: 각각의 슬라이드를 이동하여 색상을 조절, 예를 들어 1항목에서(Cyan-Red) Cyan 쪽으로 슬라이더를 움직이면 이미지에 Cyan 색감이 강해짐

❷ Tone Balance: 작업이 적용될 이미지의 밝기 톤을 선택하여 색상을 조절

- Preserve Luminosity: 명도는 유지하면서 색상을 조절

▲ 원본 이미지

▲ Color Levels(0, 60, 100)

25.9 흑백으로 전환(Black and White) [Alt]+[Shift]+[Ctrl]+B

이미지를 흑백으로 전환할 때 사용하며 사용자가 원하는 색상을 추가해서 흑백에 반영할 수 있어서, 세피아 톤을 만들 수도 있다. 이미지를 흑백으로 만드는 방법에는 [Image]–[Adjustments]의 [Desaturate]도 있지만 Desaturate는 옵션 창이 나타나지 않고, 흑백 이미지에 색상을 추가할 수 없다.

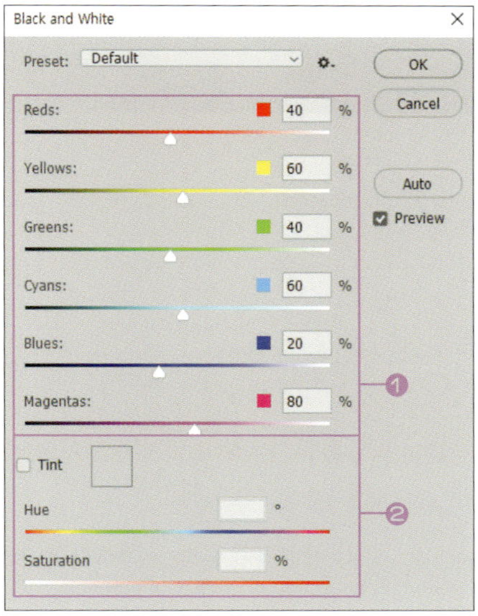

▲ Black and White 옵션 창

❶ Slider: 채널별로 필터링할 수 있으며, 슬라이더를 움직여서 조절

❷ Tint: 흑백 이미지에 색상을 추가할 수 있는 기능

▲ 원본 이미지

▲ Black and White

25.10 화이트 밸런스 교체(Photo Filter)

색 온도차를 이용하여 따뜻한 느낌과 차가운 느낌을 보정할 수 있다. 화이트 밸런스를 이용하여 이미지의 노출 값을 조절하는 기능으로 전체 영역의 밝기를 보정한다.

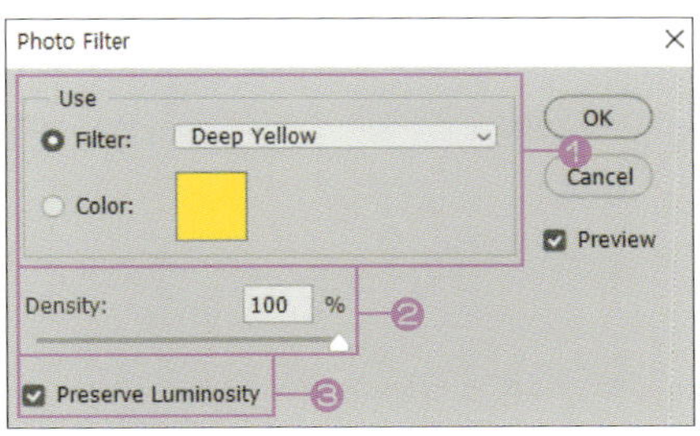

▲ Photo Filter 옵션 창

❶ Use: 사용할 필터와 원하는 색상을 지정

❷ Density: 필터의 강약을 조절

❸ Preserve Luminosity: 명도는 유지하면서 화이트 밸런스만 조절

▲ 원본 이미지

▲ Photo Filter(Density: 100)

25.11 색상 혼합(Channel Mixer)

채널을 혼합하는 방식으로 새로운 색상을 만들어 낸다.

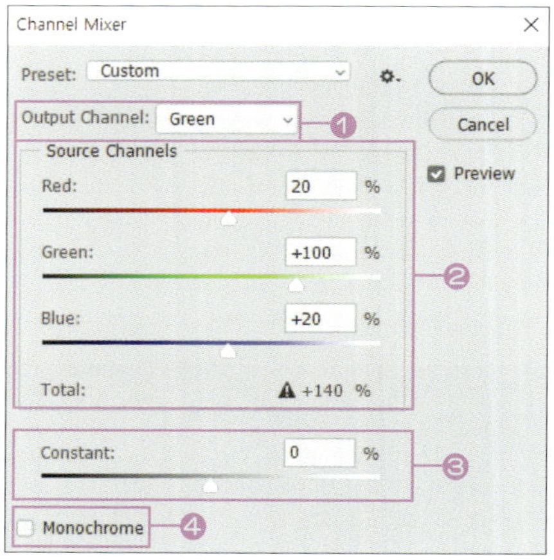

▲ Channel Mixer 옵션 창

❶ Output Channel: 작업할 채널을 선택하는 기능

❷ Source Channels: 슬라이드를 조절하여 색상을 혼합

❸ Constant: 검은색과 흰색을 추가함

❹ Monochrome: 컬러 이미지를 흑백 이미지로 전환함

▲ 원본 이미지

▲ Channel Mixer–Green Channel Red(20), Green(100), Blue(20)

25.12 빈티지 효과/필름 효과(Color Lookup)

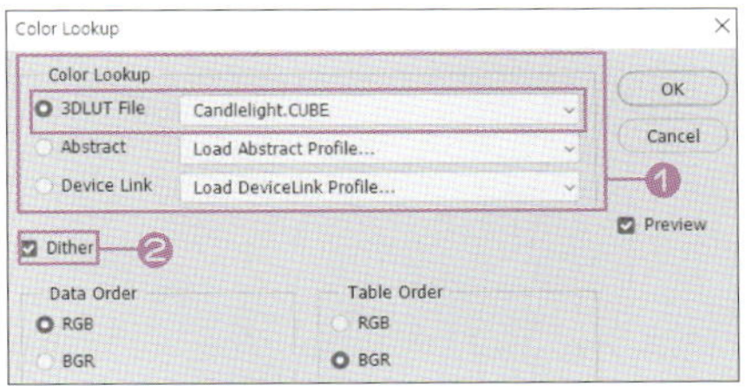

▲ Color Lookup 옵션 창

다양한 빈티지 효과나 필름 효과를 가미한 이미지를 쉽게 만들 수 있다.

❶ Color Lookup: 원하는 항목을 지정해서 빈티지 효과와 같은 다양한 효과를 지정

❷ Dither: 디더링이라고도 하며, 색상을 부드럽게 표현함

▲ 원본 이미지

▲ Color Lookup–3DLUT File: Candlelight CUBE

25.13 보색으로 반전(Invert) [Ctrl]+I

이미지가 가지고 있는 색상을 보색으로 반전시켜 준다. 다시 한 번 실행하면 원래의 색상으로 돌아온다.

▲ 원본 이미지

▲ Invert

25.14 포스터 이미지(Posterize)

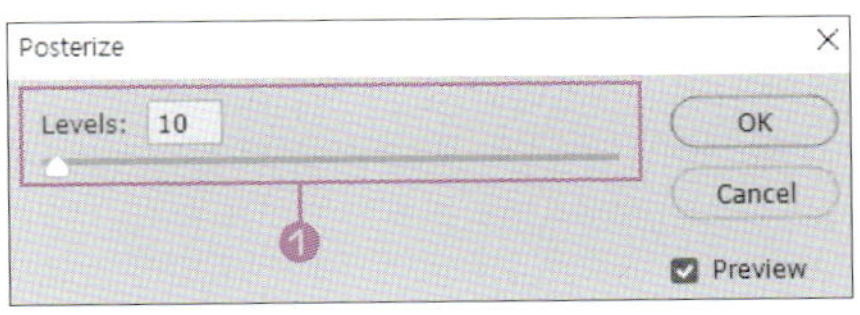

▲ Posterize 옵션 창

이미지를 Levels의 수만큼 단계별로 단순화하여 마치 포스터처럼 보이게 해주는 기능이다.

❶ Levels: 수만큼 단계별로 단순화

▲ 원본 이미지

▲ Posterize(Levels: 10)

25.15 판화 이미지(Threshold)

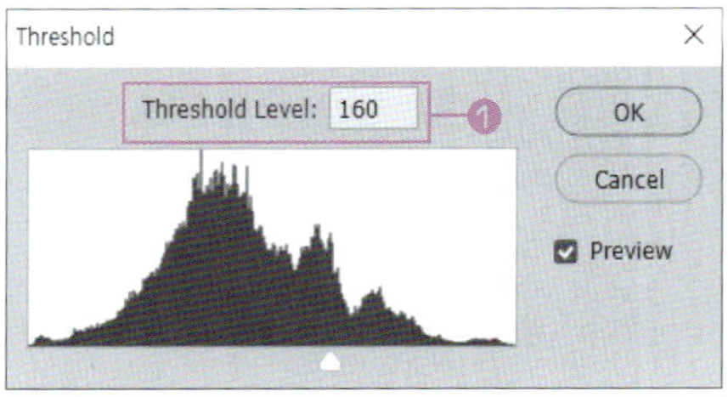

▲ Threshold 옵션 창

이미지를 검은색과 흰색으로만 구성하여 판화처럼 만들어 준다.

❶ Threshold Levels: 수가 높아질수록 대비가 강해진다.

▲ 원본 이미지

▲ Threshold(Levels: 160)

25.16 그레디언트 색상 입히기(Gradient Map)

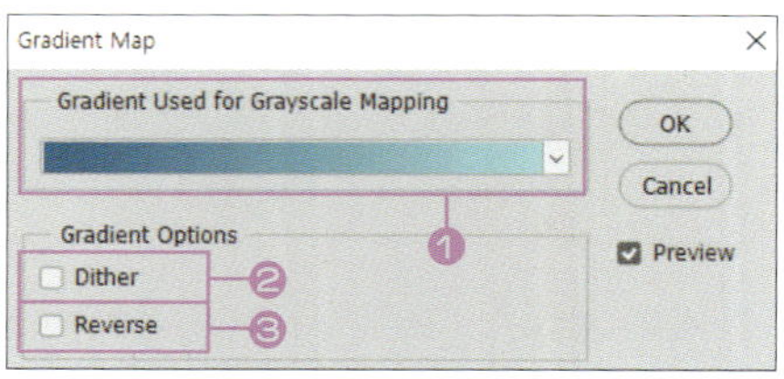

▲ Gradient Map 옵션 창

이미지에 그레디언트 색상을 채우는 기능으로, 색을 부드럽게 하려면 디더링을 체크해 주면 된다.

❶ Gradient Used for Grayscale Mapping: 그레디언트 맵에 적용된 색상을 표시하고 색상을 지정할 수 있음

❷ Dither: 디더링이라고도 하며, 색상을 부드럽게 표현함

❸ Reverse: Gradient Map이 반대로 적용됨

▲ 원본 이미지

▲ Gradient Map

25.17 색상 값 조절(Selective Color)

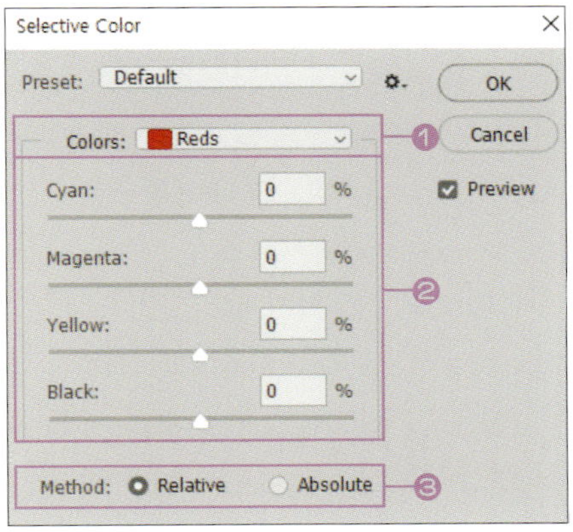

▲ Slective Color 옵션 창

이미지 중 한 부분의 색상 톤을 다른 색으로 대체하고 싶을 때 사용하는 기능이다.

❶ Colors: 변경할 색상 채널을 선정

❷ Slider: 선택한 채널의 색상을 슬라이더를 조절하여 조정

❸ Method: 색상 주위를 부드럽게 할지, 강하게 할지를 선택

▲ 원본 이미지

▲ Selective Color–Magenta(–20), Yellow(–70)

25.18 노출 상태 조절(Shadows/Highlights)

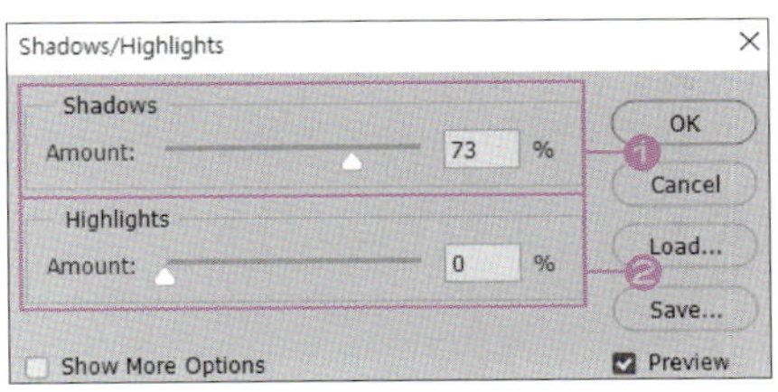

▲ Shadows/Highlights 옵션 창

이미지가 그림자나 역광으로 인해 너무 어둡게 표현된 부분을 리터칭해 주는 기능이다.

❶ Shadows: 값을 올리면 밝아짐

❷ Highlights: 값을 올리면 색이 짙어짐

▲ 원본 이미지

▲ Shadows/Highlights(Shadows: 73)

25.19 HDR 효과 내기(HDR Toning)

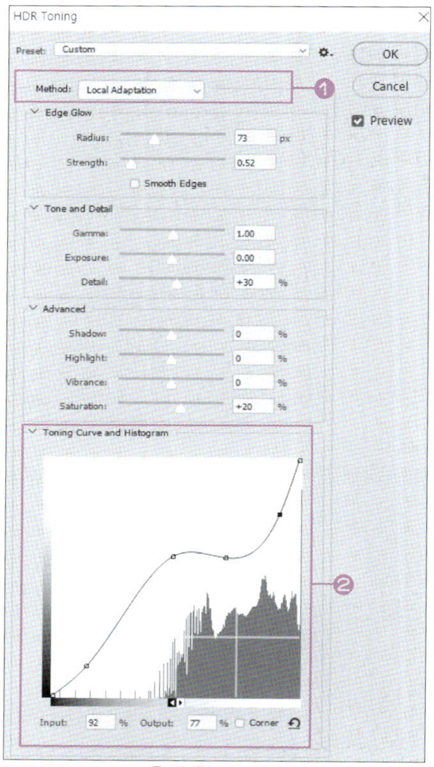

▲ HDR Toning 옵션 창

HDR(High Dynamic Range)은 밝기의 범위를 확장시키는 기능으로 HDR 대비 및 노출 설정을 개별 이미지에 적용할 수 있다.

❶ Method: 이미지를 표현할 방법을 결정

- Exposure and Gamma: 밝기와 대비를 조절
- Highlight Compression: 밝기를 조절
- Equalize Histogram: 이퀄라이저로 조절
- Local Adaptation: 여러 가지 값을 직접 조절

❷ Toning Curve and Histogram: 곡선을 조절하여 HDR 이미지를 표현

▲ 원본 이미지

▲ HDR Toning

25.20 채도 낮추기(Desaturate)

[Shift]+[Ctrl]+U

원본 이미지에서 색상을 제거하여 흑백 이미지로 만들어 주는 기능이다. 채도만 제거하기 때문에 색상의 속성은 남아 있어, 좀 더 부드러운 흑백화가 가능하다.

▲ 원본 이미지

▲ Desaturate

▲ 원본 이미지

▲ Desaturate

25.21 색상 톤 일치(Match Color)

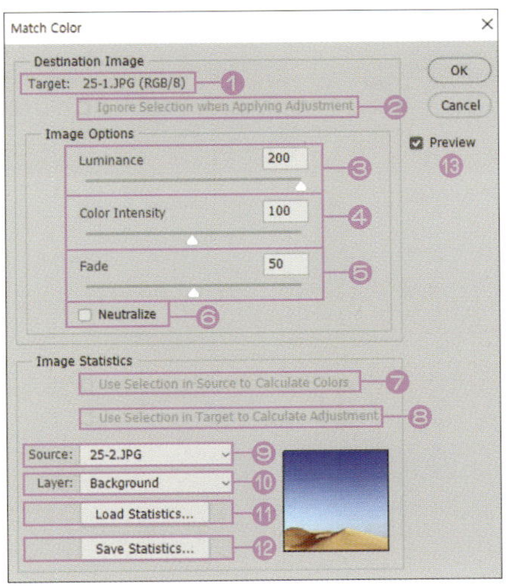

▲ Match Color 옵션 창

❶ Target: 작업 중인 이미지의 이름이 표시됨

❷ 작업 중인 이미지에 선택 영역이 있는 경우 작업에서 제외

❸ Luminance: 이미지의 밝기 조절

❹ Color Intensity: 이미지의 채드 조절

❺ Fade: 값이 높을수록 원본 색상이 강하게 나타남

❻ Neutralize: 전체적인 색조가 브드럽게 나타남

❼ 소스 이미지의 선택된 영역을 기준으로 이미지를 보정

❽ 대상 이미지의 선택된 영역을 기준으로 이미지를 보정

❾ Source: 소스 이미지로 사용할 이미지를 선택

❿ Layer: 선택한 레이어를 소스 디미지로 사용

⑪ Load Statistics: 현재 옵션 값을 로딩

⑫ Save Statistics: 현재 옵션 값을 저장

⑬ Preview: 소스로 선택한 이미지를 미리 볼 수 있음

▲ 원본 이미지

+

▲ 소스 이미지

➡

▲ Match Color

▲ 원본 이미지

+

▲ 소스 이미지

➡

▲ Match Color

25.22 색상 대체(Replace Color)

특정 부분의 색상을 스포이트를 이용하여 선택하고, 선택한 색상을 옵션 창에서 조절하여 변경할 수 있다.

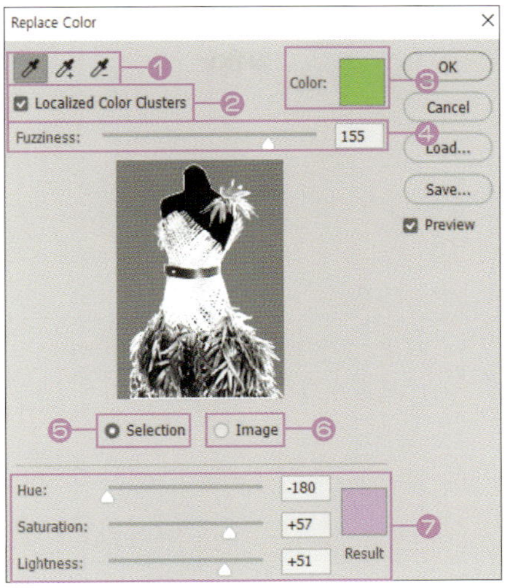

▲ Replace Color 옵션 창

❶ Eyedropper: 이미지에서 대체할 색상을 선택하는 도구
❷ Loalized Color Clusters: 지역화된 색상 집합
❸ Color: 스포이트로 선택한 색상을 나타냄
❹ Fuzziness: 수치가 높을수록 선택 색상의 범위가 넓어짐
❺ Selection: 이미지에서 선택 부분을 나타냄
❻ Image: 이미지를 표시함
❼ Replacement: 슬라이더를 조절하여 색상을 바꿔줌

▲ 원본 이미지

▲ Replace Color 1

▲ Replace Color 2

25.23 명도 평균화(Equalize)

이미지에 분포된 명도를 평균화하는 기능이다.

▲ 원본 이미지

▲ Equalize

▲원본 이미지

▲ Equalize

Chapter **26**

필터 (Filter)

필터(Filter)

Chapter 26

필터는 이미지에 다양한 방법으로 특수 효과를 줄 수 있는 기능으로 평범한 이미지를 클릭 한 번으로 멋지게 표현할 수 있는 특수 기능이다. 이미지를 흐리게 하거나, 모자이크 처리, 텍스처 질감화 등의 효과를 줄 때 모두 필터를 사용한다. 여러 개의 필터를 중복으로 사용할 수도 있으나, 작업한 내용이 모두 적용되지 않을 수도 있으니 중복 사용은 주의하는 것이 좋다.

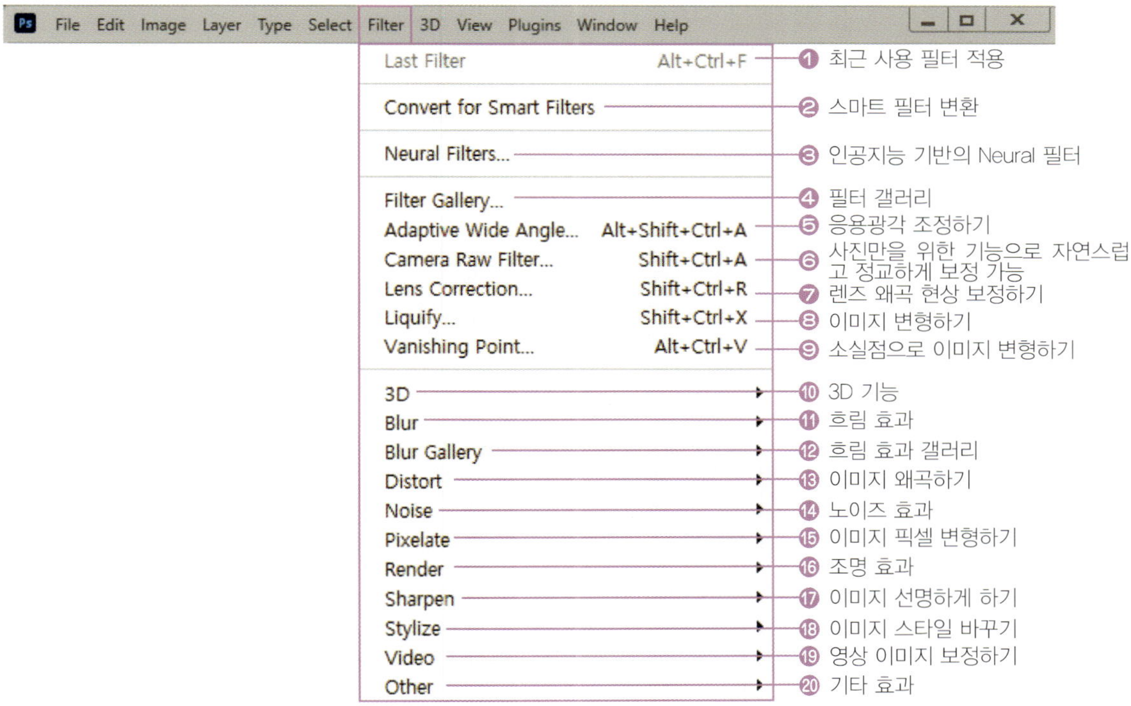

26.1 스마트 필터 변환(Convert for Smart Filter)

스마트 필터 변환은 레이어를 스마트 오브젝트로 변환시켜 사용하는 방법 중 하나로 레이어에 하위 스마트 오브젝트를 만들어 필터를 적용함으로써 언제든지 원본 이미지로 돌아갈 수 있고, 수정도 가능하다. 또한 레이어 효과도 적용할 수 있으므로 이미지에 필터와 레이어 효과 모두를 사용할 수 있다는 장점이 있다. 메뉴의 [Filter]–[Convert for Smart Filters]를 클릭하면 적용된다.

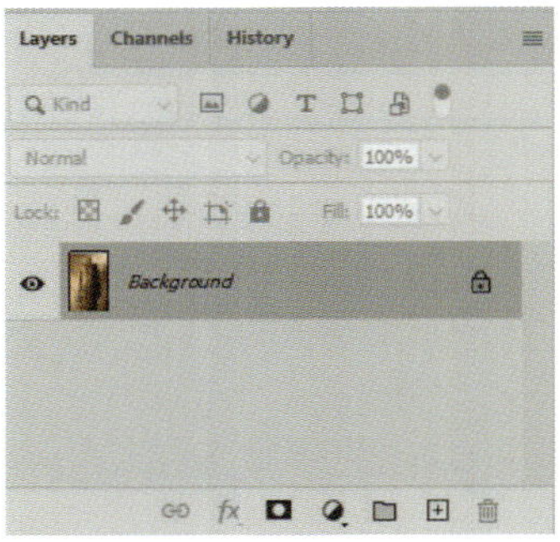

▲ 기본(Background) 상태의 레이어

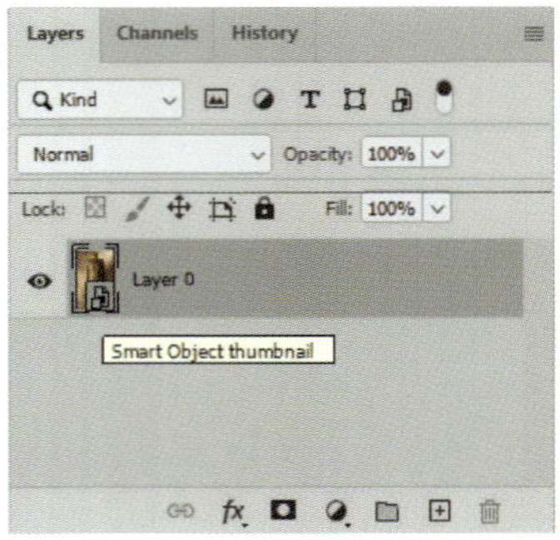

▲ Convert for Smart Filters를 적용시켜 스마트 레이어화된 이미지

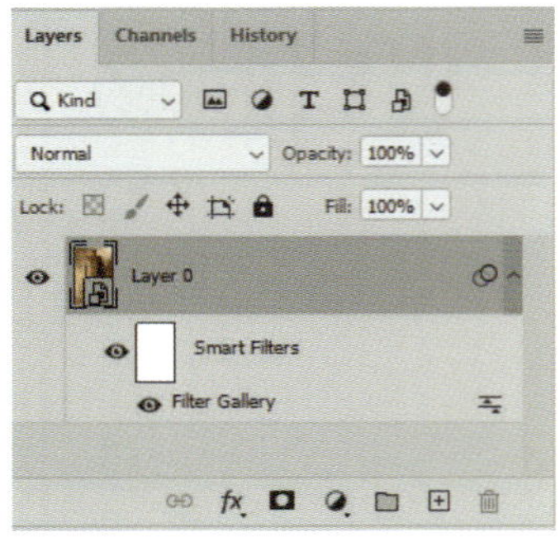

▲ 스마트 레이어에 필터를 적용한 상태의 레이어

26.2 뉴럴 필터(Neural Filter)

인공지능 기반의 뉴럴 필터는 어도비 인공 지능인 '어도비 센세이(Adobe Sensei)'를 이용한다.
여러 단계의 작업 과정을 거치지 않아도 몇 번의 클릭만으로 놀랄만한 결과를 만들어 낼 수 있다. 특히 인물 사진에서 사람의 나이와 표정, 시선, 머리카락 색을 변경하거나 흑백 사진을 컬러 사진으로 바꾸고 피부를 매끄럽게 만들 수 있다.

예제 1 의상 작품에 뉴럴 필터(Neural Filter) 적용하기

Step 1 사진 불러오기

메뉴에서 [File]–[Open]을 클릭하여 뉴럴 필터(Neural Filter)를 적용시킬 사진을 불러온다.

Step 2 뉴럴 필터(Neural Filter) 선택하기

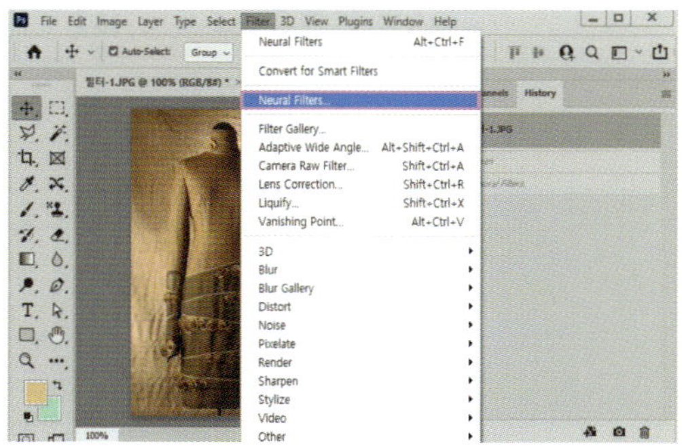

메뉴에서 뉴럴 필터(Neural Filter)를 선택한다.

Step 3 적용시킬 메뉴 선택하기

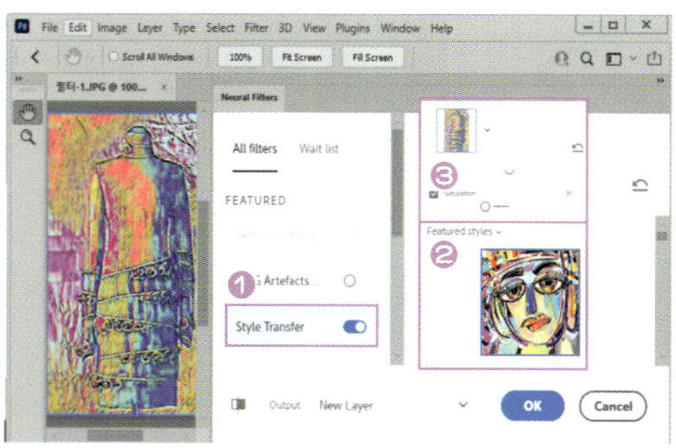

뉴럴 필터(Neural Filter)에서 Style Transfer를 선택하고, Featured styles에서 원하는 이미지를 선택한 뒤 Saturation: –20으로 설정한다.

Step 4 Colorize 활성화 후 필터 적용하기

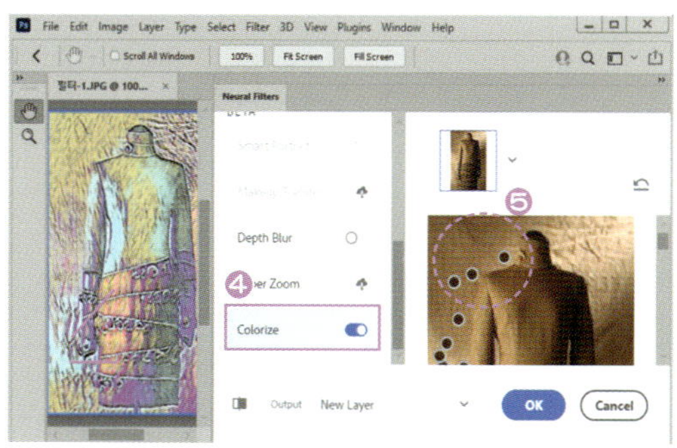

Colorize 활성화 후 작품에서 색상을 교체할 부분을 클릭하면서 색상을 바꾼다.

Step 5 적용시킬 다른 메뉴 선택하기

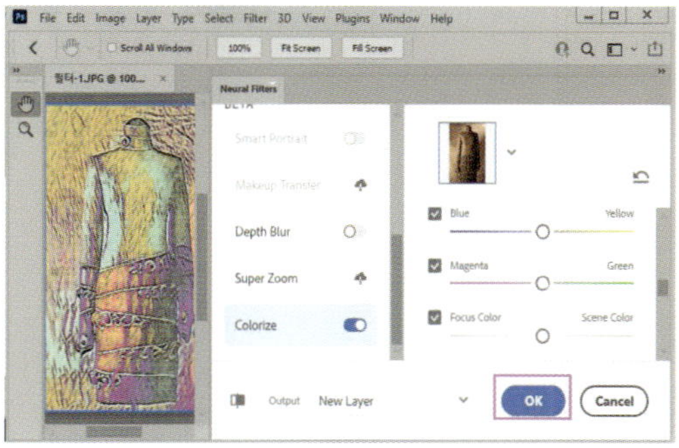

미리 보기 창에서 작품의 색을 보면서 교체하고 OK 버튼 누른다.

Step 6 완성하기

원본 이미지

완성된 이미지

26.3 필터 갤러리(Filter Gallery)

필터 갤러리는 포토샵 필터 기능을 사용자가 손쉽게 작업할 수 있도록 여러 가지 기능을 미리 모아둔 갤러리로, 미리 보기 창에서 필터 효과를 확인할 수 있으며 옵션 창을 통해 필터를 조정할 수 있다.
가장 손쉽게 쓸 수 있는 필터 기능으로 포토샵에서 꼭 기억해야 할 기능 중 하나이다.

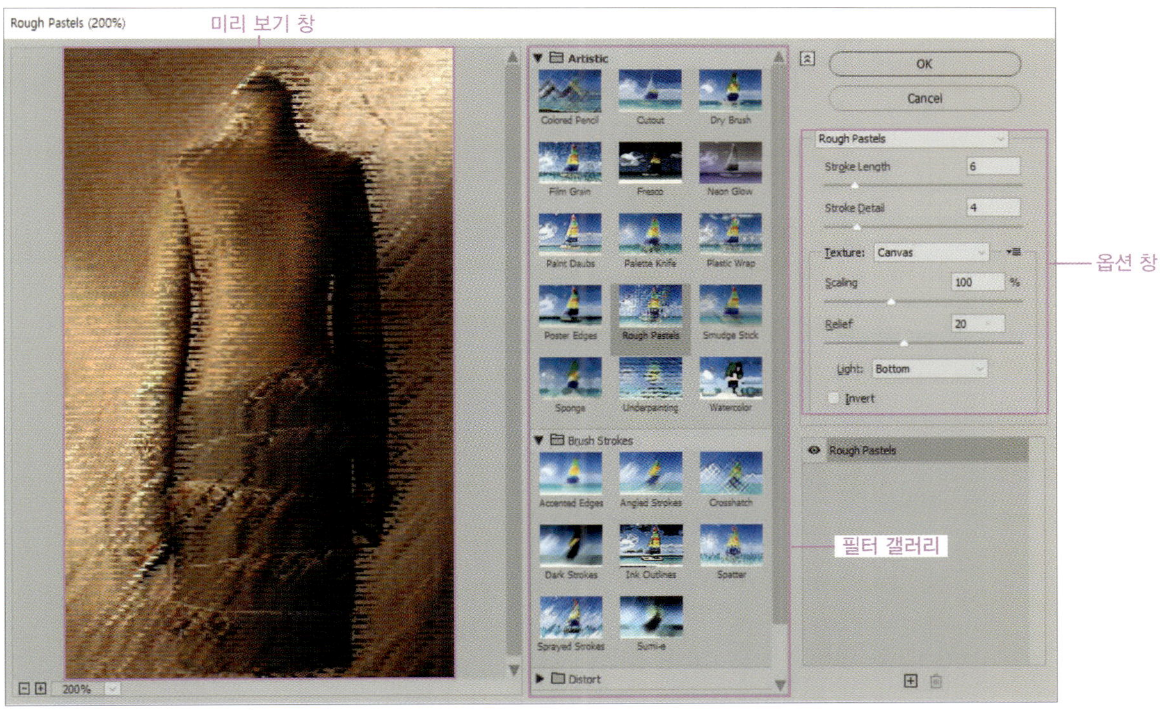

▲ 필터 갤러리(Filter Gallery) 창

Artistic

Artistic 필터는 예술적인 회화 효과들을 표현하는 필터들로 총 15가지 종류의 필터가 있다.

▲ Artistic Filter Gallery

❶ Colored Pencil: 색연필 효과
❷ Cutout: 색상 변화에 따라 오려 붙인 듯한 효과
❸ Dry Brush: 거친 붓 효과
❹ Film Grain: 노이즈 효과
❺ Fresco: 프레스코화 효과
❻ Neon Glow: 네온광 효과
❼ Paint Daubs: 페인트 붓으로 덧칠한 효과
❽ Palette Knife: 팔레트 나이프 효과
❾ Plastic Wrap: 플라스틱으로 포장한 효과
❿ Poster Edges: 포스터 외곽선 효과
⓫ Rough Pastels: 거친 파스텔 효과
⓬ Smudge Stick: 스틱으로 문지른 효과
⓭ Sponge: 스펀지로 문지른 효과
⓮ Underpainting: 페인팅한 질감 효과
⓯ Watercolor: 수채화 효과

❶ Colored Pencil: 색연필로 그린 것 같은 효과를 나타내며, 원본 이미지에 사용된 색상이 색연필의 색상으로 쓰인다.

❷ Cutout: 이미지의 색상 변화에 따라 색종이를 오려붙인 듯한 효과를 나타낸다.

❸ Dry Brush: 거친 붓터치를 이미지에 나타내는 효과로, 브러시의 크기가 클수록 거친 이미지를 표현할 수 있다.

▲ Colored Pencil & 옵션 창

▲ Cutout & 옵션 창

▲ Dry Brush & 옵션 창

❹ Film Grain: 이미지에 노이즈를 표현하여 오래된 사진처럼 효과를 주는 필터이다.

❺ Fresco: 이미지를 프레스코화처럼 그린 것으로 표현하는 필터이다.

❻ Neon Glow: 이미지에 네온 효과를 표현하는 필터로 외곽선 부분은 컬러 ㅍ 커의 전경색으로 표시된다.

❼ Paint Daubs: 페인트 붓을 이용하여 이미지에 덧칠한 효과를 나타낸다.

❽ Palette Knife: 나이프로 문지르는 효과를 나타내는 필터로, 잉크가 번진 듯한 회화적인 느낌을 표현한다.

❾ Plastic Wrap: 이미지에 랩을 씌운 듯한 효과를 나타낸다.

▲ Film Grain & 옵션 창

▲ Fresco & 옵션 창

▲ Neon Glow & 옵션 창

▲ Paint Daubs & 옵션 창

▲ Palette Knife & 옵션 창

▲ Pastic Wrap & 옵션 창

⑩ Poster Edges: 어두운 부분에 검은색 외곽선을 만들어 포스터 느낌을 나타낸다.

⑪ Rough Pastels: 거친 파스텔로 그린 듯한 효과를 나타내며, 옵션 창을 통해 질감과 빛의 방향 등을 조정할 수 있다.

⑫ Smudge Stick: 스틱으로 문지른 듯한 효과를 나타내며 어둡고 강한 느낌의 이미지가 만들어진다.

⑬ Sponge: 이미지를 스펀지로 문지른 것처럼 표현하는 필터로, 얼룩진 효과를 나타낸다.

⑭ Underpainting: 질감 위에 브러시로 페인팅한 효과를 나타내는 필터로, 질감을 선택할 수 있다.

⑮ Watercolor: 이미지를 수채화의 느낌으로 나타내는 필터이다.

▲ Poster Edges & 옵션 창

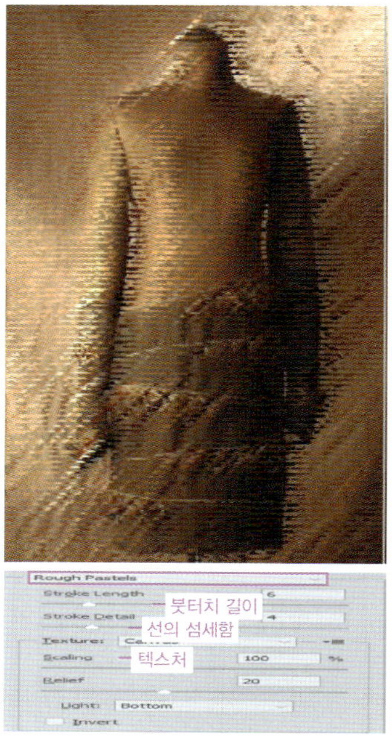

▲ Rough Pastels & 옵션 창

▲ Smudge Stick & 옵션 창

▲ Sponge & 옵션 창

▲ Underpainting & 옵션 창

▲ Watercolor & 옵션 창

Brush Strokes & Distort

Brush Strokes는 붓터치의 느낌이 강한 필터들의 갤러리이고, Distort는 픽셀의 이동과 변형의 느낌이 강한 필터들로 구성되어 있다.

▲ Brush Strokes & Distort Gallery

❶ Accented Edges: 가장자리를 강조한 브러시 효과
❷ Angled Strokes: 대각선 방향의 브러시 효과
❸ Crosshatch: 그물눈 모양의 브러시 효과
❹ Dark Strokes: 음영으로 표현된 브러시 효과
❺ Ink Outlines: 잉크로 윤곽선을 덧칠한 효과
❻ Spatter: 물감 뿌리기 효과
❼ Sprayed Strokes: 스프레이 효과
❽ Sumi-e: 수묵화 효과
❾ Diffuse Glow: 광선 확산 효과로 화사하게 표현
❿ Glass: 이미지에 유리를 덧입힌 효과
⓫ Ocean Ripple: 바다 물결 효과

❶ Accented Edges: 이미지의 경계 부분에 색상 대비를 이루는 색으로 경계선을 강조하는 느낌을 나타낸다.

❷ Angled Strokes: 이미지를 대각선 방향으로 그린 듯한 느낌의 유화 느낌을 나타낸다.

▲ 원본 이미지

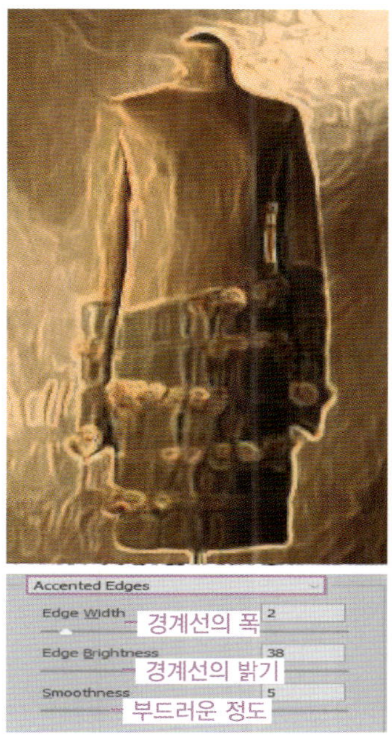

▲ Accented Edges & 옵션 창

▲ Angled Strokes & 옵션 창

❸ Crosshatch: 이미지를 그물눈 형태로 스케치한 거친 느낌으로 나타낸다.

❹ Dark Strokes: 음영을 이용하여 어두운 부분은 짧은 브러시로, 밝은 부분은 긴 브러시로 나타낸다.

❺ Ink Outlines: 잉크를 사용해 윤곽선을 덧칠한 효과를 나타낸다.

❻ Spatter: 이미지에 물감을 거칠게 뿌린 듯한 느낌을 나타낸다.

❼ Sprayed Strokes: 이미지에 에어브러시를 한 방향으로 뿌린 듯한 느낌을 나타낸다.

❽ Sumi-e: 이미지를 수묵화처럼 나타낸다.

▲ Crosshatch & 옵션 창

▲ Dark Strokes & 옵션 창

▲ Ink Outlines & 옵션 창

▲ Spatter & 옵션 창

▲ Sprayed Strokes & 옵션 창

▲ Sumi-e & 옵션 창

❾ Diffuse Glow: 이미지에 발광을 추가하여 화사한 느낌을 나타낸다.

❿ Glass: 이미지를 굴절시켜 유리를 통해 보는 듯한 느낌을 나타낸다.

⓫ Ocean Ripple: 이미지를 바다 물결 형태로 나타낸다.

▲ Diffuse Glow & 옵션 창

▲ Glass & 옵션 창

▲ Ocean Ripple & 옵션 창

Sketch

Sketch 필터는 이미지를 연필이나 목탄 등으로 스케치한 느낌을 나타내는 필터이며, 전경색과 배경색이 기본 색상으로 설정되어 나타나므로 미리 지정한 후 사용한다.

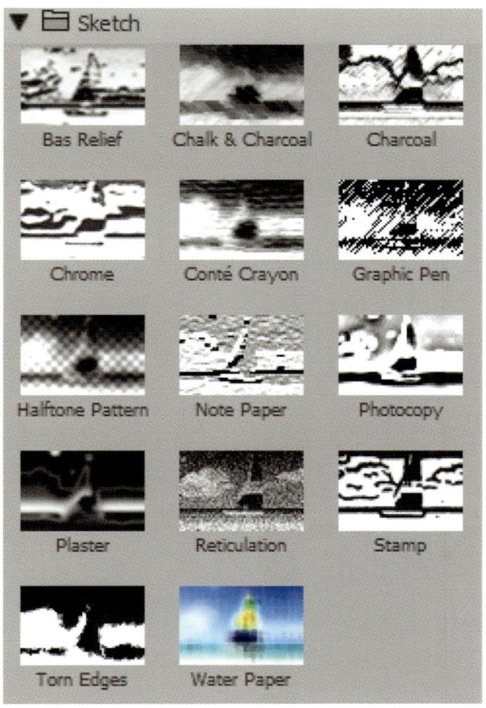

▲ Sketch Filter 목록

❶ Bas Relief: 이미지를 양각과 음각으로 표현
❷ Chalk & Charcoal: 분필과 목탄으로 그린 이미지
❸ Charcoal: 목탄으로 그린 이미지
❹ Chrome: 금속 이미지
❺ Conte Crayon: 콩테 크레용으로 그린 이미지
❻ Graphic Pen: 가는 펜으로 스케치한 효과
❼ Halftone Pattern: 중간 톤 패턴 효과
❽ Note Paper: 메모지의 질감으로 표현
❾ Photocopy: 이미지를 복사한 것처럼 표현
❿ Plaster: 석고를 덧바른 것처럼 입체적인 이미지 표현
⓫ Reticulation: 이미지를 망사처럼 표현
⓬ Stamp: 도장을 찍은 것처럼 표현
⓭ Torn Edges: 가장자리를 찢은 것처럼 표현
⓮ Water Paper: 종이가 물에 젖은 것처럼 표현

❶ Bas Relief: 양각과 음각이 있는 부조처럼 나타내며 전경색이 그림자 색상으로, 배경색이 빛의 색상으로 지정된다.

❷ Chalk & Charcoal: 이미지를 분필과 목탄을 이용한 목탄화처럼 나타낸다.

❸ Charcoal: 이미지를 목탄으로 그린 목탄화처럼 나타낸다.

❹ Chrome: 이미지를 금속으로 덧입힌 것처럼 나타낸다.

❺ Conte Crayon: 이미지를 콩테 크레용으로 그린 것처럼 나타낸다.

▲ 원본 이미지

▲ Bas Relief & 옵션 창

▲ Chalk & Charcoal & 옵션 창

▲ Charcoal & 옵션 창

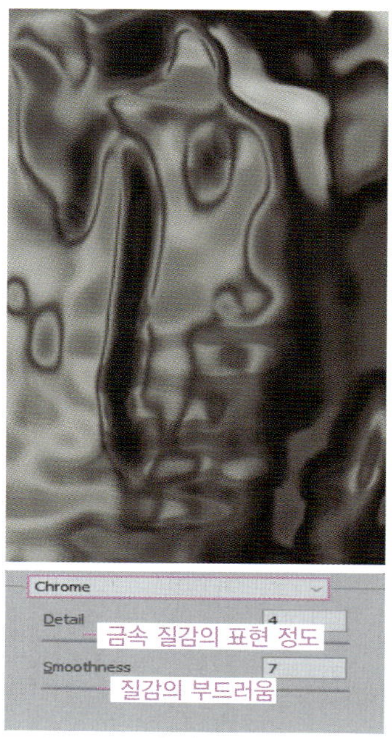

▲ Chrome & 옵션 창

▲ Conte Crayon & 옵션 창

❻ Graphic Pen: 이미지를 가는 펜을 이용해서 그린 스케치처럼 나타낸다.

❼ Halftone Pattern: 이미지를 중간 톤의 패턴으로 채워주는 효과로, 인쇄된 신문처럼 나타낸다.

❽ Note Paper: 엠보싱 효과와 그레인 효과를 주어 이미지에 메모지의 질감을 나타낸다.

❾ Photocopy: 이미지를 복사한 것처럼 나타낸다. 전경색은 어두운 부분을, 배경색은 밝은 부분을 표현한다.

❿ Plaster: 이미지에 석고를 덧바른 듯 입체적으로 나타낸다.

⓫ Reticulation: 이미지에 망사를 씌운 것처럼 나타낸다.

▲ Graphic Pen & 옵션 창

▲ Halftone Pattern & 옵션 창

▲ Note Paper & 옵션 창

▲ Photocopy & 옵션 창

▲ Plaster & 옵션 창

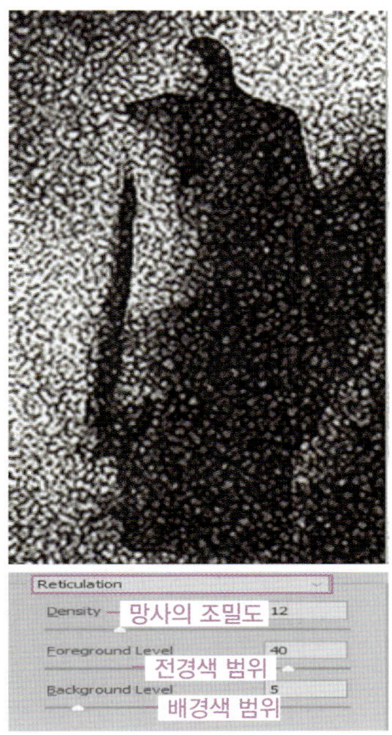

▲ Reticulation & 옵션 창

⑫ Stamp: 이미지를 도장으로 찍은 것처럼 나타낸다.

⑬ Torn Edges: 이미지의 외곽선이 찢어진 것처럼 나타낸다.

⑭ Water Paper: 젖은 종이에 이미지를 그려낸 것처럼 나타낸다.

▲ Stamp & 옵션 창

▲ Torn Edges & 옵션 창

▲ Water Paper & 옵션 창

Stylize & Texture

Stylize 필터는 이미지의 픽셀, 모양 등 스타일 자체를 변형시키는 필터로 필터 갤러리에는 Glowing Edges 필터만 구성되어 있다.

Texture 필터는 질감을 변형시키는 필터들로 구성되어 있으며, 이미지에 독특한 질감을 주어 변형시키는 필터로 포토샵 작업에서 자주 사용된다.

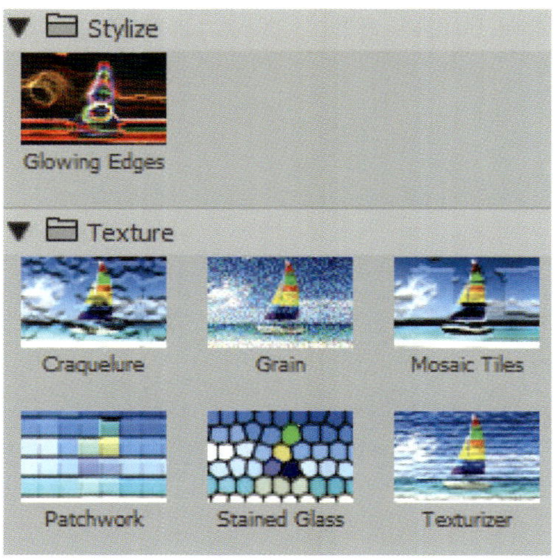

▲ Stylize & Texture Filter 목록

❶ Glowing Edges: 외곽선을 네온 효과로 표현
❷ Craquelure: 이미지 표면에 균열 효과를 표현
❸ Grain: 이미지 표면에 서로 다른 입자로 표현
❹ Mosaic Tiles: 모자이크 타일의 질감으로 표현
❺ Patchwork: 패치워크 타입의 질감으로 표현
❻ Stained Glass: 스테인드 글라스로 표현
❼ Texturizer: 사용자가 원하는 질감으로 표현

❶ Glowing Edges: 이미지의 외곽선을 네온 효과로 나타냄으로써 사이버틱한 독특한 이미지를 만들 수 있다.

❷ Craquelure: 이미지 표면에 균열이 생긴 것과 같은 느낌으로 나타낸다.

❸ Grain: 입자 형태로 질감을 나타내는 필터이며, 10가지의 입자를 선택할 수 있다.

❹ Mosaic Tiles: 이미지를 모자이크 형태의 타일 질감으로 나타낸다.

▲ 원본 이미지

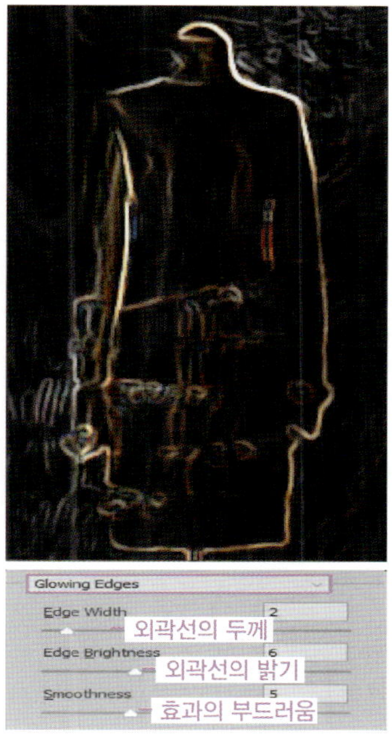

▲ Glowing Edges & 옵션 창

▲ Craquelure & 옵션 창

▲ Grain & 옵션 창

▲ Mosaic Tiles & 옵션 창

❺ Patchwork: 이미지를 사각형 조각을 이어 붙인 패치워크의 질감으로 나타낸다.

❻ Stained Glass: 이미지의 표면을 스테인드 글라스 효과를 주는 필터로, 전경색이 테두리 색으로 지정된다.

❼ Texturizer: 사용자가 원하는 질감으로 이미지의 표면을 표현할 수 있는 필터이다.

▲ Patchwork & 옵션 창

▲ Stained Glass & 옵션 창

▲ Texturizer & 옵션 창

26.4 응용광각 조정(Adaptive Wide Angle) [Alt]+[Shift]+[Ctrl]+A

응용광각 조정은 카메라의 기종에 따라 구부러지게 촬영된 이미지를 수평으로 세워주는 기능을 하는 필터이다. 실행 방법은 효과를 원하는 사진을 불러온 후 [Filter]–[Adaptive Wide Angle]을 클릭한다.

▲ Adaptive Wide Angle 실행 창

Step 1 휘어진 건물 위로 곡선 긋기

응용광각 조정(Adaptive Wide Angle) 실행 창에서 선 도구를 선택한 후, 휘어진 건물 위로 곡선을 그린다.

Step 2 클릭 시 자동으로 곡선이 직선으로 변경

곡선을 그린 후 마무리 점을 클릭하면 곡선이 자동으로 직선으로 바뀌면서 건물이 수평으로 변한다.

Step 3 같은 방법으로 다른 부분 수정하기

이미지의 다른 휘어진 부분도 위와 같은 방법으로 곡선을 그려서 직선화시켜 주면, 위의 그림과 같이 모서리가 찌그러진 이미지로 완성된다.

Step 4 모서리 부분 힐링 브러시 도구로 채워주기

찌그러진 모서리 부분을 채워주기 위해 도구 상자의 힐링브러시 도구를 사용하여 빈 모서리 부분을 채워준다.

26.5 렌즈 왜곡 현상 보정(Lens Correction) [Shift]+[Ctrl]+R

렌즈 왜곡 현상 보정은 중심이 왜곡된 사진을 간단하게 보정할 수 있는 필터이다.
카메라 기종에 따라 볼록렌즈 현상이 심한 사진의 경우는 이 필터로 손쉽게 사진을 수정할 수 있다.

▲ Lens Correction 실행 창

▲ 원본 이미지

▲ Lens Correction으로 보정한 이미지(Remove Distortion: 100, Vignetting: –100)

TIP

한 번에 만족할 만한 보정이 나오지 않을 때는 [Ctrl]+F를 클릭하여 필터를 반복 사용한다.

▲ 원본 이미지

▲ Lens Correction으로 볼록렌즈처럼 보정한 이미지(Remove Distortion: –50, Vignetting: 50)

26.6 이미지 변형(Liquify) [Shift]+[Ctrl]+X

이미지 변형은 이미지의 표면을 잡아당겨서 원하는 대로 변형이 가능한 필터이다.
모델의 체형 보정, 얼굴 윤곽선 수정 등 인물 사진 보정에 있어서 편리하게 사용된다.

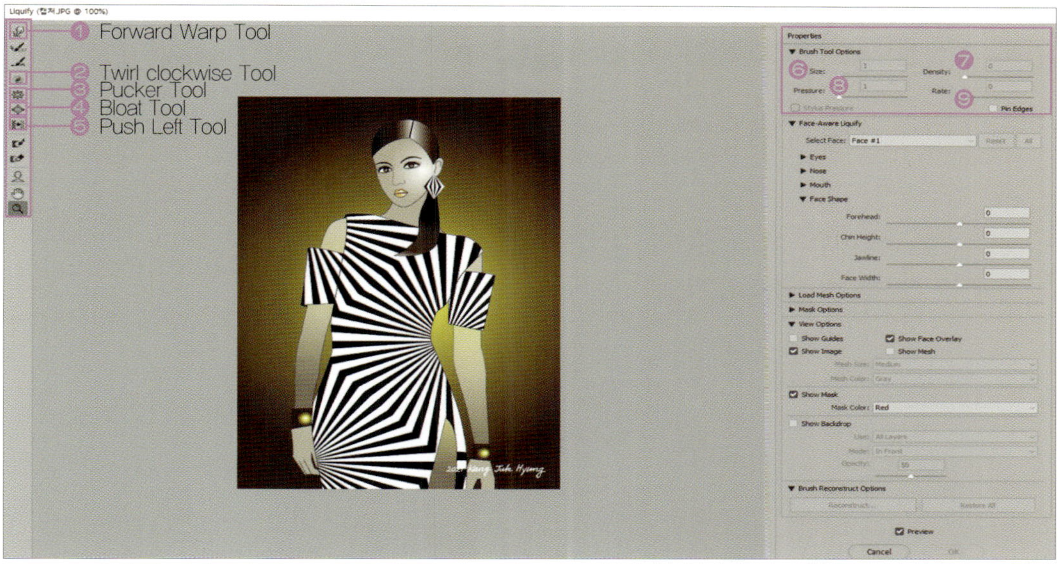

▲ Liquify 실행 창

변형에 사용되는 도구와 브러시 옵션

❶ Forward Warp Tool: 손가락으로 밀거나 당기듯 픽셀을 이동. 손가락 도구(Smudge Tool)와 유사하지만 뒤틀기 도구로 변형된 부위에는 흐림 효과가 나타나지 않음

❷ Twirl clockwise Tool: 커서 반경 내의 픽셀을 회전시킨다. 반시계 방향으로 회전하려면 [Alt]를 누른채 마우스를 클릭

❸ Pucker Tool: 커서 반경 내의 픽셀을 축소해 오므린다. [Alt]를 누른 채 사용하면 볼록 도구로 작동

❹ Bloat Tool: 커서 반경 내의 픽셀을 확대해 퍼뜨린다. [Alt]를 누른 채 사용하면 오목 도구로 작동

❺ Push Left Tool: 마우스의 드래그 방향을 기준으로 픽셀을 왼쪽으로 미는 드구. [Alt]를 누른 채 드래그하면 픽셀의 밀리는 방향을 오른쪽으로 변경할 수 있음

❻ Size: 브러시 반경을 제어

❼ Density: 변형의 세기를 제어

❽ Pressure: 변형의 절대적인 세기를 제어

❾ Rate: 변형이 적용되는 속도를 제어

▲ 원본 이미지

▲ Liquify로 보정할 이미지 가이드

▲ 보정이 완성된 이미지

26.7 소실점으로 이미지 변형(Vanishing Point) [Alt]+[Ctrl]+V

베니싱 포인트(Vanishing Point)는 소실점을 이용해서 건물이나 사물을 자연스럽게 옮기거나 복사해서 변형시킬 수 있다. 예를 들면, 건물의 높이 등을 높일 수도 있다.

❶ 평면 편집 도구: 평면을 선택, 크기 조절
❷ 평면 생성 도구: 원근법으로 평면 만들기
❸ 선택 도구: 영역을 선택
❹ 도장 도구: 원근감 있게 복사 가능
❺ 브러시 도구: 원근감 있게 채색 가능
❻ 변형 도구: 이미지를 변형
❼ 스포이트 도구: 브러시의 색상 추출
❽ 자 도구: 이미지의 거리 측정
❾ 손바닥 도구: 이미지를 화면 이동
❿ 돋보기 도구: 이미지를 확대

▲ Vanishing Point 실행 창

Step 1 평면 생성 도구로 복사할 영역 선택하기

Vanishing Ponit 실행 창에서 평면 생성 도구를 선택 후 변형할 부분을 클릭하여 선택한다.

Step 2 원하는 높이만큼 사각형 영역 넓히기

선택된 사각형의 가운데 점을 높이고 싶은 높이만큼 드래그한다.

Step 3 선택 도구로 영역 선택 후 복사하기

선택 도구로 복사할 부분을 선택해 주고 [Alt] 키를 누른 상태에서 위로 드래그하면 선택 영역이 복사되어 위로 올라간다.

Step 4 건물 높이기 완성

Vanishing Point 필터를 이용하여 건물 높이기를 완성한다.

26.8 블러(Blur)

블러는 초점을 흐리게 처리하여 이미지를 뿌옇게 만들어 주는 필터이다. 픽셀의 경계선을 흐리게 지정하여 이미지에 속도감이나 흐름 효과를 표현한다.

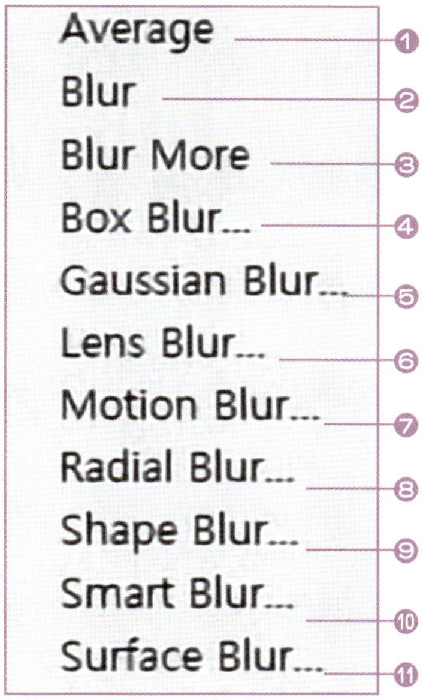

❶ Average: 이미지를 이루는 평균 색상으로 채움
❷ Blur: 렌즈의 초점을 흐리게 만드는 블러 효과
❸ Blur More: 블러를 여러 번 적용한 강한 효과
❹ Box Blur: 박스 형태의 블러 효과를 적용
❺ Gaussian Blur: 세밀하게 조절이 가능한 블러 효과
❻ Lens Blur: 카메라 렌즈를 이용한 것 같은 블러 효과
❼ Motion Blur: 속도감을 표현하는 블러 효과
❽ Radial Blur: 방사형으로 나타내는 블러 효과
❾ Shape Blur: 도형 형태를 기준으로 블러 효과를 적용
❿ Smart Blur: 이미지의 윤곽선을 살린 고급 블러 효과
⓫ Surface Blur: 가장자리를 유지한 블러 효과

Average/Blur

평균(Average)는 이미지를 구성하는 색상 전체를 평균색으로 표현하는 필터이다.
블러(Blur)는 렌즈의 초점을 흐리게 하는 필터로, 픽셀의 경계선을 평균화한다.

▲ 원본 이미지

▲ Average

▲ Blur

Blur More/Box Blur/Gaussian Blur

Blur More는 블러 필터를 여러 번 적용한 효과로, Blur보다 조금 강한 블러 효과를 적용한다.
Box Blur는 인접 픽셀의 평균 색상을 Box 형태의 흐림으로 적용하며, Radius 값이 클수록 상자의 크기가 커진다.
Gaussian Blur는 Radius 값을 설정해서 세밀하게 블러 효과를 적용할 수 있다.

▲ Blur More

▲ Box Blur(Radius: 7 px)

▲ Gaussian Blur(Radius: 10 px)

Lens Blur

Lens Blur는 카메라 렌즈를 이용한 것 같이 흐린 효과를 적용하며, 흐림의 정도와 노이즈 등을 조정할 수 있다.

▲ Lens Blur 실행 창

❶ Depth Map: 흐림의 정도를 조절

❷ Iris: 홍채와 같이 흐림 효과를 조절

❸ Specular Highlights: 빛의 반사량을 조절

❹ Noise: 노이즈 효과를 추가함

❺ Monochromatic: 단색 효과

Motion Blur

특정한 방향으로 흐림 효과를 조절하여 속도감을 표현하는 필터이다.

▲ 원본 이미지

▲ Motion Blur(Angle: 35°, Distance: 269 px)

Radial Blur

기준점을 중심으로 방사형으로 표현되는 블러 효과이다.

▲ 원본 이미지

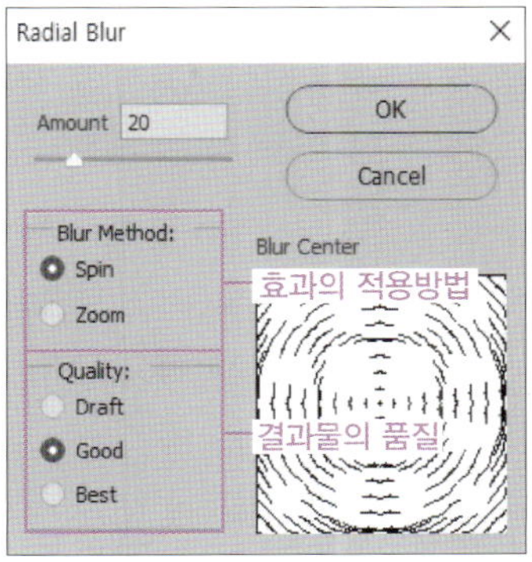

▲ Radial Blur 옵션 창

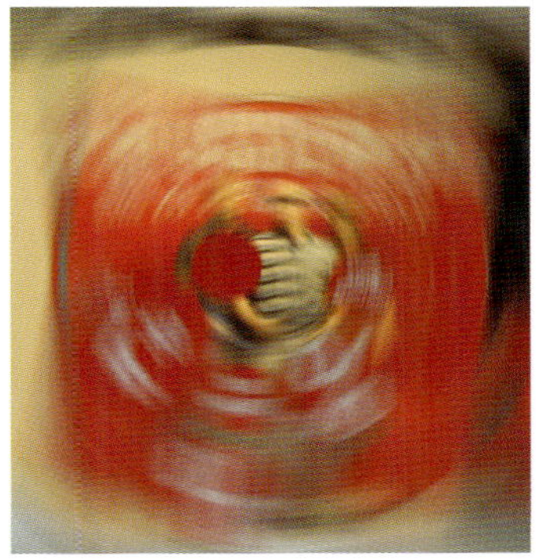

▲ Radial Blur가 적용된 이미지

Shape Blur

포토샵에서 제공하는 기본 도형(Shape) 형태를 기준으로 블러의 형태가 적용되는 필터이다.

▲ 원본 이미지

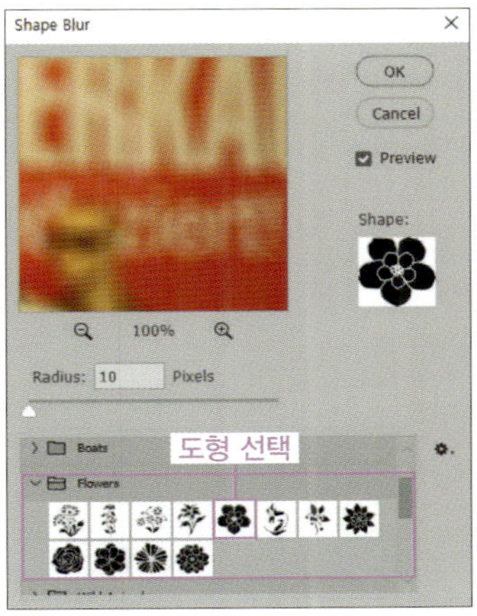

▲ Shape Blur 옵션 창

▲ Shape Blur가 적용된 이미지

Smart Blur/Surface Blur

Smart Blur는 이미지의 윤곽선을 살리면서 윤곽선 안쪽 면에 블러를 적용한다.
Surface Blur는 가장자리를 유지하면서 이미지를 흐리게 한다. 두 블러 효과 모두 인물 사진 보정에 유용하다.

▲ 원본 이미지

▲ Smart Blur(Radius: 100, Threshold: 100)

▲ Surface Blur(Radius: 100, Threshold: 100)

26.9 블러 갤러리(Blur Gallery)

블러 갤러리(Blur Gallery)는 배경을 흐리게 만들어 주는 필터이다. 픽셀의 경계선을 흐리게 지정하여 이미지에 속도감이나 흐름 효과를 표현한다.

❶ Field Blur: 기준점마다 다른 값의 블러 효과를 적용

❷ Iris Blur: 원형의 블러 효과를 적용

❸ Tilt-Shift: 수평 형태로 블러 효과를 적용

❹ Path Blur: 수평 형태로 블러 효과를 적용

❺ Spin Blur: 수평 형태로 블러 효과를 적용

Field Blur

이미지에 설정된 기준점을 중심으로 기준점마다 다른 값의 블러를 설정할 수 있다.

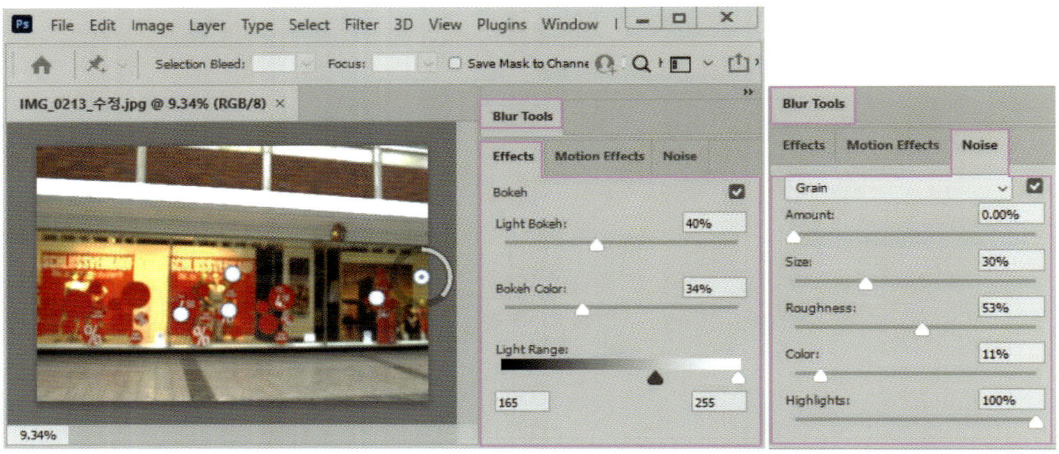

▲ Field Blur 실행 창

▲ 원본 이미지

▲ Field Blur를 적용한 이미지

Iris Blur

이미지에 원형의 블러 효과를 적용할 수 있으며 기준점을 중심으로 원형의 바깥쪽으로 블러가 적용된다.

▲ Iris Blur를 실행하고 있는 이미지

▲ Iris Blur를 적용한 이미지

Tilt-Shift

이미지에 수평 형태의 블러를 적용한다.

▲ Tilt-Shift를 실행하고 있는 이미지

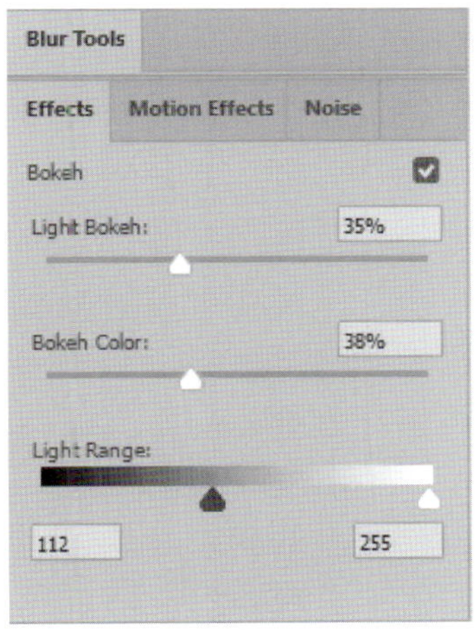

▲ Tilt-Shift 옵션 창

Path Blur

Motion Effects와 Noise만 활성화된다.

▲ 원본 이미지

▲ Path Blur를 적용한 이디지

Spin Blur

Motion Effects와 Noise만 활성화된다.

왜곡(Distort) 계열의 필터는 이미지의 형태를 여러 가지 형태로 자유롭게 변형하는 필터들의 갤러리이다.

▲ 원본 이미지

▲ Spin Blur를 적용한 이미지

26.10 이미지 왜곡(Distort)

왜곡은 이미지의 형태를 변형시키는 필터이다.

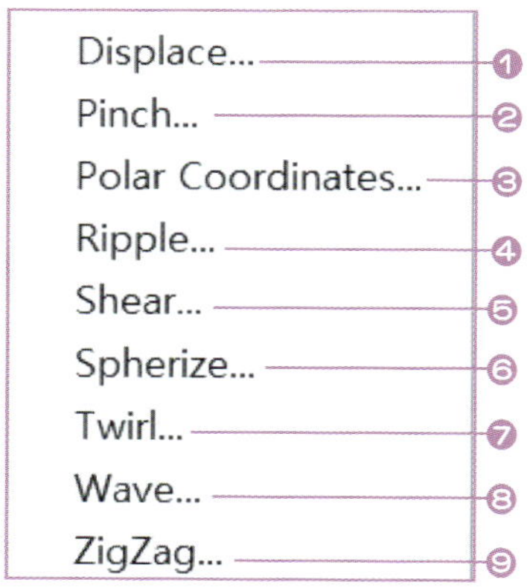

❶ Displace: 변위 맵(.psd)을 이용해서 선택 영역을 왜곡

❷ Pinch: 이미지의 중심을 기준으로 오목하게 왜곡

❸ Polar Coordinates: 이미지를 극좌표로 변환해서 왜곡

❹ Ripple: 이미지 표면을 물결 형태로 왜곡

❺ Shear: 이미지를 곡선이나 대각선 방향으로 왜곡

❻ Spherize: 이미지를 돋보기로 보는 것처럼 왜곡

❼ Twirl: 이미지를 소용돌이 모양으로 왜곡

❽ Wave: 이미지를 물결 모양과 같이 다양하게 왜곡

❾ ZigZag: 수면에 나타나는 동심원 모양으로 왜곡

Displace

이미지에 변위 맵(Displace Map)을 이용해서 선택 영역을 왜곡시키는 필터로 변위 맵은 Displace 옵션을 설정한 뒤 마지막에 선택이 가능하며 다른 파일(.psd)로 저장되어 있어야 불러올 수 있다.

변위 맵에서 기본적으로 이미지의 색에 따라 원본 이미지가 이동하게 되며 흰색은 왼쪽, 50% 회색은 이동하지 않고, 검정색은 오른쪽으로 움직이게 된다.

Displace의 적용방법은 [메뉴]-[Filter]-[Distort]-[Displace]를 클릭하면 나타나는 옵션 창의 값을 알맞게 입력한 뒤 [OK] 버튼을 누르면 나타나는 윈도우 창에서 변위 맵(.psd 파일)을 선택한다.

이때 변위 맵은 사용자가 원하는 스타일로 미리 .psd 파일을 만들어 준비하도록 한다.

▲ 원본 이미지

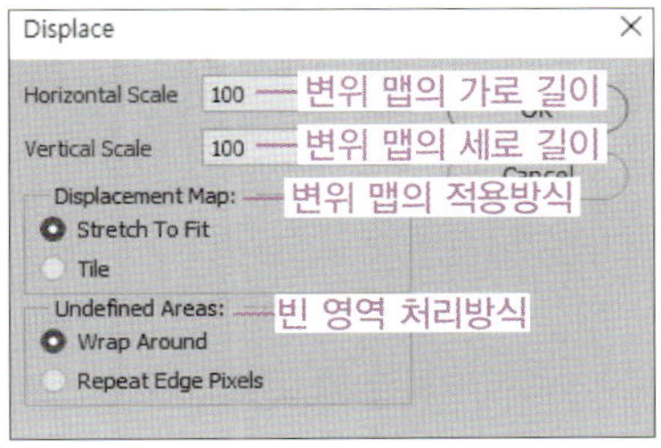

▲ 디스플레이스 옵션 창

▲ 변위 맵(파일 형식-.psd)

▲ Displace 필터를 적용한 이미지: Stretch To Fit 적용

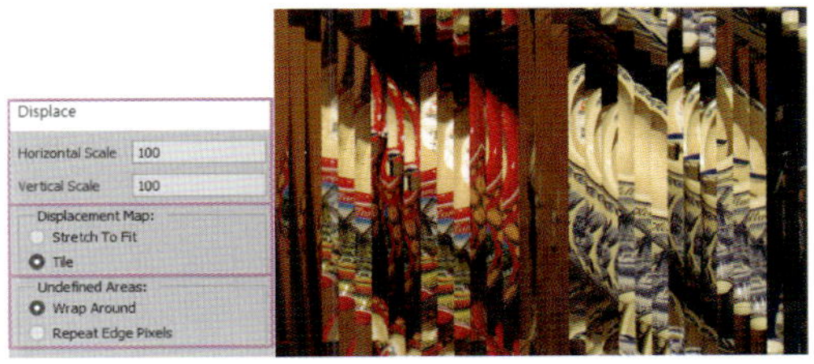

▲ Displace 필터를 적용한 이미지: Tile 적용

Pinch

핀치(Pinch)는 이미지의 중심을 기준으로 오목하게 왜곡하는 필터이다.

▲ 원본 이미지

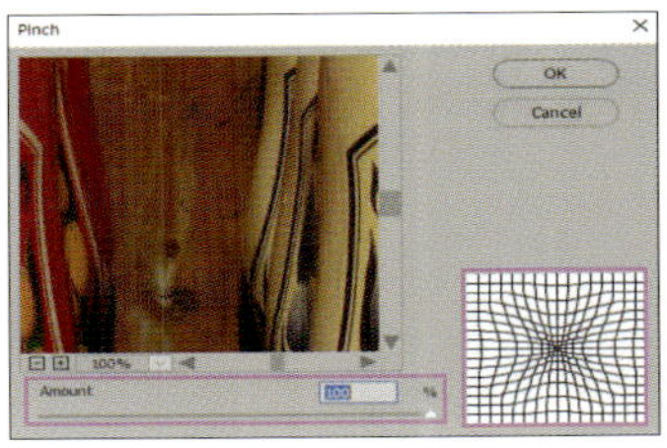

▲ Pinch(Amount: 100%)

Polar Coordinates

좌표 설정(Polar Coordinates)는 좌표를 변환시켜, 이미지를 원통형 거울에 비출 때 나타나는 왜곡현상으로 나타내는 필터이다. 필터의 종류로는 직교 좌표에서 극좌표로(Rectangular to Polar), 극좌표에서 직교 좌표로(Polar to Rectangular)가 있다.

▲ 원본 이미지

▲ Rectangular to Polar

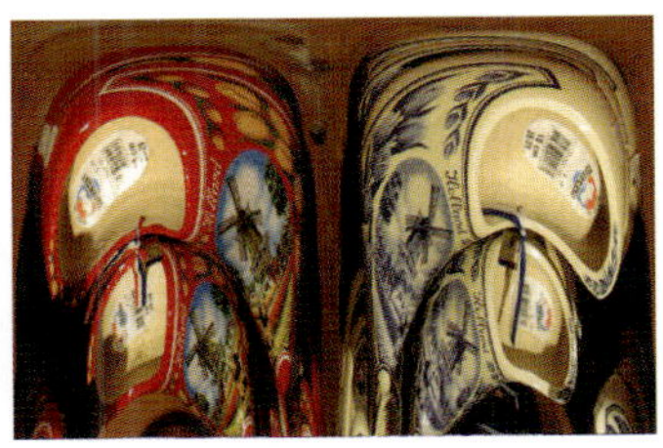

▲ Polar to Rectangular

Ripple/Shear

잔물결(Ripple)은 이미지의 표면을 물결 형태로 왜곡시켜 나타내는 필터이며, 기울임(Shear)은 이미지를 곡선이나 대각선 방향으로 기울여 왜곡시켜 나타내는 필터이다.

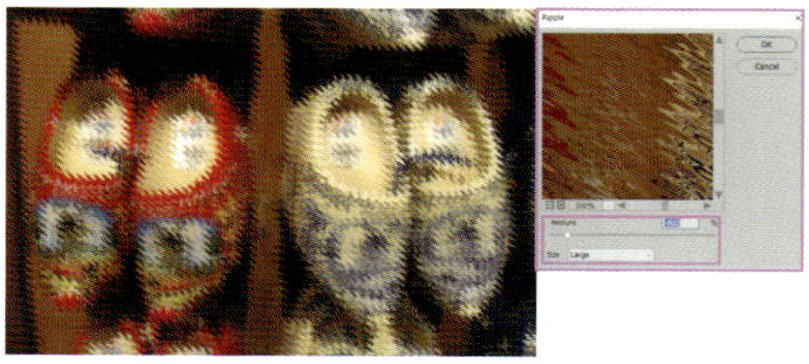

▲ Ripple(Amount: -800, Large)

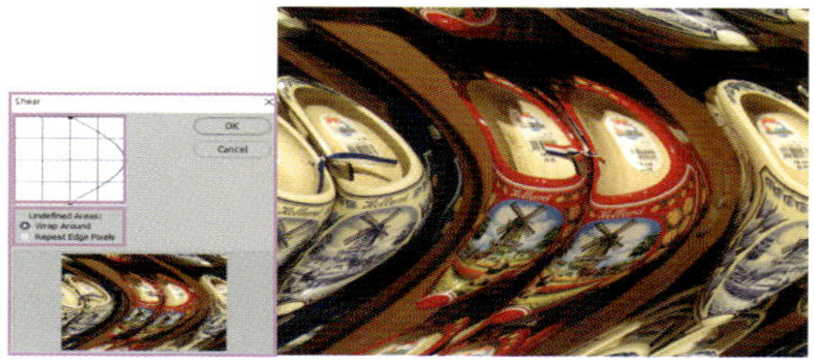

▲ Shear(Wrap round)

Spherize/Twirl

구형화(Spherize)는 이미지를 돋보기로 보는 것처럼 볼록하게 나타내는 필터이다.
돌리기(Twirl)은 이미지를 소용돌이처럼 비틀어 왜곡시켜 나타내는 필터이다.

▲ 원본 이미지

▲ Spherize(Amount: 100%)

▲ Twirl(Angle: 360°)

Wave

파도(Wave)는 이미지를 물결처럼 변형시켜 주는 필터이다. 아래와 같은 옵션으로 다양한 Wave를 만들 수 있다.

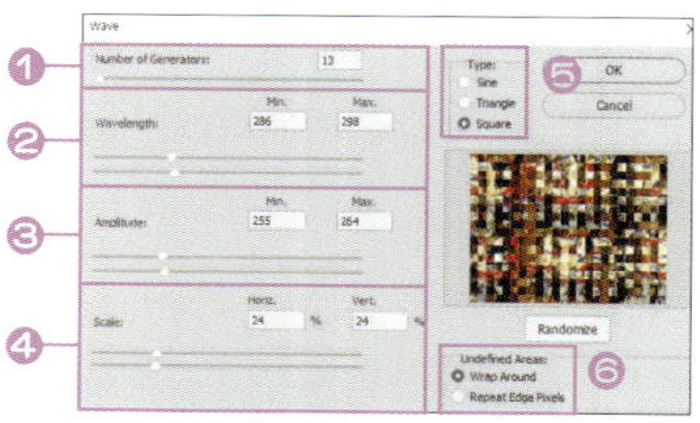

▲ Wave 옵션 창

❶ Number of Generators: 파동의 수

❷ Wavelength: 파동의 길이

❸ Amplitude: 파동의 진폭

❹ Scale: 파동의 크기

❺ Type: 파동의 형태

❻ Undefined Area: 빈 부분을 처리하는 방식

▲ 원본 이미지

▲ Wave

ZigZag

지그재그(ZigZag)는 수면에 나타나는 동심원의 모양으로 이미지를 변형시켜 나타내는 필터이다.

▲ 원본 이미지

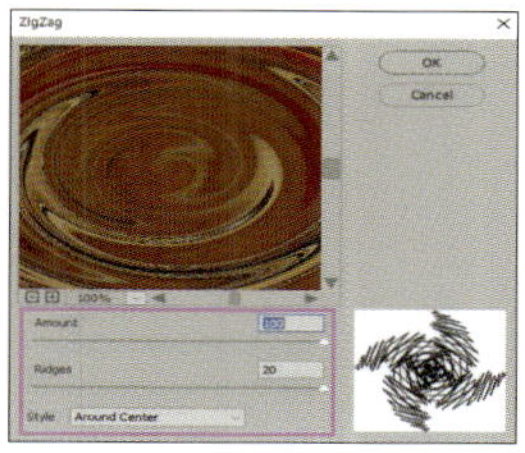

▲ Wave(Amount: 100, Ridges-파장의 수: 20)

26.11 노이즈 효과(Noise)

노이즈 필터는 이미지에 모래처럼 픽셀 형태의 점을 뿌리거나 잡티 등이 생길 수 있게 하는 필터이다.

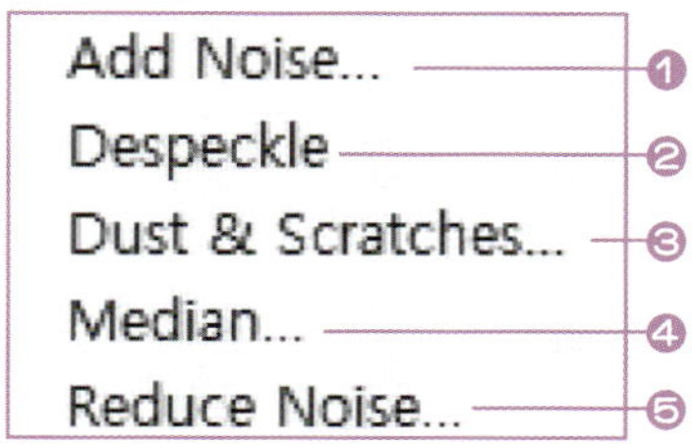

❶ Add Noise: 이미지에 픽셀 형태의 점을 뿌린 효과

❷ Despeckle: 이미지의 노이즈를 제거한 효과

❸ Dust & Scratches: 윤곽선을 보호하면서 잡티를 제거

❹ Median: 주위의 색상을 평균값으로 적용하면서 잡티를 제거

❺ Reduce Noise: 세부적으로 노이즈를 제거

Add Noise

노이즈 추가(Add Noise) 필터는 이미지에 픽셀 형태의 점을 뿌려 나타내며, 마치 오래된 사진과 같은 느낌을 낸다.

▲ 원본 이미지

▲ Add Noise

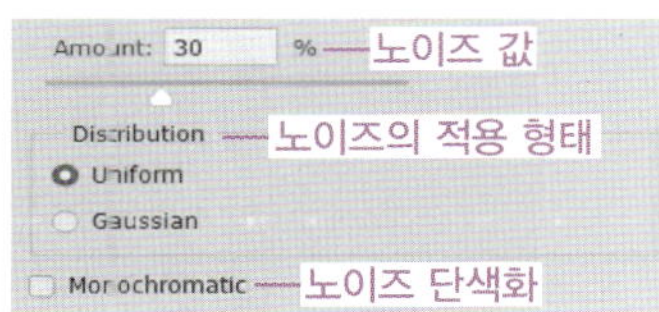

▲ Add Noise 옵션 창

Despeckle

노이즈 제거(Despeckle) 필터는 이미지의 노이즈를 제거하여 선명하게 표현하는 필터이다. 옵션 창은 따로 나타나지 않으며, 한 번의 필터 사용으로 만족스러운 결과를 얻지 못한다면 반복 사용한다.

▲ 원본 이미지

▲ Despeckle

▲ Despeckle

26.12 픽셀 변형(Pixelate)

픽셀 변형(Pixelate) 필터는 이미지의 픽셀을 변형해서 재구성하는 필터이다. 이미지를 다각형 형태로 보이게 하거나 동판화 효과, 모자이크 효과 등으로 구성되어 있다.

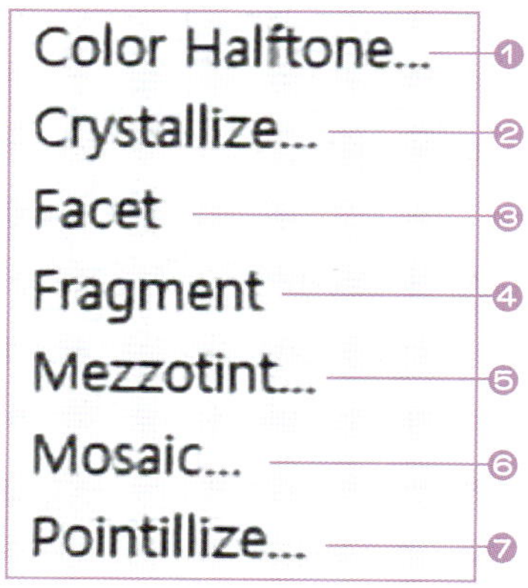

❶ Color Halftone: 하프 톤 색상의 인쇄 망점으로 표현
❷ Crystallize: 이미지를 다각형의 픽셀로 표현
❸ Facet: 이미지를 단순화해서 포스터 이미지로 표현
❹ Fragment: 이미지를 흔들린 사진으로 표현
❺ Mezzotint: 명암이 뚜렷한 동판화처럼 표현
❻ Mosaic: 이미지를 모자이크처럼 표현
❼ Pointillize: 이미지를 점묘화로 표현

▲ 원본 이미지

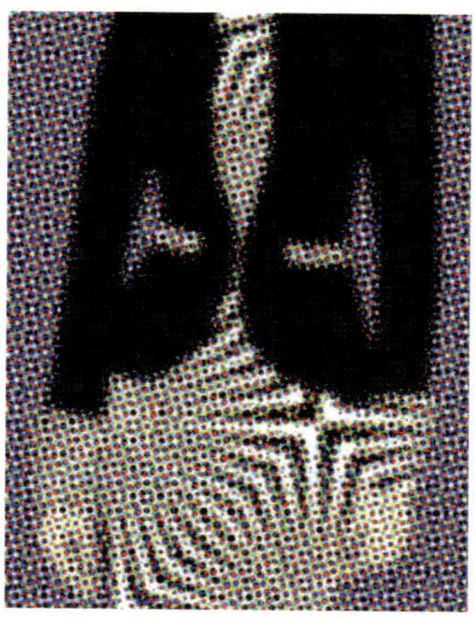

▲ Color Halftone(Radius: 5)

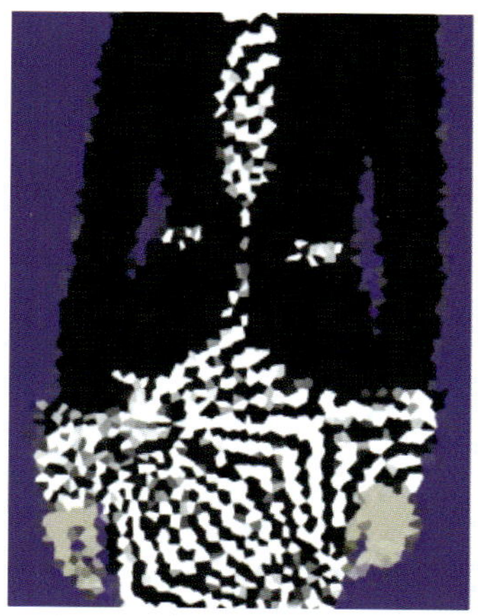

▲ Crystallize(Cell size: 10)

▲ Crystallize(Cell size: 31)

▲ Facet

▲ Fragment

▲ Mezzotint(Type: Grainy)

▲ Mosaic(Cell size: 10)

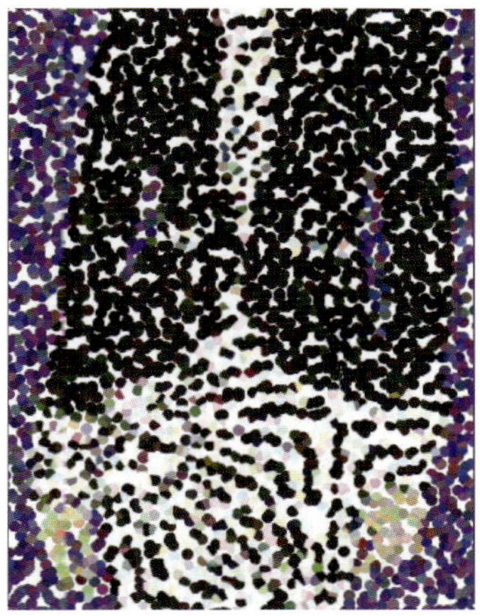

▲ Fointillize(Cell size: 10)

26.13 조명 효과(Render)

조명 효과(Render) 필터는 빛과 관련된 이미지에 나타나는 필터들로 구성되어 있다.

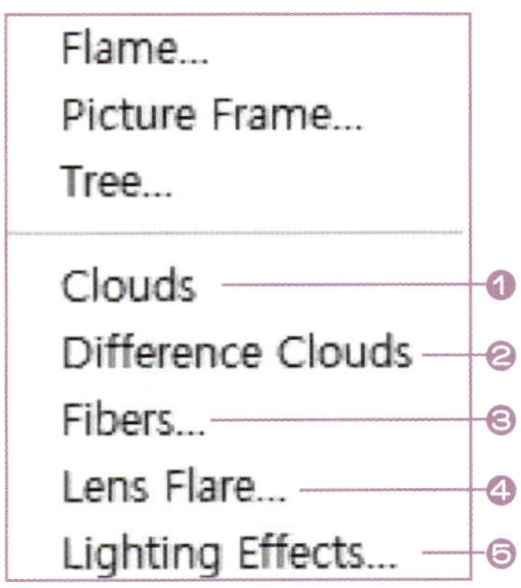

❶ Clouds: 이미지와 상관없이 구름과 같이 표현, 전경색과 배경색으로 구성

❷ Difference Clouds: 현재 있는 이미지와 어울리는 구름 효과를 나타냄

❸ Fibers: 이미지와 상관없이 섬유조직으로 표현, 전경색과 배경색으로 구성

❹ Lens Flare: 카메라의 렌즈를 통한 빛 효과를 나타냄

❺ Lighting Effects: 다양한 조명 효과를 나타냄

Clouds/Difference Clouds

구름 효과(Clouds) 필터는 전경색과 배경색을 이용하여 부드러운 구름 무늬를 이미지에 나타낸다. 단, 이미지는 무시한 채 효과가 진행된다.
혼합 구름 효과(Difference Clouds)는 이미지와 구름 효과(Clouds)가 잘 어울리게 나타나는 필터이다. 한 번 실행 시 이미지는 반전 색상으로 나타나며, 필터를 반복 실행 시 이미지의 원래 색상으로 돌아온다.

▲ 원본 이미지

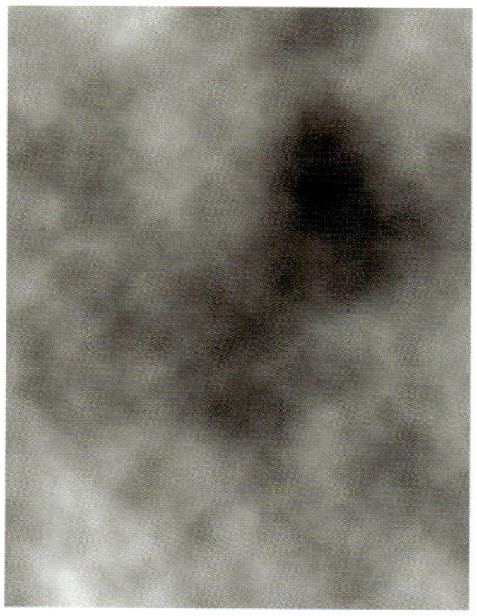
▲ Clouds

▲ Difference Clouds

Lens Flare

렌즈 플레어(Lens Flare)는 빛이 카메라 렌즈에 반사될 때 생기는 굴절 효과를 나타내는 필터이다.
빛의 초점, 빛의 크기, 렌즈 타입 등을 조절할 수 있다.

▲ Lens Flare(50~300mm Zoom/Br: 100%)

▲ Lens Flare(Movie Frame/Br: 100%)

Lighting Effects

조명 효과(Lighting Effects)는 옵션 창에서 빛의 종류를 선택하거나 조명의 크기 밝기 등을 조절해서 다양한 조명 효과를 나타낼 수 있다.

▲ 원본 이미지

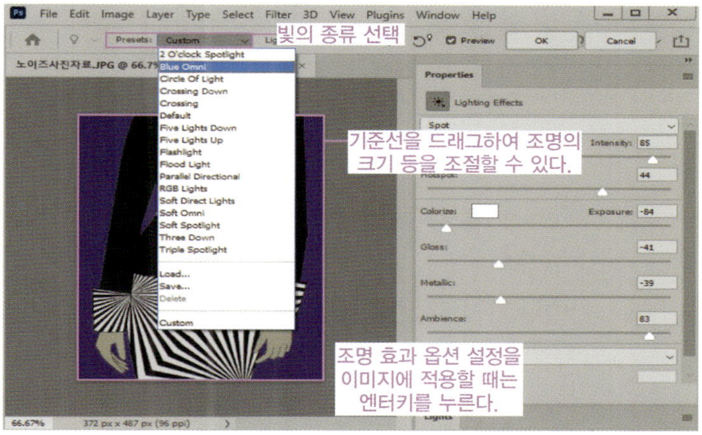

▲ Lighting Effects의 종류

▲ Blue Omni

▲ Crossing Down

▲ Five Lights Up

▲ Flood Light

▲ RGB Lights

▲ Soft Direct Lights

26.14 선명 효과(Sharpen)

선명 효과(Sharpen) 필터는 이미지를 이루는 픽셀 간의 대비를 증가시켜 흐린 이미지를 선명하게 하는 효과들로 구성되어 있다. CC에는 Shake Reduction 효과도 있다.

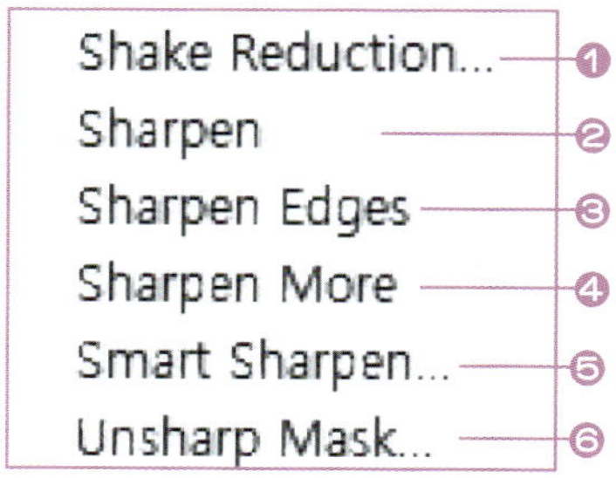

❶ Shake Reduction: 흐린 사진을 선명하게 하는 효과로, 흔들림 감소 효과

❷ Sharpen: 이미지를 이루는 픽셀 간의 대비를 증가시켜 선명하게 함

❸ Sharpen Edges: 전체적인 부드러움을 유지하면서 이미지를 선명하게 함

❹ Sharpen More: 선명함 정도가 Sharpen 필터보다 강하게 적용됨

❺ Smart Sharpen: 다양한 옵션을 조정하여 이미지를 선명하게 함

❻ Unsharp Mask: 이미지 색상 경계의 대비를 증가시켜서 선명하게 함

▲ 원본이미지

▲ Sharpen

▲ Sharpen Edges

▲ Sharpen More

Smart Sharpen

스마트 선명 효과(Smart Sharpen) 필터는 노이즈를 줄이면서 그림자 영역이나 하이라이트 영역의 선명도를 조정하여 이미지를 선명하게 하는 필터이다.

▲ Smart Sharpen

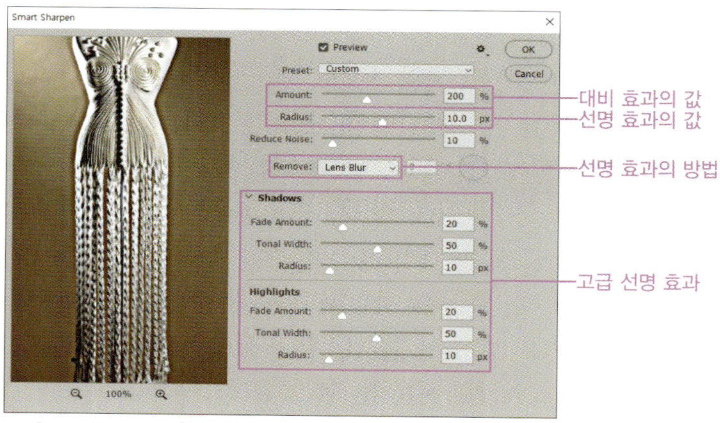

▲ Smart Sharpen 옵션 창

Unsharp Mask

Unsharp Mask 필터는 이미지의 색상 경계 대비를 증가시켜서 이미지를 선명하게 한다.

▲ 원본이미지

▲ Unsharp Mask

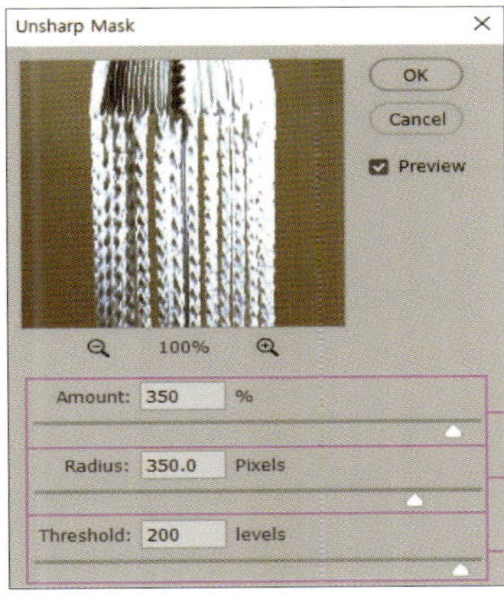

26.15 스타일 효과(Stylize)

스타일 효과(Stylize) 필터는 이미지의 스타일 자체를 변형시키는 필터로, 질감이나 명도의 변화를 주어 개성 있는 이미지를 만들기 때문에 자주 쓰이는 필터로 구성되어 있다.

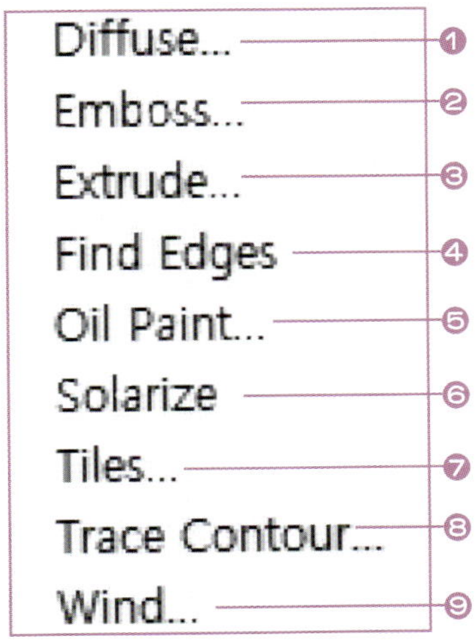

❶ Diffuse: 가루가 흩어지듯이 확산된 이미지로 표현됨

❷ Emboss: 명암을 이용해서 이미지에 엠보스 효과로 표현됨

❸ Extrude: 이미지를 사각형의 타일로 조각내어 돌출된 효과로 표현됨

❹ Find Edges: 이미지를 윤곽선만으로 표현함

❺ Oil Paint: 조명의 각도와 재질의 정도를 조정하여 유화의 느낌으로 이미지를 표현함

❻ Solarize: 수동카메라의 필름에 현상된 효과로 표현함

❼ Tiles: 이미지에 타일을 붙인 것과 같은 효과로 표현됨

❽ Trace Contour: 이미지의 경계선을 가늘게 나타냄

❾ Wind: 바람이 부는 것처럼 표현되며 이미지에 속도감도 표현됨

Diffuse

확산(Diffuse) 필터는 이미지가 가루처럼 흩어지듯이 확산된 이미지로 표현할 때 사용된다.

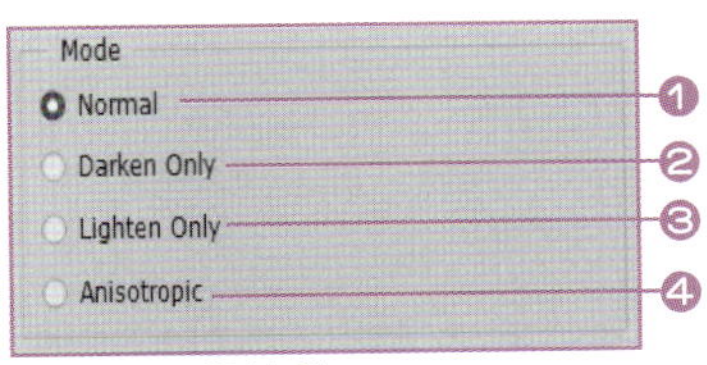

▲ Diffuse 옵션 창

❶ Normal: 이미지 전체에 필터 효과를 적용

❷ Darken Only: 어두운 부분을 중심으로 필터 효과를 적용

❸ Lighten Only: 밝은 부분을 중심으로 필터 효과를 적용

❹ Anisotropic: 부드럽게 필터 효과를 적용

▲ 원본 이미지

▲ Diffuse(Normal)

Emboss

엠보스(Emboss) 필터는 명암을 이용하여 이미지에 입체감을 표현한다.

▲ 원본 이미지

▲ Emboss

Extrude

돌출(Extrude) 필터는 이미지를 사각 조각의 형태로 돌출시켜서 표현한다.

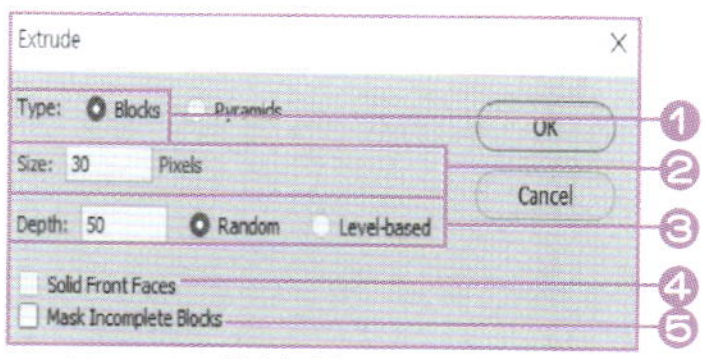

▲ Extrude 옵션 창

❶ Type: 돌출되는 모양을 블록 혹은 피라미드 형태로 적용

❷ Size: 돌출되는 형태의 크기를 설정

❸ Depth: 돌출의 정도를 설정
- Random: 불규칙적으로 적용
- Level–based: 명도에 따라 돌출됨

❹ Solid Front Faces: 블록 색상을 이미지 색상에서 사용

❺ Mask Incomplete Blocks: 블록의 가장자리에 필터 미적용

▲ 원본 이미지

▲ Extrude(Blocks)

Find Edges/Solarize

Find Edges 필터는 이미지의 윤곽을 제외한 나머지 이미지는 흰색으로 처리되는 독특한 느낌의 필터이다. Solarize 필터는 카메라 필름을 현상할 때 빛에 과다 노출된 사진처럼 표현된다.

▲ 원본 이미지

▲ Find Edges

▲ Solarize

Oil Paint

오일 페인트(Oil Paint) 필터는 조명의 각도와 재질의 정도를 조정하여 유화의 느낌으로 이미지를 표현하는 기능이다.

▲ Oil Paint 실행 창

❶ Stylization: 값이 클수록 브러시가 길게 그려짐

❷ Cleanliness: 값이 클수록 브러시가 깨끗하게 그려짐

❸ Scale: 값이 클수록 거친 느낌으로 그려짐

❹ Bristle Detail: 브러시의 세밀함을 나타냄

❺ Anglular Direction: 브러시의 각도와 방향

❻ Shine: 값이 클수록 브러시 자국이 선명하게 그려짐

▲ 원본 이미지

▲ Oil Paint

쇼윈도우 사진에 적용하기

▲ 원본 이미지

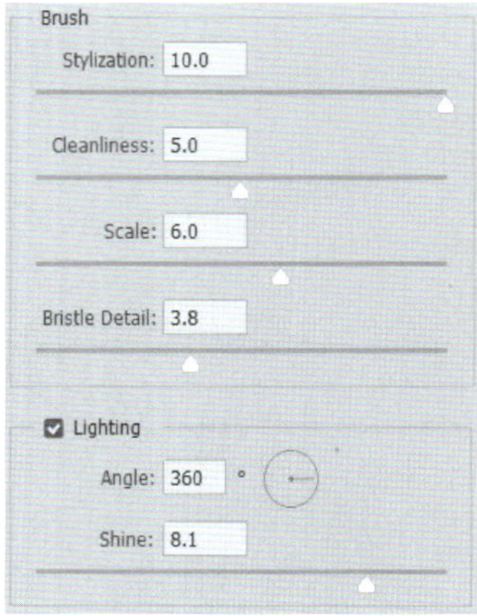

▲ Oil Paint 옵션값

▲ Oil Paint로 표현된 이미지

Tiles

타일(Tiles) 필터는 이미지를 타일처럼 배열한 효과로 표현된다.

▲ Tiles

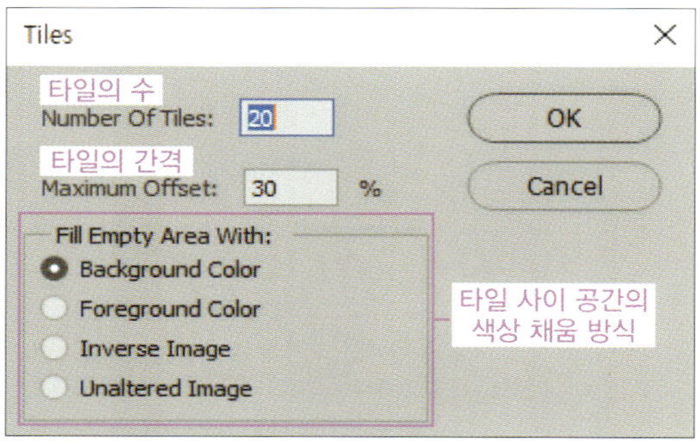

▲ Tiles 옵션 창

Trace Contour

윤곽선 추적(Trace Contour) 필터는 이미지의 경계선을 가늘게 표현한다.

▲ Trace Contour

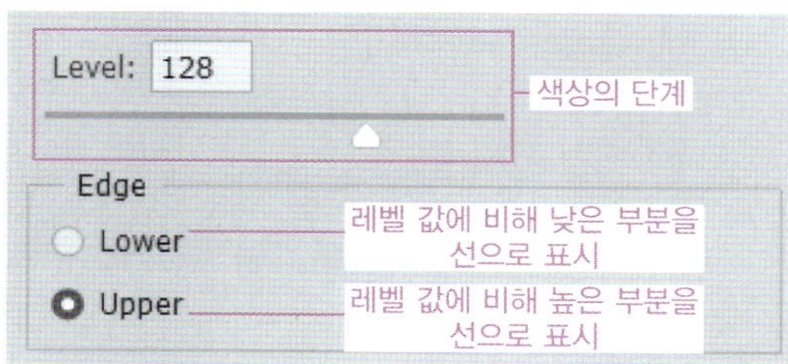

▲ Trace Contour 옵션 창

Wind

바람(Wind) 필터는 이미지에 바람이 부는 효과를 나타낸다. 옵션을 통해 바람이 부는 방향 등을 조정할 수 있다.

▲ Wind

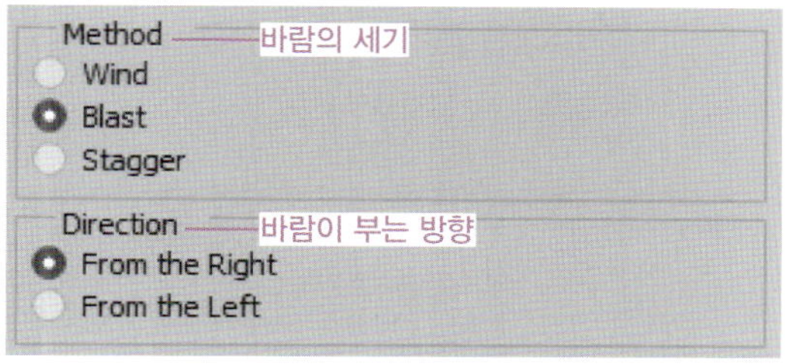

▲ Wind 옵션

예제 2 스테인드 글라스 액자 이미지 만들기

필터 효과를 이용하면 다양한 액자 이미지를 만들 수 있다.

Step 1 이미지 불러오기

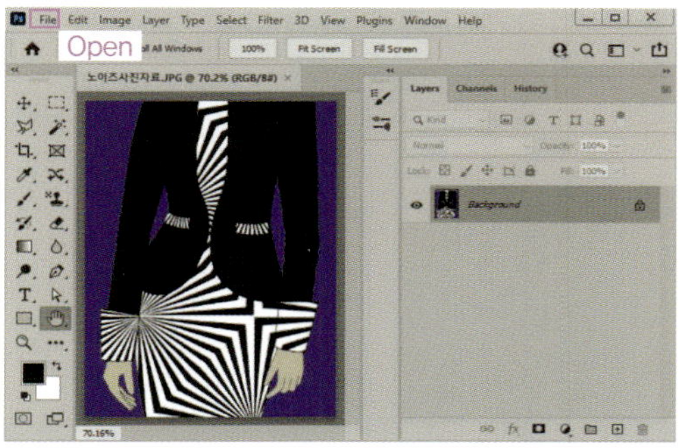

메뉴에서 [File]-[Open]을 클릭하여 원하는 이미지를 불러온다.

Step 2 새 레이어 만들기

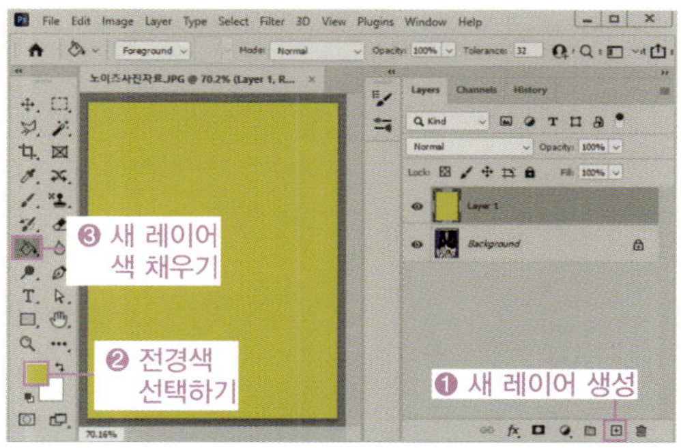

레이어 창에서 새 레이어를 생성한다. 컬러 피커에서 원하는 색을 전경색으로 선택한 다음, 페인트 도구로 새 레이어에 색상을 채운다.

Step 3 이미지가 보여질 부분 선택하기

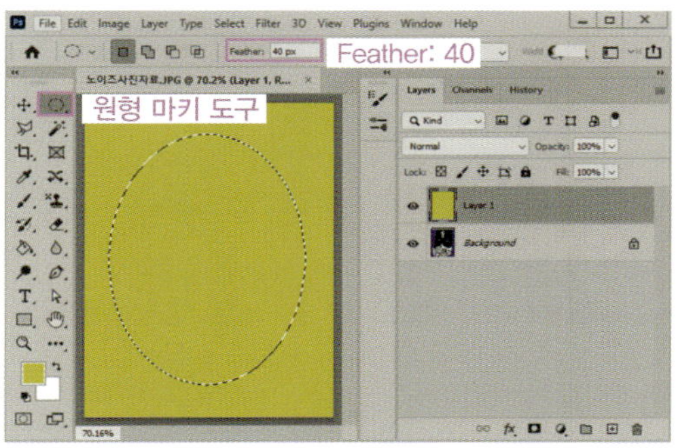

도구 상자에서 원형 마키 도구로 새 레이어에서 이미지가 보여질 부분을 선택한다. 선택하기 전에 선택 도구 옵션 바에서 Feather 값을 40 정도 입력한다.

Step 4 새 레이어에서 선택 부분 삭제하기

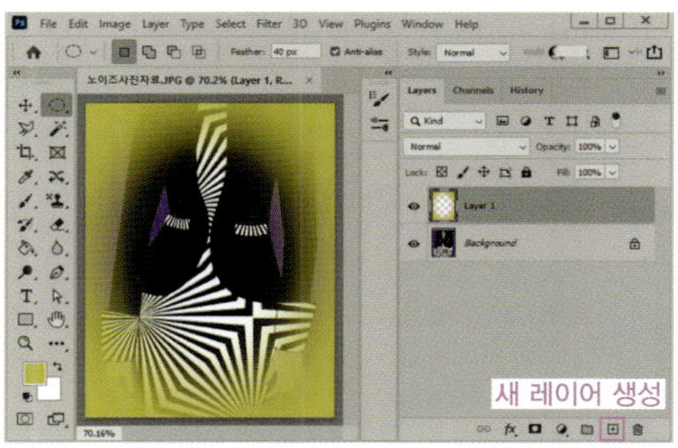

선택된 영역을 [Delt] 키를 눌러서 삭제한 다음 [Ctrl]+D를 입력하여 선택 영역을 해제한다.

Step 5 액자 레이어에 노이즈 효과 주기

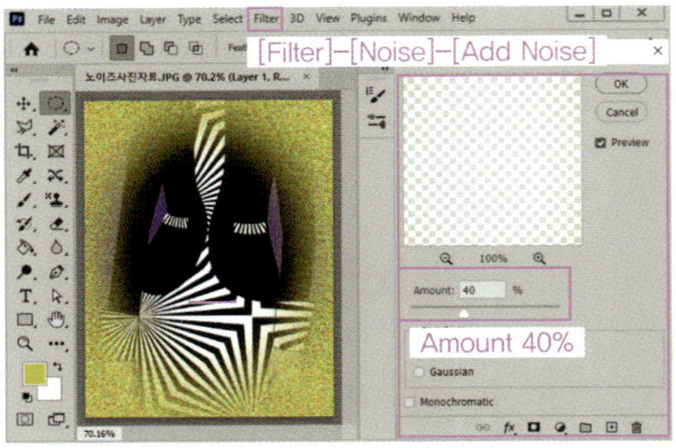

액자처럼 나타난 새 레이어에 'Add Noise' 필터를 적용한다. 액자에 노이즈 효과를 주는 이유는 스테인드 글라스 효과를 줄 경우 다양한 색상을 나타나게 하기 위함이다.

Step 6 필터 갤러리 실행하기

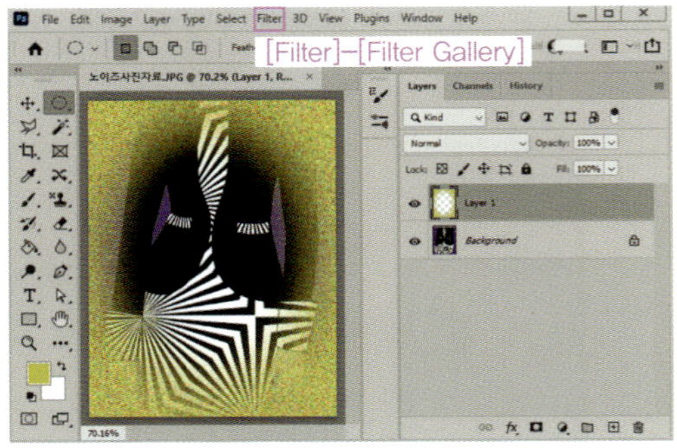

액자 레이어에 스테인드 글라스 효과를 주기 위해 메뉴에서 [Filter]-[Filter Gallery]를 실행한다.

Step 7 액자 레이어에 스테인드 글라스 효과 주기

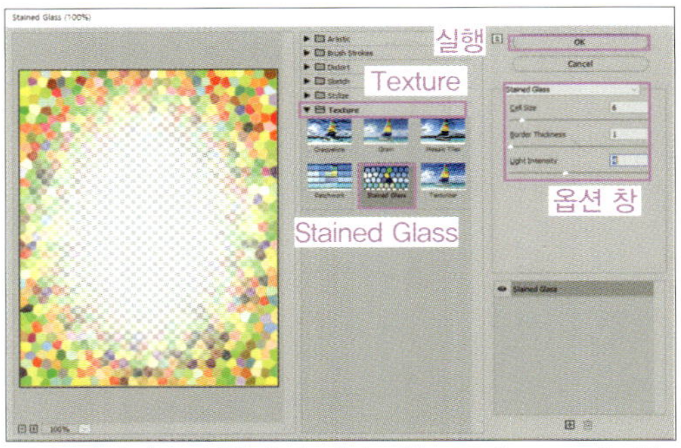

필터 갤러리를 실행하면 여러 메뉴 중 [Texture] 메뉴에서 [Stained Glass] 메뉴를 선택한 후 옵션 창에서 Cellsize 등의 옵션을 조절하고 실행한다.

Step 8 완성하기

필터 갤러리에서 Stained Glass를 실행하면 위의 그림과 같이 이미지가 완성된다. 레이어 창에서 투명도(Opacity)를 조절하면 좀 더 세련된 효과를 얻을 수 있다.

예제 활용하기

▲ 예제로 만든 레이어에 [Image]-[Adjustment]-[Hue/Saturation]의 [Hue]를 조절하여 다양한 색상의 액자를 이미지에 적용 가능

▲ 원본 사진에 노이즈를 40% 적용시키고 [Stained Glass]를 적용시킨 작품

▲ 원본 사진에 노이즈를 40% 적용시키고 [Stained Glass]를 적용시킨 후, [Filter]-[Stylize]-[Extrude]: Pyramids를 적용

Chapter **27**

3D Tool

3D Tool

Chapter 27

포토샵에서는 2D 이미지나 문자를 3D 개체로 쉽게 변환이 가능하다. 3D 작업 중에 필요한 3D 패널과 Properties 패널, 3D 이동 옵션 바 등을 살펴본다.

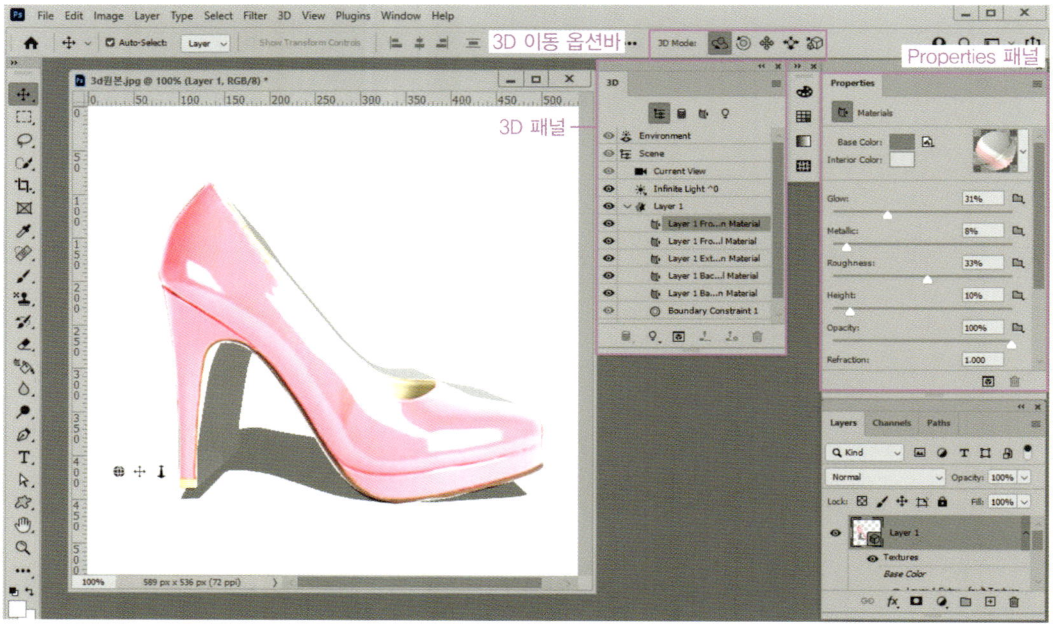

27.1 3D 이미지

먼저 3D 이미지로 만들고 싶은 이미지를 불러온 다음, [메뉴]-[Windows]-[3D]를 클릭하거나 패널 팔레트에서 3D 아이콘을 클릭하여 3D 패널을 연다. 3D 패널에서 원하는 기능을 선택한 다음 [Create] 버튼을 클릭하면 3D 이미지가 나타난다.

Step 1 이미지 불러오고 3D 부분 선택하기

메뉴에서 [File]-[Open]을 클릭하여 이미지를 불러오고, 레이어 창에서 3D로 변환할 레이어를 선택한다.

Step 2 3D 패널 불러오기

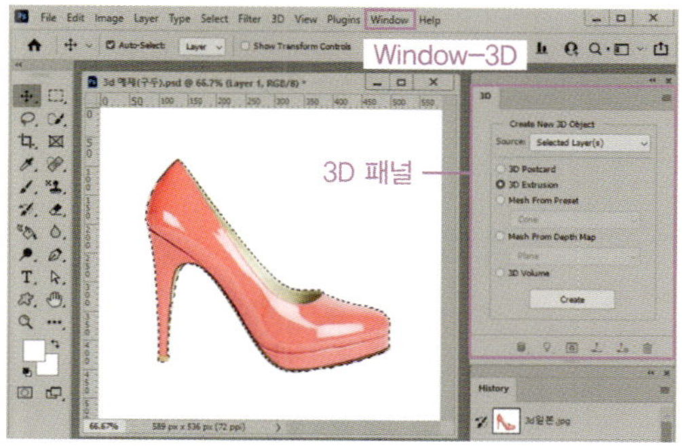

메뉴에서 [Window]-[3D]를 클릭하면 위의 그림과 같이 3D 패널이 나타난다.

Step 3 3D 패널에서 옵션 선택 후 실행하기

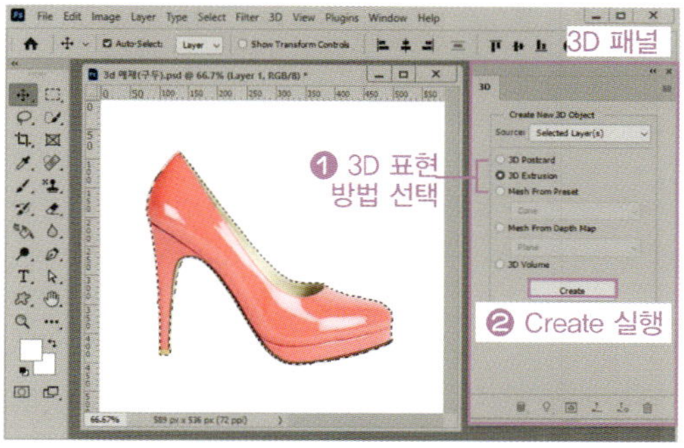

3D 패널에서 원하는 3D 표현 방법을 선택 후, 하단의 Create 버튼을 클릭하면 3D 이미지가 나타난다.

Step 4 3D 이미지 저장하기

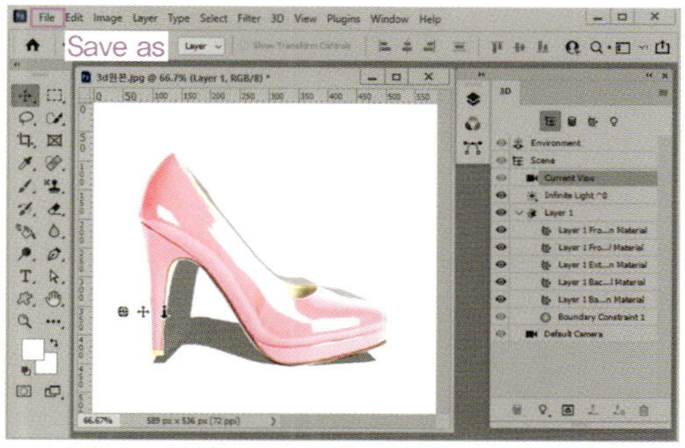

3D 이미지가 완성되어 맵핑된 화면에 나타난다. 원하는 저장 형식(.jpg, .psd)으로 저장하면 3D 이미지를 다른 작업에도 이용할 수 있다.

27.2 3D 패널

3D 패널은 2D일 때 나타나는 Create New 3D Object 패널과 3D 상태일 때 나타나는 3D 패널 2가지로 나뉜다.

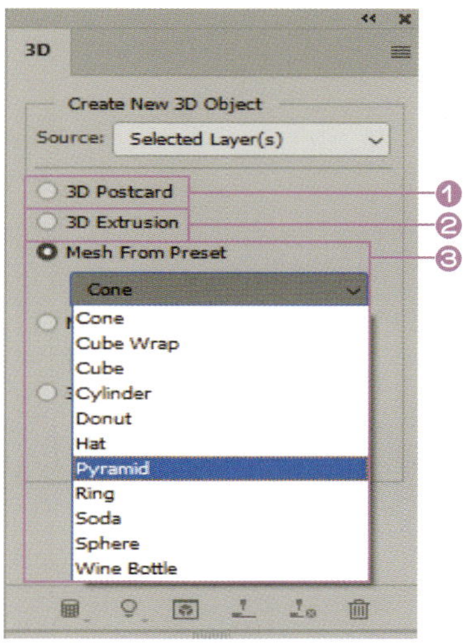

▲ Create New 3D Object

3D Postcard

3D 형태를 얇은 카드처럼 나타내는 3D 효과

▲ 원본 이미지

▲ 3D Postcard Object

3D Extrusion

3D 형태를 돌출시켜 입체감을 부여한 3D 효과이며, Properties 패널을 통해 다양한 돌출 형태를 나타낼 수 있다.

▲ 기본형(Extrude)

▲ Left

▲ Right

Mesh From Preset

이미지가 패브릭의 느낌으로 3D 도구에서 제공되는 프리셋을 감싸듯 3D 효과로 나타난다.

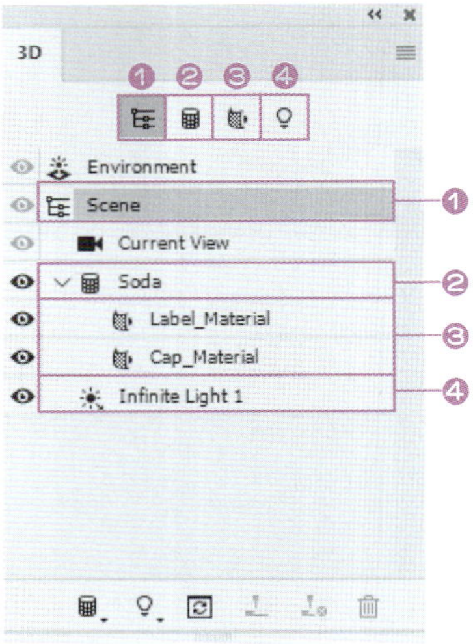

▲ 3D Pannel

❶ Whole Scene: 환경, 메시, 재료, 조명, 현재 보기 등의 모든 장면을 표시

❷ Meshes: 3D 개체를 이루는 기본 구조로 그림자 설정 등을 표시

❸ Materials: 3D 개체의 질감, 색상, 패턴 등을 표시 및 설정

❹ Lights: 3D 개체에 빛을 비추어 조명 설정을 할 수 있고, 조명의 위치 및 강도, 그림자를 설정

▲ 원본 이미지

▲ Sphere

▲ Soda

27.3 3D 이동 옵션 바

3D 이동 옵션 바는 도구 상자의 이동 도구(Move Tool)의 옵션 바에 위치하며, 3D 작업 시 활성화된다. 3D 아이콘을 클릭하면 3D 개체를 움직이거나 시점을 조절할 수 있다.

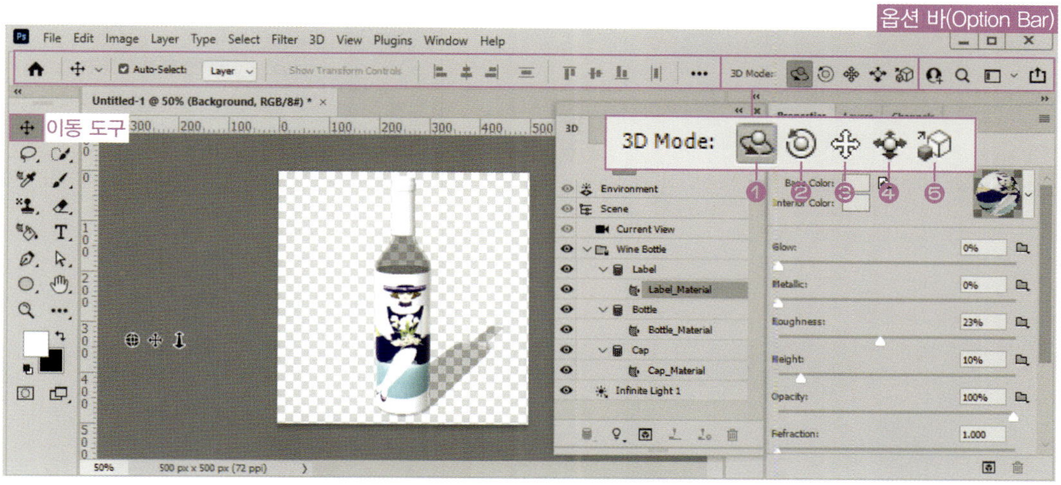

- ❶ Orbit the 3D Camera: 3D 개체를 360도 앞, 뒤 자유 각도로 회전할 때 쓰임
- ❷ Roll the 3D Camera: 3D 개체를 360도로 시계 방향이나 반대 방향으로 돌릴 때 쓰임
- ❸ Pan the 3D Camera: 3D 개체를 상·하·좌·우로 드래그하여 이동할 때 쓰임
- ❹ Slide the 3D Camera: 3D 개체를 위, 아래로 이동하거나 원근감 있게 확대할 때 쓰임
- ❺ Zoom the 3D Camera: 3D 개체를 확대 또는 축소할 때 쓰임. 위쪽으로 드래그하면 확대되고, 아래로 드래그하면 축소됨

TIP

3D 개체의 특정 부분을 클릭하면 왼쪽 아이콘이 오른쪽 아이콘으로 변경됨

27.4 Properties 패널

Properties 패널은 3D 패널에서 지정한 편집 요소에 대해 세부적인 설정을 한다. 3D의 재질이나 입체감 등을 변경하고 싶을 때 사용하는 패널로, 3D 작업에서 꼭 알아야 할 부분이다.
3D 패널의 항목 선택에 따라 Properties 패널의 내용이 변하므로 3D 패널과 같이 알아두는 것이 중요하다.

Step 1 새 캔버스에 3D 패널 불러오기

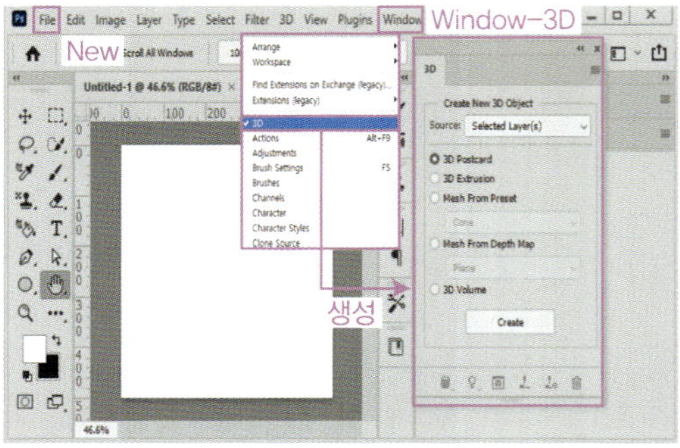

메뉴에서 [File]-[New]를 클릭하여 원하는 사이즈(500 X 500)의 새 캔버스를 열고 메뉴에서 [Window]-[3D]를 클릭하여 3D 패널을 불러온다.

Step 2 3D 모자 이미지 생성하기

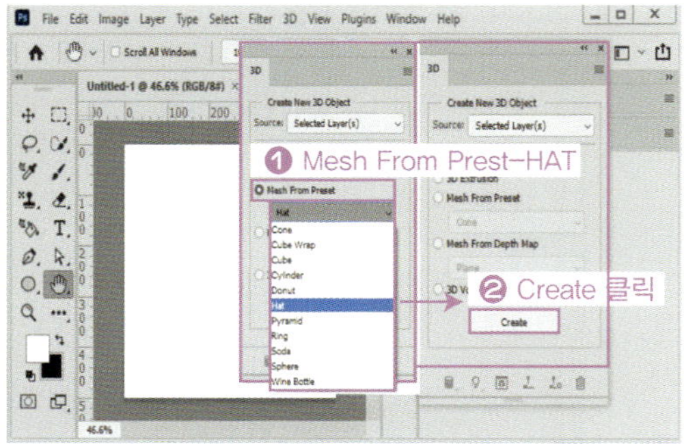

3D 패널에서 Mesh From Preset 항목의 하위 메뉴에서 Hat을 클릭한 후, 하단의 Create 버튼을 클릭하면 3D 모자 이미지가 생성된다.

Step 3 평면으로 나타난 3D 이미지를 움직여 보기

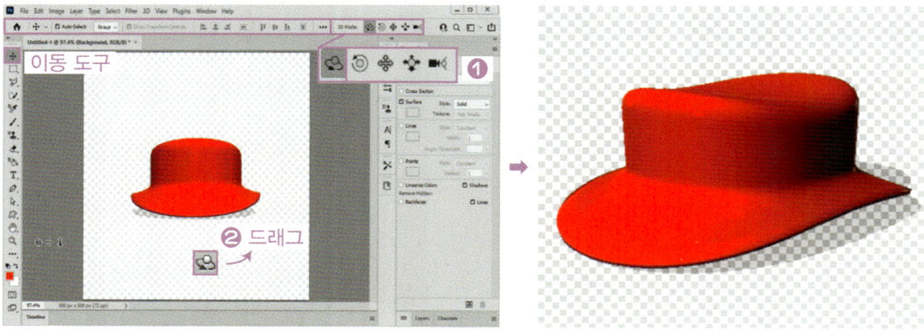

3D 패널을 통해 3D 개체가 생성되면 위의 이미지처럼 단면만 나타난다. 이때 도구 상자에서 이동 툴을 선택하면, 옵션 창에서 나타나는 3D Mode 4개의 이동 도구 중에서 한 개를 클릭하고, 개체 주변을 드래그하면서 개체가 3D 느낌이 잘 나도록 배치한다. 다른 이동 도구들도 사용하면 개체가 상·하·좌·우, 위·아래로 회전되어 3D 느낌을 더욱 잘 나타낼 수 있다.

Step 4 Environment 이해하기

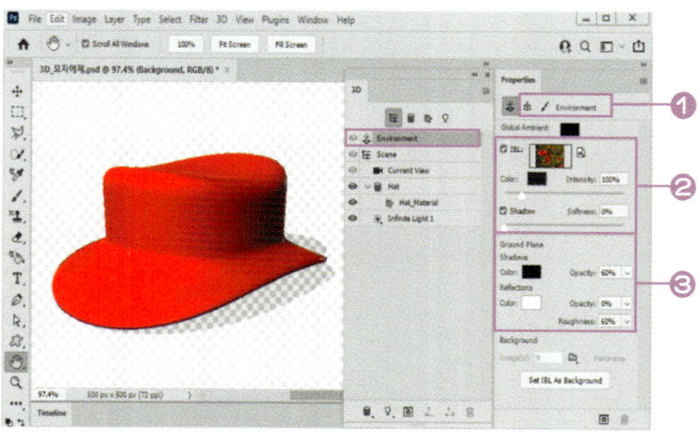

3D 패널에서 Environment를 선택하면 Properties 패널에서 3D 개체의 전체 주변의 색상, 그림자 및 반사에 대한 설정을 할 수 있다.

❶ Global Ambient: 전체 주변의 색상을 지정

❷ IBL: 이미지 기반 조명의 색상을 지정

❸ Ground Plane: 지표 평면 그림자 및 반사를 지정

Step 5 Environment 이해하기

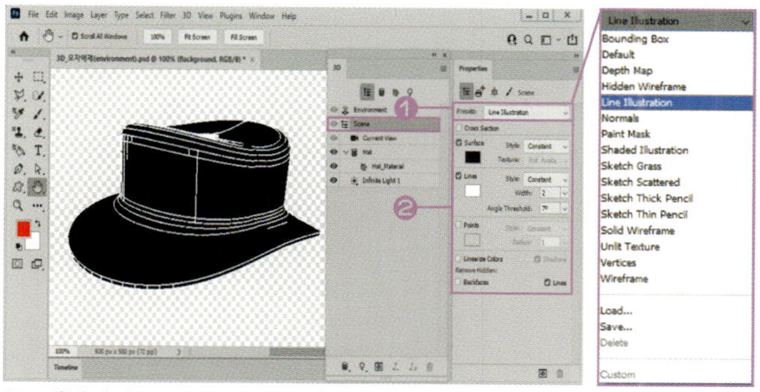

3D 패널에서 Environment를 선택하면 Properties 패널에서 3D 개체의 전체 주변 색상, 그림자 및 반사에 대한 설정을 할 수 있다.

❶ Preset: 랜더링 방식을 선택

❷ Options: 선택된 랜더링 형식의 표면, 선, 점 등에 대한 옵션을 설정

Step 6 Current View 이해하기

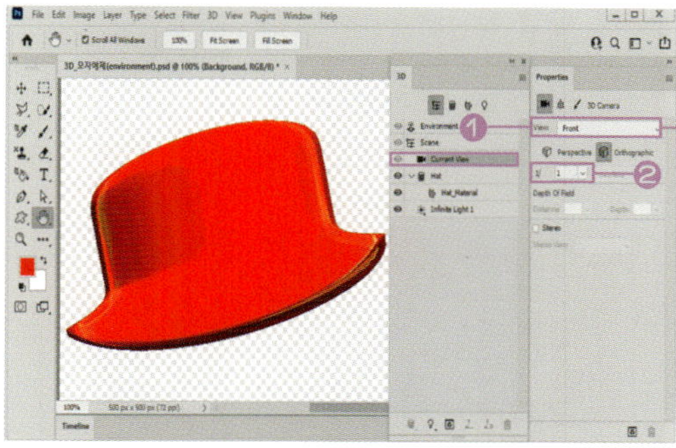

3D 패널에서 Current View를 선택하면 Properties 패널에서 3D 개체가 카메라를 보는 위치, 시야 거리 등을 설정할 수 있다.

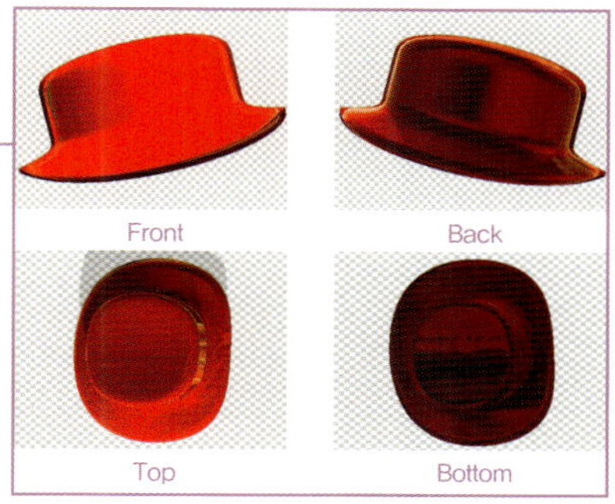

❶ View: 3D 개체를 위, 아래, 좌, 우 선택한 대로 회전하여 화면에 나타남

❷ Scale: 3D 개체와 카메라 사이의 거리를 나타냄

Step 7 Material 이해하기

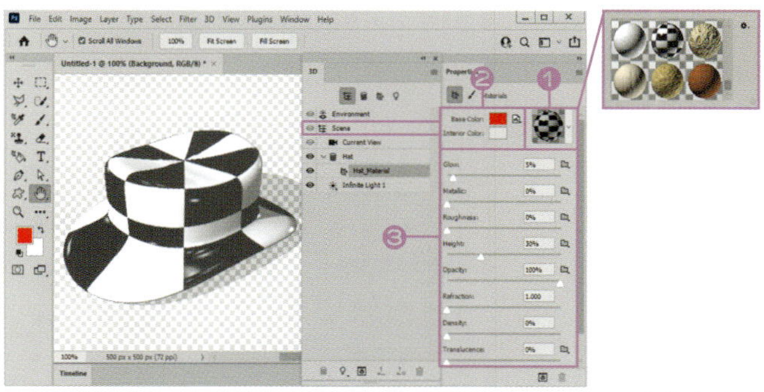

3D 패널에서 Materials를 선택하면 Properties 패널에서 3D 개체의 질감, 빛, 반사 정도, 굴곡도 등을 설정할 수 있다.

❶ Preset: 포토샵에서 지원하는 텍스처를 지정

❷ Color: 질감의 색이나 패턴을 지정하는 옵션

❸ Option: 사용자가 원하는 질감의 옵션을 설정

예제 1 3D 도구로 와인병 이미지 만들기

3D 패널과 Properties 패널을 사용해서 다양한 질감의 3D 와인병 이미지를 만들 수 있다.

Step 1 새 캔버스에 3D 패널 불러오기

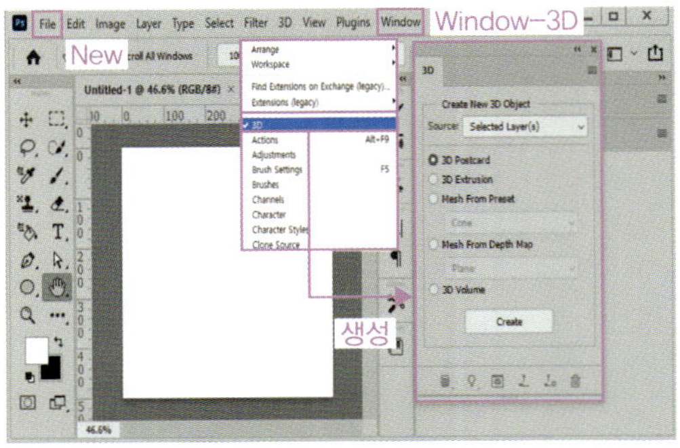

메뉴에서 [File]-[New]를 클릭하여 원하는 사이즈(500 X 500)의 새 캔버스를 열고 메뉴에서 [Window]-[3D]를 클릭하여 3D 패널을 불러온다.

Step 2 3D 와인병 이미지 생성하기

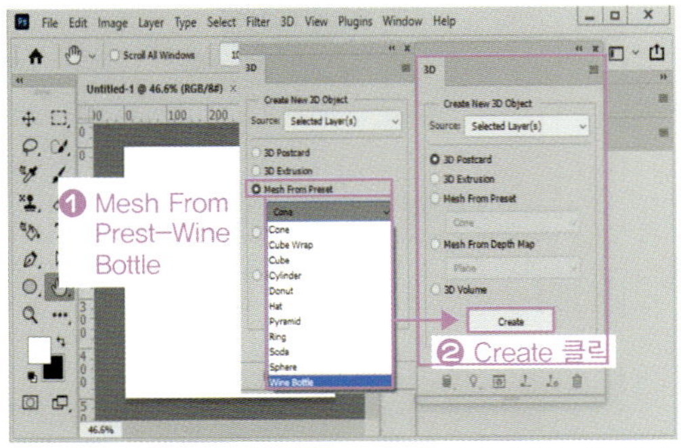

3D 패널에서 Mesh From Preset 항목의 하위 메뉴에서 Wine Bottle을 클릭한 후, 하단의 Create 버튼을 클릭하면 3D 와인병 이미지가 생성된다.

Step 3 평면으로 나타난 3D 이미지를 움직여 보기

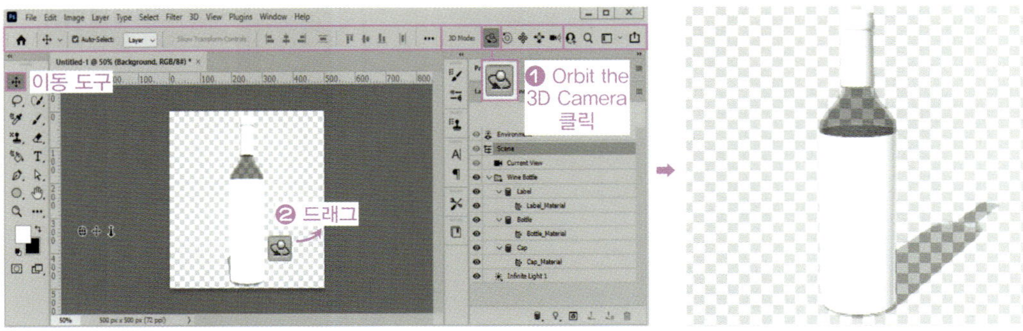

3D 패널을 통해 3D 개체가 생성되면, 위의 이미지처럼 단면만 나타난다. 이때 도구 상자에서 이동 도구를 선택하면 나타나는 옵션 창에서 3D Mode의 Orbit the 3D Camera 아이콘 을 클릭하고 개체 주변을 드래그하면, 그 방향대로 개체가 회전하면서 3D 느낌을 더욱 잘 나타낼 수 있다.

Step 4 와인병의 라벨 이미지 디자인하기

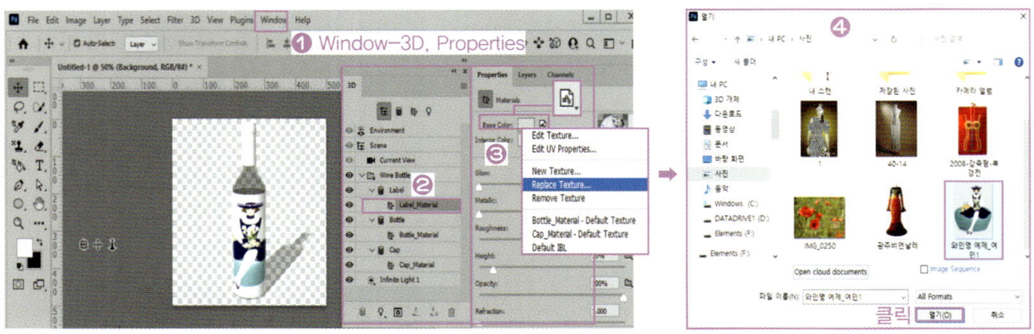

❶ 메뉴에서 [Window]-[3D]와 [Properties]를 선택하여 두 가지 패널을 나란히 준비한다.
❷ 3D 패널에서 [Label_Material] 항목을 클릭하면 Properties 패널이 위의 그림과 같이(Materials) 나타난다.
❸ Properties 패널에서 Base Color 옆의 파일 모양 아이콘을 클릭하면 나타나는 Texture와 관련된 메뉴에서 Replace Texture을 클릭한다.
❹ Replace Texture을 클릭하면 나타나는 윈도우 창에서 와인병의 라벨에 넣고 싶은 이미지를 선택 후 [열기] 버튼을 클릭한다.

Step 5 와인병의 유리 이미지 디자인하기

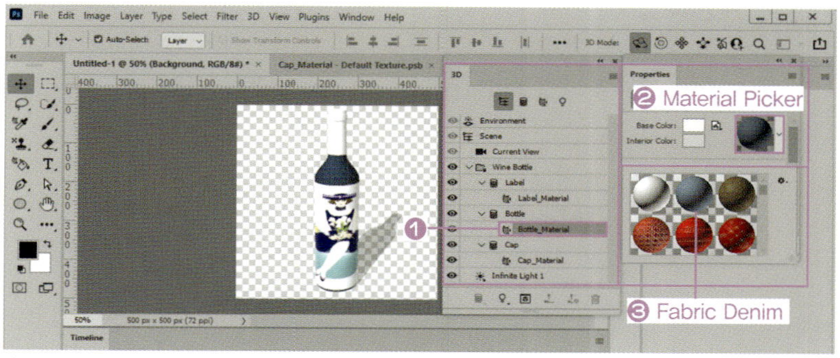

❶ 3D 패널에서 [Bottle_Material] 항목을 클릭한다.
❷ Properties 패널에서 Material Picker 미리 보기 옆의 ▼ 버튼을 클릭하여 피커에서 Fabric Denim 텍스처를 선택한다.
❸ 그림과 같이 와인병의 유리가 Fabric Denim 텍스처로 채워졌다.

Step 6 와인병의 코르크 디자인하기

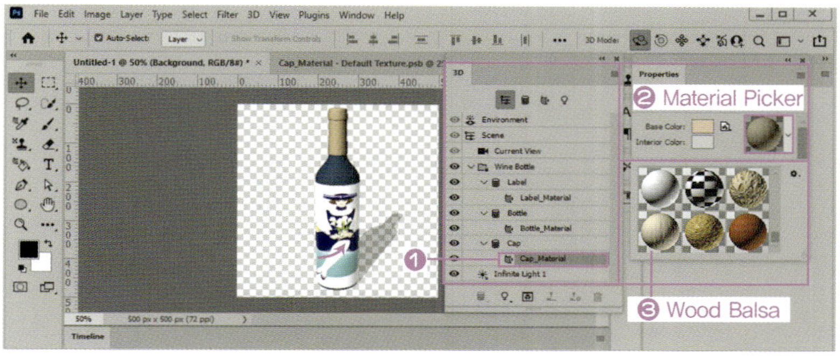

❶ 3D 패널에서 [Cap_Material] 항목을 클릭한다.
❷ Properties 패널의 Material Picker에서 Wood Balsa를 선택한다.
❸ 그림과 같이 와인병의 코르크가 Wood Balsa 텍스처로 채워졌다.

Step 7 완성하기

Chapter 28

액션 패널 (Action Panels)

액션 패널(Action Panels) Chapter 28

액션 패널은 포토샵으로 작업하는 것을 기록하여 반복적인 작업에 사용하기도 하고 이미 기록된 액션을 실행만 하면 자동으로 작업이 완성되는 편리한 기능이다.

28.1 액션 패널(Action Panels) [Alt]+[F9]

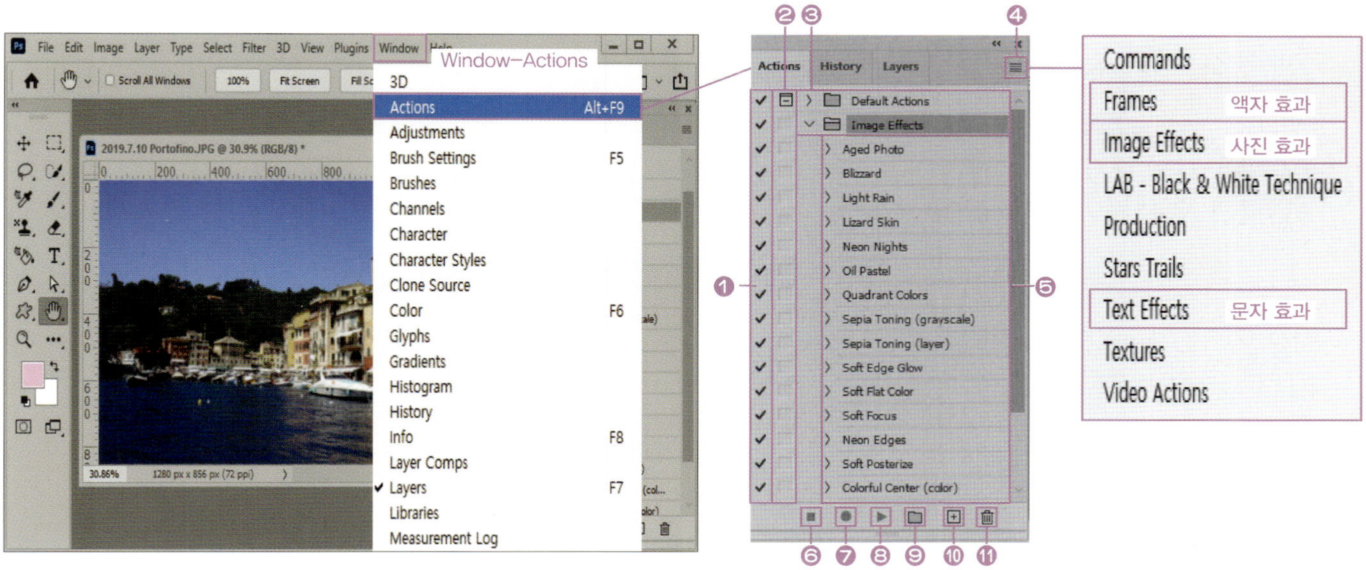

❶ Toggle item on/off: 액션 아이템 내용 중 선택한 아이템만 재생

❷ Toggle dialog on/off: 액션이 실행될 때 대화 상자가 표시되어 수정이 가능함

❸ Action set: 관련된 액션들을 그룹으로 만들어 보관한 폴더

❹ Panel list: Action과 관련된 옵션을 나타내며 원하는 Action Set를 불러올 수 있는 옵션

❺ Action item: 액션이 이루어지는 작업 단계

❻ Stop playing/recording: 액션 재생이나 녹화가 중지됨

❼ Begin recording: 이미지를 작업하는 과정을 녹화하여 액션으로 저장할 수 있음

❽ Play selection: 이미지에 선택한 액션을 적용

❾ Create new set: 새로운 액션 세트 폴더를 만듦

❿ Create new action: 새로운 액션을 만듦. 액션의 이름, 단축키, 색상 등을 설정 가능함

⓫ Delete: 액션이나 액션 목록, 액션 세트를 삭제함

예제 1 Action-비 오는 이미지 만들기

Step 1 Action 패널 불러오기

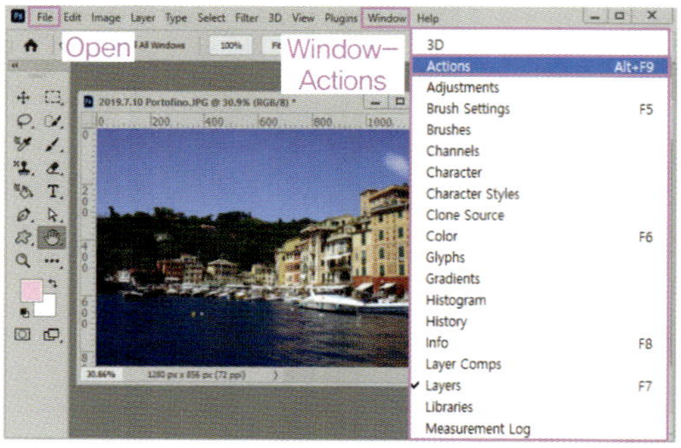

메뉴에서 [File]–[Open]을 클릭하여 이미지를 불러오고 메뉴에서 [Window]–[Actions]를 클릭하여 패널을 불러온다.

Step 2 Image Effect 액션 세트 열기

Action 패널의 패널 목록 아이콘을 클릭하여 [Image Effect]를 클릭해서 Image Effect 액션 세트를 불러온다.

Step 3 Light Rain 액션 실행하기

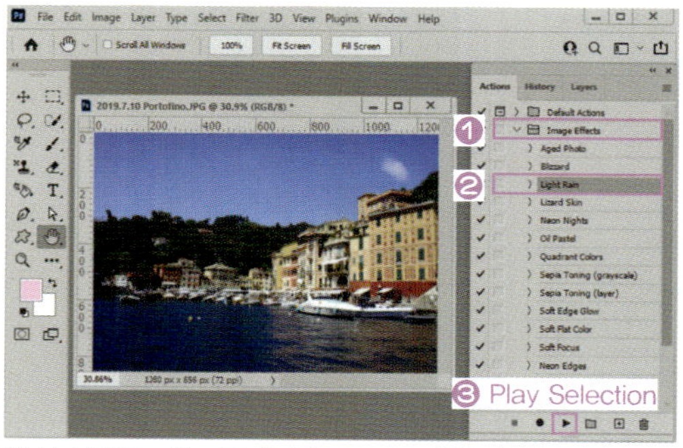

액션 이펙트 메뉴 중에서 [Light Rain]을 선택 후, 액션 패널 하단의 메뉴 중 Play Selection(▶)을 클릭한다.

Step 4 비 오는 이미지 완성하기

레이어 창에 비 오는 효과 레이어가 생겨나며, 비의 세기는 투명도(Opacity)를 통해서 조절해서 이미지를 완성시킨다.

28.2 사진 효과(Image Effects)의 액션

▲ 원본 이미지

▲ Aged Photo

▲ Blizzard

▲ Right Rain

▲ Lizard Skin

▲ Neon Nights

▲ Quadant Colors

▲ Sepia Toning(layer)

▲ Soft Posterize

▲ Colorful Center

▲ Gradient Maps

▲ Fluorescent Chalk

▲ Blizzard+Sepia Toning

▲ Neon Nights+Quadant Colors

▲ Neon Nights+Fluorescent Chalk

28.3 액자 효과(Frames)의 액션

▲ Strokes Frame

▲ Quadant Colors+Photo Corners

▲ Wood Frame-50 pixel Image Eects-Coloirful Center(color)

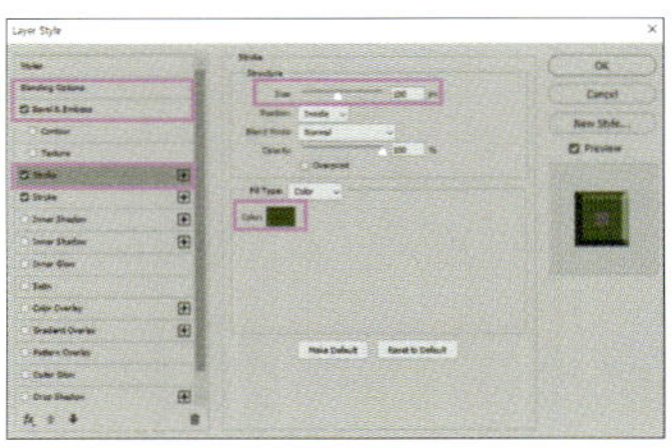

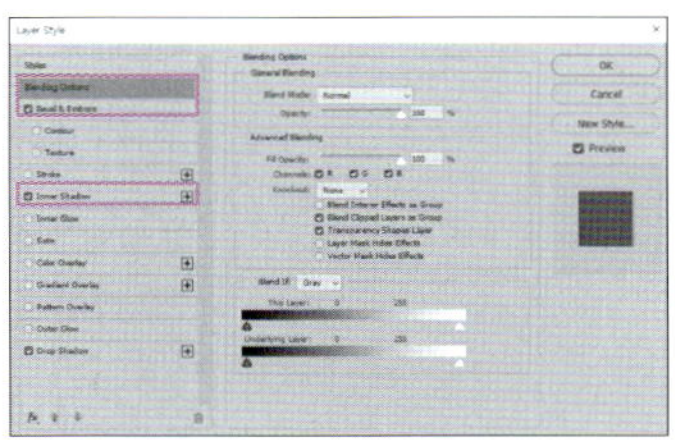

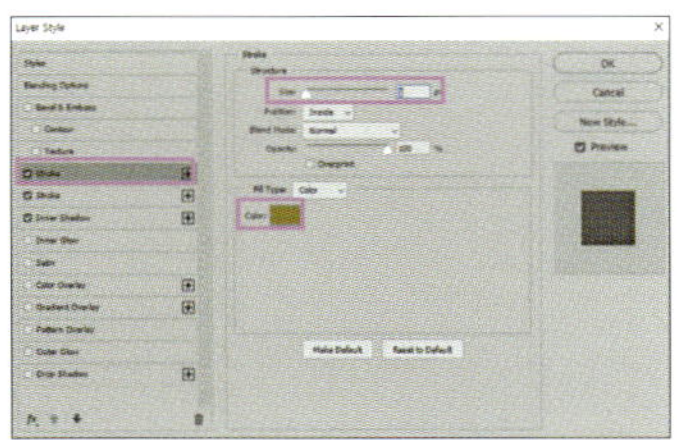

▲ Wood Frame-50 pixel+Wire Frame-50 pixel

▲ Fluorescent Chalk+Brushed Aluminum Frame

▲ Neon Nights+Fluorescent Chalk+Wire Frame

28.4 문자 효과(Text Effects)의 액션

▲ 원본 이미지(Font: Adobe Gothic Std B)

▲ Bold Outline

▲ Cast Shadow

▲ Clear Emboss

▲ Die Cut

▲ Sprayed Stencil

▲ Water Reflection

▲ Wavy

▲ Wood Paneling

▲ Warp Squeeze

Chapter 29

움직이는 이미지 만들기

움직이는 이미지 만들기

Chapter 29

포토샵에서는 타임라인(Timeline) 패널을 사용하여 서로 다른 이미지를 연결시켜 애니메이션처럼 움직이는 이미지를 만들 수 있다. 사용자의 편리에 따라 프레임 애니메이션 타임라인 패널과 비디오 타임라인 패널로 나뉘며, 포토샵 CS6부터 동영상 기능이 추가되었다. 움직이는 이미지를 제작하기 위해서는 주로 프레임 애니메이션 타임라인을 사용한다.

29.1 비디오 타임라인(Video Timeline)

비디오 타임라인 패널에서는 동영상을 편집, 수정할 수 있다.

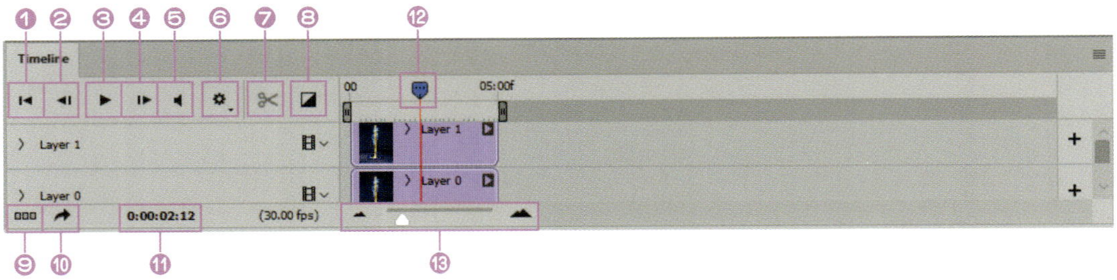

❶ Go to first frame: 맨 처음 프레임으로 이동

❷ Go to previous frame: 현재 선택된 프레임의 이전 프레임으로 이동

❸ Play: 동영상을 재생함

❹ Go to next frame: 현재 선택된 프레임의 다음 프레임으로 이동

❺ Enable Audio Playback: 오디오를 활성화하거나 음소거함

❻ Set playback options: 필요한 음악을 미리 녹음해 촬영 중에 재생

❼ Split at Playhead: 선택한 음악이나 동영상을 분할함

❽ Select a transition and drag to apply: 클립과 클립의 화면 전환을 하려면 드래그하여 적용

❾ Convert to frame animation: 프레임 애니메이션으로 전환

❿ Render Video: 타임라인에서 작업한 모든 것을 동영상으로 저장

⓫ Scrub to set time: 재생되고 있는 현재 시간을 표시

⓬ Play Head: 재생 위치를 표시하거나 드래그하여 이동시킬 수 있는 프레임

⓭ Control timeline magnification: 타임라인의 시간을 확대 혹은 축소함

29.2 프레임 애니메이션 타임라인(Frame Animation Timeline)

프레임 애니메이션 패널은 해당 프레임의 섬네일을 보면서 작업하기 때문에 보다 쉽게 움직이는 이미지를 만들 수 있다. 프레임과 프레임 사이의 변화과정을 많이 추가할수록 자연스러운 이미지로 연출할 수 있다.

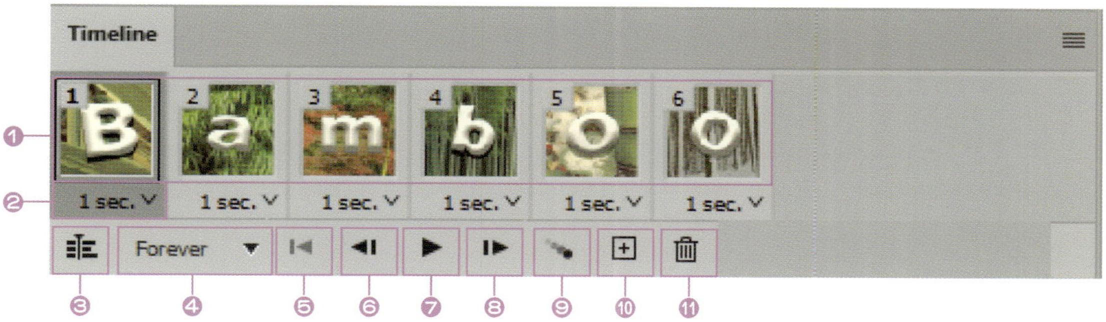

❶ Frame: 한 프레임에 전체 애니메이션 중 해당하는 장면이 보임

❷ Selects frame delay time: 해당 프레임이 보여지는 시간을 초 단위로 나타냄

❸ Convert to video timeline: 패널을 비디오 타임라인으로 전환함

❹ Selects looping option: 애니메이션을 재생할 방법을 선택

- Once: 한 번, 3times: 세 번, Forever: 무한 반복, Other: 사용자 정의

❺ Selects first frame: 맨 처음 프레임을 선택함

❻ Selects prevous frame: 현재 선택된 프레임의 이전 프레임을 선택함

❼ Plays animation: 애니메이션을 재생 또는 정지함

❽ Selects next frame: 현재 선택된 프레임의 다음 프레임을 선택함

❾ Tweens animation frames: 프레임과 프레임 사이를 연결하는 중간 단계의 프레임을 생성해서 자연스럽게 함

❿ Duplicates selected frames: 선택한 프레임을 복사함

⓫ Deletes selected frames: 선택한 프레임을 삭제함

예제 1 움직이는 이미지 만들기-Bamboo

Step 0 움직이는 이미지에 쓰일 프레임 준비하기

200 X 200 Size의 움직이는 이미지에 쓰일 이미지(프레임)를 미리 제작하여 준비한다.

Step 1 한 파일에 레이어 모아놓기

앞서 준비한 프레임들을 드래그하여 한 파일에 레이어로 모아둔다.

Step 2 Timeline 패널 열기

메뉴에서 [Window]–[Timeline]을 클릭하여 Timeline 패널을 연다.

Step 3 비디오 → 애니메이션 타임라인

Timeline 패널이 생성되면 패널의 중앙에 있는 Create Frame Animation 단추를 클릭하여 비디오 타임라인에서 애니메이션 타임라인으로 패널을 전환시킨다.

Step 4 프레임 4개 복사하기

애니메이션 패널로 전환되면 글자 수대로 프레임을 생성하기 위하여 패널 하단의 Duplicates selected frames 단추를 6번 클릭해서 가장 처음 프레임을 6개 복사해 준다.

Step 5 프레임별 레이어 보기 설정하기

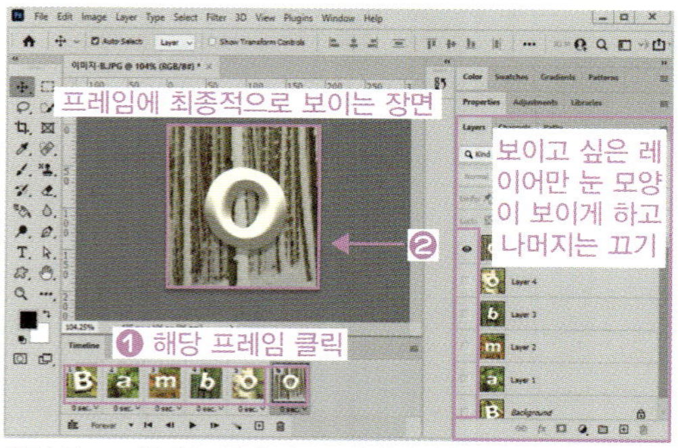

하나의 프레임을 선택하고 레이어 창에서 레이어 보기(눈 모양을 클릭)를 설정하여, 각각의 프레임에 'Bamboo'의 한 글자씩 들어갈 수 있도록 설정한다.

Step 6 프레임이 보여지는 시간(1초) 설정하기

프레임의 섬네일 하단의 지연시간(Selects frame delay time)을 클릭하여 애니메이션에서 프레임이 보여지는 시간을 설정한다. (위의 예제에서는 1초로 설정한다.)

Step 7 프레임 재생방법 설정하기(Forever)

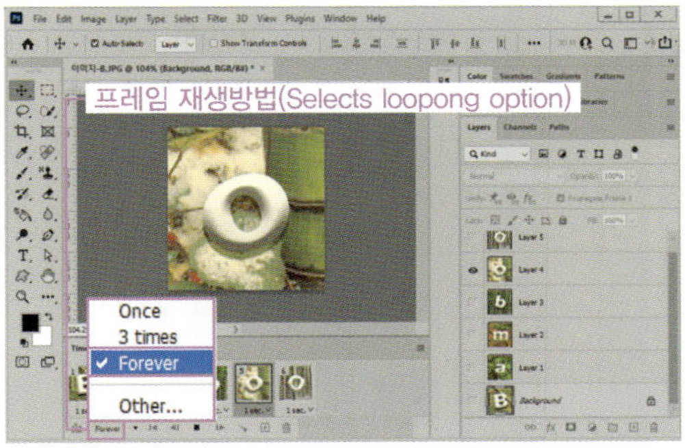

프레임 지연 시간 설정을 한 후, 프레임 재생방법을 패널 하단의 프레임 재생방법(Selects looping option)을 클릭하여 설정한다. 무한재생을 위하여 Forever 항목을 체크한다.

Step 8 움직이는 이미지 재생하기

모든 설정이 끝난 뒤, 확인을 위해 프레임 하단의 Plays Animation 버튼(▶)을 클릭해서 움직이는 이미지를 재생해서 확인한다.

Step 9 움직이는 이미지 저장하기

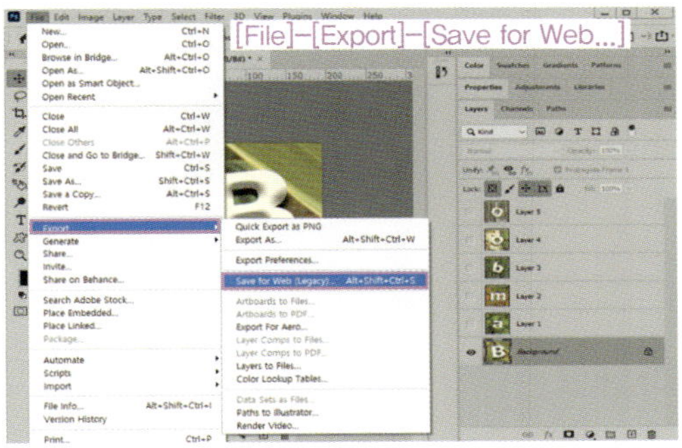

움직이는 이미지는 실행 시 인터넷에서 동작을 하기 위해 웹 형태로 이미지를 저장해야 한다. 메뉴에서 [File]–[Export]–[Save for Web...]을 클릭하면 [Save for Web] 대화 상자가 나타난다.

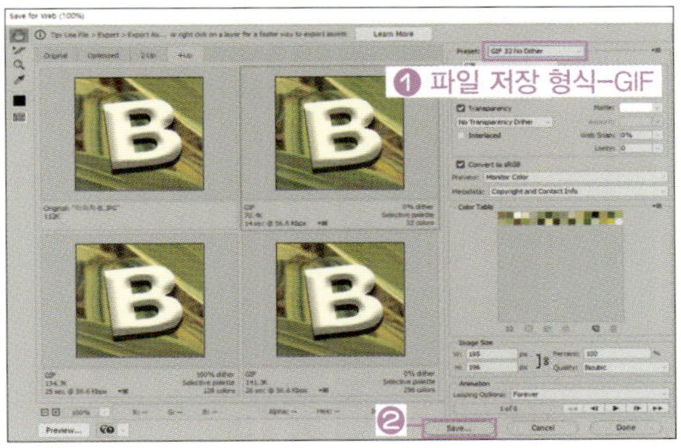

Save for Web 대화 상자가 나타나면 오른쪽 상단의 Preset 항목에서 파일 저장 형식을 GIF 종류로 선택한 다음, 하단의 Save를 클릭해서 저장한다.

예제 2 타임라인 트윈 효과 활용하기

프레임 애니메이션 타임라인 패널에서 트윈 애니메이션(Tweens Animation frames) 효과를 사용하면 프레임과 프레임 사이에 연결하는 프레임들이 생겨나므로 자연스러운 애니메이션 효과가 연출된다.

Step 0 움직이는 이미지에 쓰일 프레임 준비하기

Step 1 애니메이션 패널에 각각의 프레임 만들기

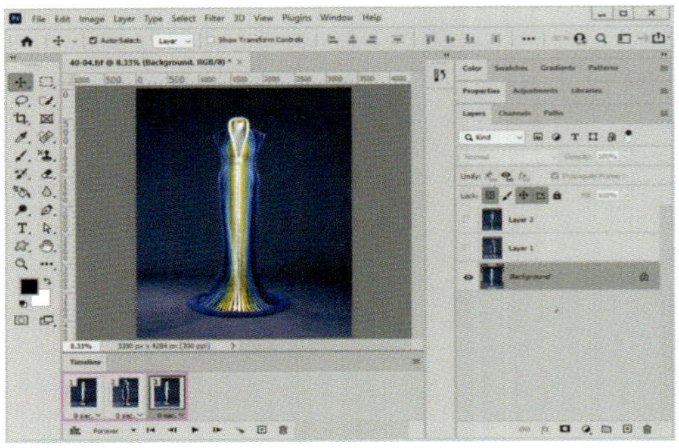

준비한 프레임들을 한 파일에 모아두고, 프레임 애니메이션 패널을 열어 작품의 앞, 옆, 뒤 각각 프레임을 만들어 준비한다.

Step 2 Tweens animation frames 클릭

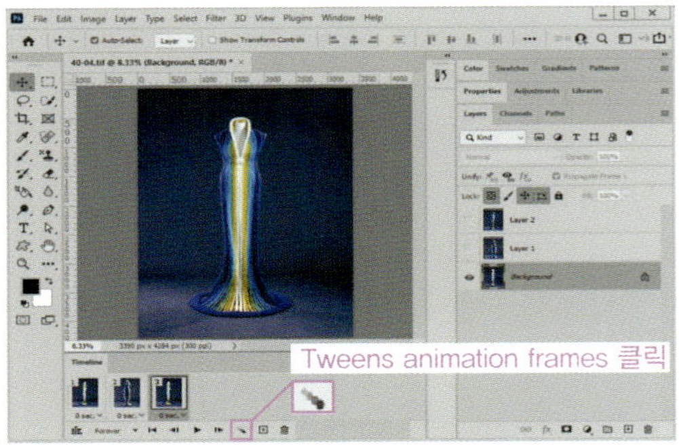

프레임 애니메이션 패널에서 Tweens animation frames 버튼을 클릭하면, Tween 옵션 창이 생겨난다.

Step 3 Tween 옵션 설정하기

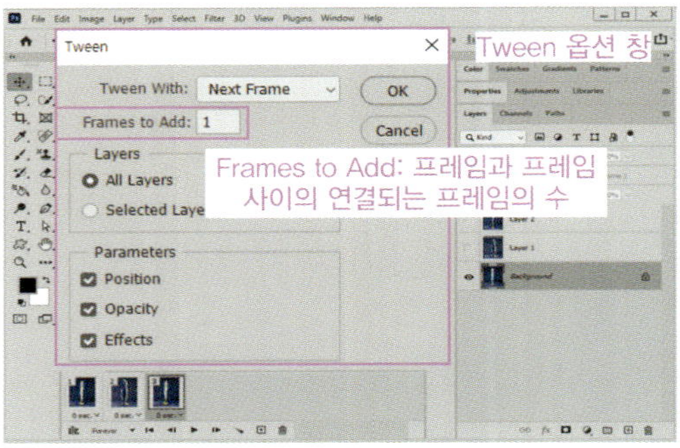

Tween 옵션 창에서 Frames to Add는 프레임과 프레임 사이에 연결되는 프레임 수를 나타낸다. 1로 설정한다.

Step 4 트윈 효과의 완성

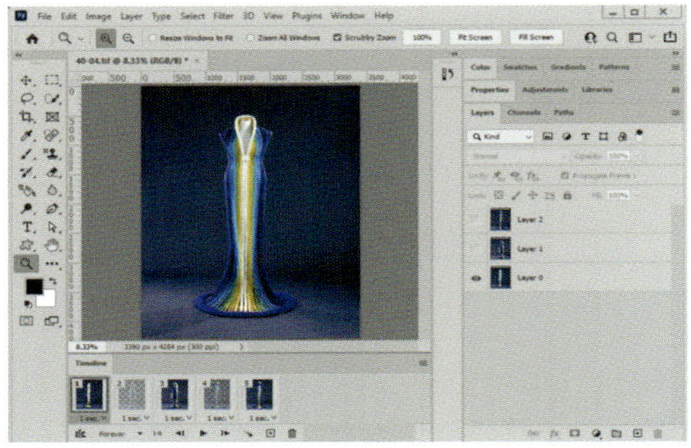

Tween 옵션 창에서 [OK]를 클릭하면, 프레임 애니메이션 패널의 프레임이 3개에서 5개로 늘어난 것을 확인할 수 있다.

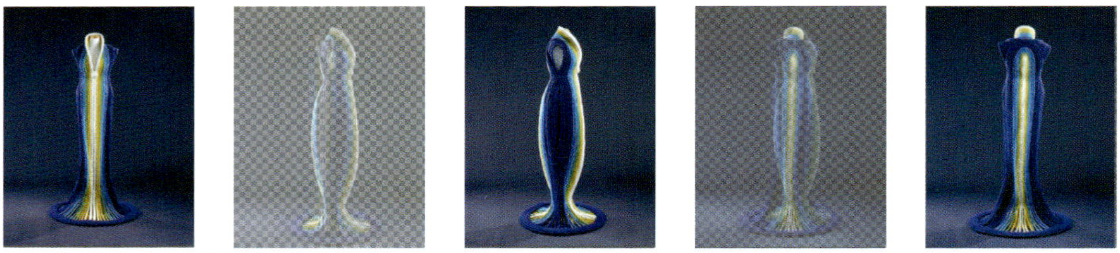

▲ 트윈 효과로 완성된 프레임의 모습

Chapter 30

디자인 컨셉에 의한 패션 디자인 프로세스

디자인 컨셉에 의한 패션 디자인 프로세스

Chapter 30

패션 디자인 프로세스는 먼저 디자인 컨셉을 정한 다음 Image Map, Style Map, Color Map, Fashion Illustration, 도식화, 패턴, 실물 제작으로 진행된다. 포토샵을 활용하여 디자인 프로세스를 완성한다.

30.1 죽간을 모티프로 한 패션 디자인 프로세스

Step 0 패션 디자인 프로세스에 사용할 이미지 준비하기

▲ 원형

Step 1 죽형과 죽색

▲ 죽간의 자연형

▲ 죽간색

Step 2 패션 디자인에 응용될 수 있는 모티프

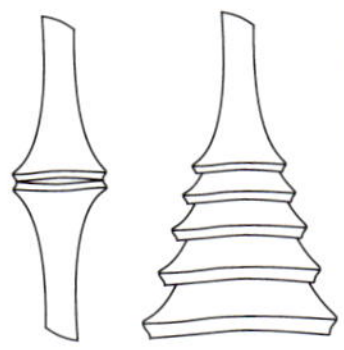

▲ 죽간형 모티프

▲ 죽간형 모티프 2

▲ 죽간형 모티프 3

▲ 모티프 색

Step 3 패션 디자인의 대안

▲ 대안 1

▲ 대안 2

▲ 대안 3

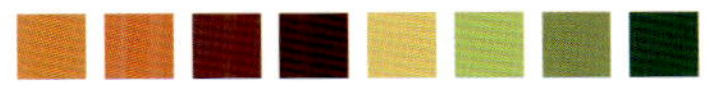

작품색

Step 4 도식화(앞, 뒤)

▲ 도식화(앞, 뒤)

▲ 작품 1

▲ 포스터, 엽서 1(Background: Gradient, 작품: Opacity, 글자: Gradient, Bevel & Emboss)

▲ 포스터, 엽서 2(Background: Gradient, Layer Mask로 배경 만들기, 작품: Opacity, 글자: Gradient, Bevel & Emboss)

30.2 죽림을 모티프로 한 패션 디자인 프로세스

Step 0 패션 디자인 프로세스에 사용할 이미지 준비하기

▲ 원형

Step 1 죽형과 죽색

▲ 죽간의 자연형과 변환형

▲ 죽림색

Step 2 패션 디자인에 응용될 수 있는 모티프

▲ 죽림형 모티프

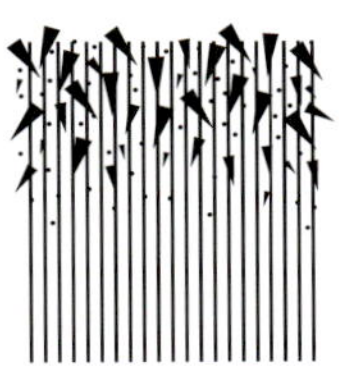

▲ 죽림형 모티프 2

▲ 죽림형 모티프 3

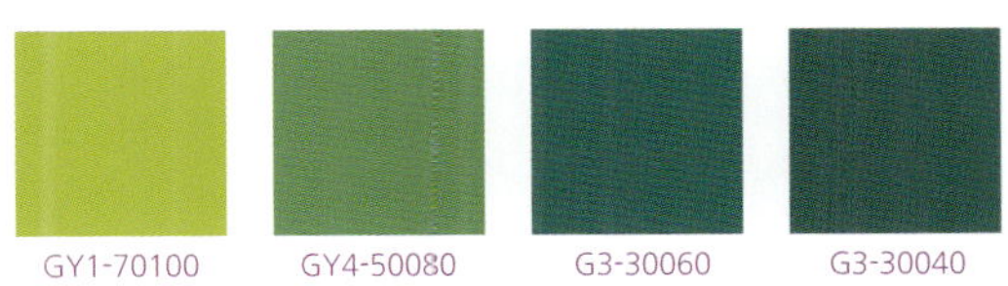

▲ 모티프 색

Step 3 패션 디자인의 대안

	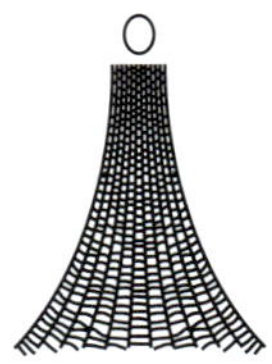	
▲ 대안 1	▲ 대안 2	▲ 대안 3

작품색

Step 4 도식화(앞. 뒤)

▲ 도식화(앞. 뒤)

▲ 작품 2

포스터, 엽서 제작하기

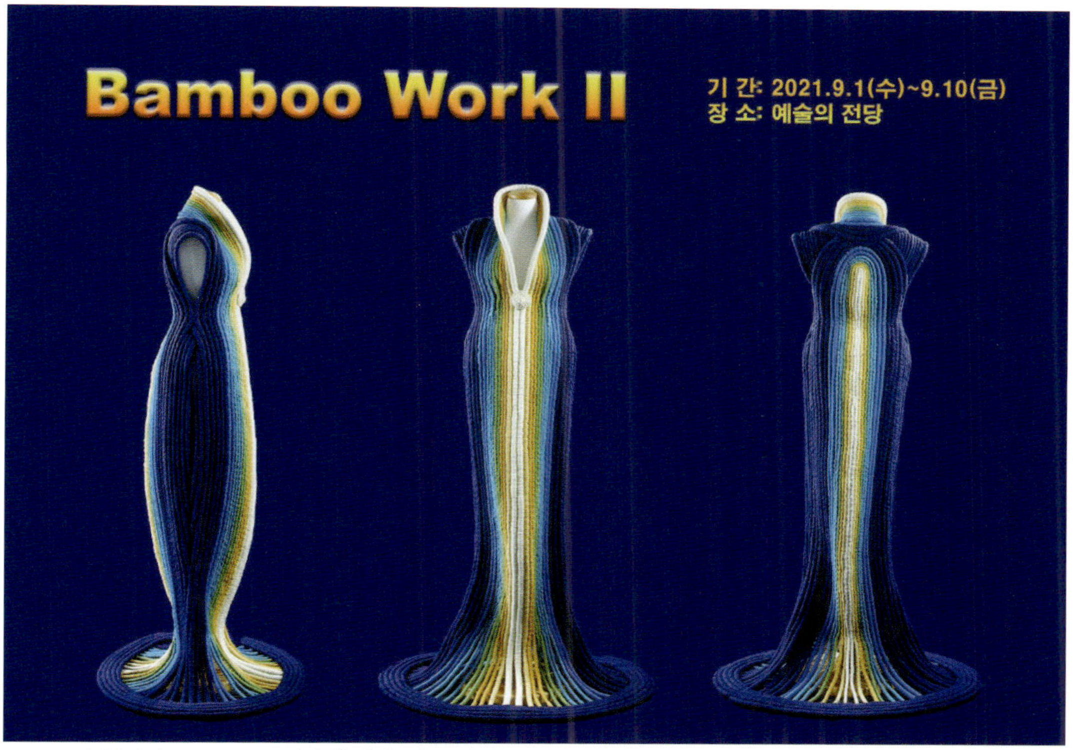

▲ 포스터, 엽서 1(Background: 전경색[Alt]+[Del], 글자: Gradient, Bevel & Emboss)

▲ 포스터, 엽서 2(Background: 전경색[Alt]+[Del], Layer Mask로 배경 만들기, 작품: Opacity, 글자: Gradient, Bevel & Emboss)

강죽형

약력

동서울대학교 패션디자인학과 교수
연세대학교 의류환경학과 패션디자인전공 이학박사
일본 동경예술대학교 미술대학원 염직전공 수료
일본 반탐디자인연구소 드래이핑과정 수료
이화여자대학교 디자인대학원 의상디자인전공 미술학석사
연세대학교 의생활학과 이학사
한국패션디자인학회지 편집위원장
(사)한국패션디자인학회 회장
(사)한국패션일러스트레이션협회 회장
(사)서울미술협회 패션분과 부이사장

수상 경력

대한민국패션디자인경진대회 특별상, 1992
全日本新人染織展 入選, 1995
서울모던아트쇼 우수상, 2013
한국패션문화협회 작품상, 2019

저 · 역서

현대패션과 액세서리디자인, 교문사, 2001
색채기억(역서), 도서출판 국제, 2003
Adobe Illustrator를 이용한 디지털 패션 디자인, 도서출판 파란마음, 2008
Adobe Illustrator CC를 이용한 디지털 패션 디자인, 도서출판 파란마음, 2016

패션 디자이너를 위한 ADOBE PHOTOSHOP CC

초판 1쇄 인쇄 2022년 1월 3일
초판 1쇄 발행 2022년 1월 10일

지은이_ 강죽형
펴낸이_ 황호철
펴낸곳_ 도서출판 파란마음
주소_ 04315 서울시 용산구 백범로90라길 47 | 전화_ (02) 3275-2110~1 | 팩스_ (02) 3275-2199
홈페이지_ http://paranmaum.co.kr/
등 록_ 2006년 4월 24일 · 제302-2006-00024호

ISBN 979-11-90935-17-3 93590
값 25,000원